本书为吉林省科技厅 2018 年软科学"智慧城市产业升级驱动下的吉林省能源消费结构优化研究"资助项目

# 能源结构转型研究：
## 基于智慧城市产业升级视角

顾 兵/著

人民出版社

# 目　　录

# 导　　言

中国是世界上最大的发展中国家,维护能源资源长期稳定可持续利用,是中国政府的一项重要战略任务。中国能源必须走科技含量高、资源消耗低、环境污染小、经济效益好、安全有保障的发展道路,全面实现节约发展、清洁发展和安全发展。随着智慧城市建设不断推进,产业结构升级的脚步日益加快,如何通过建设智慧城市促进能源结构优化,是在城市建设筹划阶段必须考虑的任务。如何让能源更好地作用于产业升级,是促进我国城乡智慧化发展的关键。研究产业升级对能源结构转型的内在影响,即在智慧经济视野中、在社会主义生态文明理论指导下,探索适合中国产业发展的智慧能源结构。通过对中国能源政策、结构转型历程进行整理与概括,对其发展现状及发展困境进行分析与提炼。在分析与探究的基础上,考虑智慧城市产业升级的发展背景,结合国内外能源结构转型的实际经验,提出智慧城市产业升级视角下能源结构的整体框架,确立能源结构优化的重点及任务。对能源结构转型下的应用技术产业进行研究,以一系列的保障建议确保中国能源结构转型顺利实施。有助于在智慧城市建设中践行能源可持续理念,丰富和发展中国能源结构转型的内容。

# 第一章　中国能源结构转型历程

## 第一节　中国能源政策的变革

### 一、能源发展政策和目标

中国是世界上最大的发展中国家,面临着发展经济、改善民生、全面建设小康社会的艰巨任务。维护能源资源长期稳定可持续利用,是中国政府的一项重要战略任务。中国能源必须走科技含量高、资源消耗低、环境污染小、经济效益好、安全有保障的发展道路,全面实现节约发展、清洁发展和安全发展。

中国能源政策的基本内容是:坚持"节约优先、立足国内、多元发展、保护环境、科技创新、深化改革、国际合作、改善民生"的能源发展方针,推进能源生产和利用方式变革,构建安全、稳定、经济、清洁的现代能源产业体系,努力以能源的可持续发展支撑经济社会的可持续发展。

节约优先。实施能源消费总量和强度双控制,努力构建节能型生产消费体系,促进经济发展方式和生活消费模式转变,加快构建节能型国家和节约型社会。

立足国内。立足国内资源优势和发展基础,着力增强能源供给保障能力,完善能源储备应急体系,合理控制对外依存度,提高能源安全保障水平。

多元发展。着力提高清洁低碳化石能源和非化石能源比重,大力推进煤炭高效清洁利用,积极实施能源科学替代,加快优化能源生产和消费结构。

保护环境。树立绿色、低碳发展理念,统筹能源资源开发利用与生态环境保护,在保护中开发,在开发中保护,积极培育符合生态文明要求的能源发展模式。

科技创新。加强基础科学研究和前沿技术研究,增强能源科技创新能力。依托重点能源工程,推动重大核心技术和关键装备自主创新,加快创新型人才队伍建设。

深化改革。充分发挥市场机制作用,统筹兼顾,标本兼治,加快推进重点领域和关键环节改革,构建有利于促进能源可持续发展的体制机制。

国际合作。统筹国内国际两个大局,大力拓展能源国际合作范围、渠道和方式,提升能源"走出去"和"引进来"水平,推动建立国际能源新秩序,努力实现合作共赢。

改善民生。统筹城乡和区域能源发展,加强能源基础设施和基本公共服务能力建设,尽快消除能源贫困,努力提高人民群众用能水平。①


## 二、我国宏观能源政策沿革

改革开放以来,我国社会、经济发生了多方面的深刻变化。顺应不同

---

① 《中国的能源政策(2012)》白皮书。

时期社会、经济发展的客观形势需要,我国政府研究制定和组织实施了与此相应的法律法规、政策等多种综合节能管理手段和措施。

（一）　1979—1992 年

随着改革开放的逐步深入,我国经济持续、健康、快速发展,加上人口增长的影响,国内能源需求急剧增长,供需矛盾十分突出。在 20 世纪 80 年代的大部分时间里,全国能源供应长期、持续紧张,特别是石油、电力供应短缺,许多企业被迫"停三开四"。能源供应短缺成为制约国民经济发展的"瓶颈"。另一方面,国有企业生产工艺落后,用能设备和设施陈旧,能源利用效率低下,节能挖潜大有可为。为了促进国有企业（主要是工业企业）的能源节约,弥补全国能源（特别是电力）供应的短缺,支撑国民经济快速发展,我国政府制定和实施了以下主要节能管理手段和措施:

——制定了能源"开发与节约并重,近期把节约放在优先地位"的方针;

——实施能源定量供应、企业能源定额管理制度;

——国务院发布压缩烧油、节电、节油、节煤等五个"节能"指令;

——1981 年,节约能源正式列入国民经济计划;

——全面规范节能工作,制定"节能 58 条";

——加强企业节能基础工作,建立能源三级管理网,实施能耗考核制度;

——建立节能服务中心;

——加大节能资金投入,制定实施节能优惠政策。1981—1985 年,全国共投入资金 112 亿元,其中国家拨款 30 亿元,贷款年利率 2.4%（一般的商业贷款年利率为 5% 左右）,实现年节能能力 2280 万吨标准煤;

——开展节能宣传教育,每年开展一次全国性"节能月"活动。

20 世纪 80 年代后期和 90 年代初,我国能源生产能力有了较大提高,能源供应短缺状况有所缓和,煤炭供应开始出现供大于求的局面,但电力和油品仍然比较紧张。国家实行社会主义有计划的商品经济,国有经济在国民经济中的比重下降,但国家仍保持着对国有企业的影响和控制力。虽然能源效率有所提高,但与发达国家相比,我国国有工业部门的技术装备水平较低,国有企业的能源管理水平也较差。为了促进国有企业开展节能技术改造和节能管理,进一步缓解国内能源供应紧缺,保障国民经济的快速发展,我国政府制定和实施了以下主要节能管理手段和措施:

——1986 年,国务院发布《节约能源管理暂行条例》;

——国务院召开了数次节能工作办公会议,研究全国重大节能问题;

——组织制定了主要的节能标准和节能设计规范,全面规范节能工作;

——制定和实施节能优惠政策:如对节能贷款给予低利率优惠;对节能效益实行"税前还贷";对节能产品减免产品税和增值税 3 年;引进节能设备和技术减免关税等;

——继续对国有企业节能措施投入节能基建和技改资金,1986—1993 年 8 年间共投入 360 亿元;

——国有企业实行节能奖:奖金计入成本;

——安排节能示范工程;

——推广节能先进技术;

——开展国际交流合作:与欧共体和日本合作共同组织能源培训;与世界银行合作进行《温室气体排放控制战略研究》,开始利用亚洲开发银行节能贷款等。

（二）1993—1997 年

1993 年 3 月,全国人大会议通过修改宪法,国家实行社会主义市场经济,经济体制开始由计划经济向市场经济转轨。国有企业开始转换经营机制,实行政企分开。国有经济在国民经济中的比重进一步下降,政府对国有企业的控制趋于放松。国内能源供需关系出现明显变化,除石油外,煤、电都呈现供大于求的局面。能源消费和以煤炭为主的能源消费结构导致的环境污染问题开始凸显,引起全社会的关注和重视。1994 年 3 月,我国政府公布了《中国 21 世纪议程》,提出实施可持续发展战略,并把提高能源效率和节能列为实施可持续发展战略的关键措施。

在这一背景下,为了探索适应市场经济的节能管理方法,以节能促环保。我国政府对节能管理手段和措施进行了重大调整,取消了计划经济体制时期建立的一些节能管理手段和措施:

——1994 年起,国家税收、金融体制改革,20 世纪 80 年代计划经济体制时期,国家在节能方面建立的财政、税收、金融优惠政策全部取消;

——企业节能专项奖取消,节能奖纳入企业综合奖。

同时,我国政府探索和建立了若干新的节能管理手段和措施:

——起草《中华人民共和国节约能源法》(草案);

——1994 年,成立中国节能投资公司,继续对节能基建进行投资;

——环保法规趋于严格,促进节能法规的制定:开展农村能源综合建设工作、实施"中国绿色照明工程"、制定新能源和可再生能源发展纲要;

——探索市场经济条件下的节能机制:开展能源服务公司(ESCO)试点,进行需求侧管理,综合资源规划(DSM/IRP)试点;

——探索市场经济下的节能鼓励政策;

——1996 年,国家计委首次印发《中国节能技术大纲》;

——推广节能科技成果;

——加强节能信息传播:1997 年国家经贸委组建"节能信息传播中心";

——加强国际交流与合作:与全球环境基金(GEF),世界银行合作开展"中国高效锅炉项目""中国节能促进项目"等。

（三）1998 年至"十五"末期

全国能源市场基本形成,石油等能源价格基本上与国际接轨,供需关系总体上呈现供大于求的局面,煤炭和电力生产企业逐步转变观念,由"卖方市场"转变为"买方市场",通过提高产品和服务质量来吸引用户。石油进口逐年加大,2000 年达到 7000 万吨。能源结构性矛盾凸显,能源安全问题引起政府重视。能源消费企业为降低生产成本,"节能降耗"成为其自发要求。由于能源生产和消费引起的环境污染问题日趋严重,已经引起全社会的密切关注和政府的高度重视;国家认真贯彻实施可持续发展战略,节能作为环保的重要措施,与环保的结合更为密切。这一时期我国政府引入、示范和推广利用市场节能进行机制,加强节能法规建设和节能管理,引导和规范企业和全社会的能源消费行为,促进能源利用效率的提高,从节能的角度提升国民经济竞争力,有效缓解国内能源环境压力,为国家能源安全提供重要保障,保障经济、社会的可持续发展。

我国政府建立和实施的主要节能管理手段和措施如下:

1. 1997 年 11 月,全国人大常委会通过《中华人民共和国节约能源法》(以下简称《节能法》)。1998 年 1 月 1 日施行,节能工作开始步入法制化轨道。

2. 同时制定与《节能法》配套法规,其间已制定的有:

——《固定资产投资〈节能篇〉编制和评估的规定》;

——《节能产品认证管理办法》;

——《重点用能单位节能管理办法》;

——《关于发展热电联产的规定》;

——《节约用电管理办法》;

——《民用建筑节能管理规定》;

——《用能产品能效标识管理办法》;

——《节能产品政府采购实施意见》。

其间制定中的有:

——《高耗能工业产品能耗限额管理暂行办法》;

——《节约石油管理条例》。

3. 加强节能宏观管理,制定出台了《"十五"节能规划》《"十五"节能技术政策大纲》,贯彻实施《节能法》及其配套法规。

4. 加大对重点行业和重点企业节能的支持:实施"节约增效工程";组织节能型、清洁型工厂示范。

5. 组织节能科研项目:科技部将节能项目纳入"科技型中小企业技术创新活动"。

6. 加强节能信息传播:节能信息传播中心开展活动;中国节能协会开办《节能信息报》;各地出版多种"节能"杂志、报刊。

7. 加强国际交流与合作:继续与 GEF/WB 合作(GEF 项目二期市场节能机制的推广);与美国 PACKARD 基金会合作进行中国节能法规基础体系项目。

(四)"十一五"节能政策及成果

中国"十一五"规划《纲要》提出,"十一五"期间单位 GDP 能耗降低20%左右的节能目标,政府必须确保实现。国务院批复了各省(自治区、直辖市、计划单列市)"十一五"节能目标,各地区根据"十一五"目标自行制定分年度节能目标。

2007 年 4 月,中国国务院印发了《节能减排综合性工作方案》,提出了 45 条具体措施,对节能减排工作做出全面具体部署,是实现"十一五"节能目标的路线图。围绕《节能减排综合性工作方案》的部署,中国采取的主要节能措施有:

——加强组织领导。2006 年 5 月,国务院成立了节能减排工作领导小组,国务院总理温家宝亲任组长。

——建立节能目标责任制。2007 年,国务院批转了《节能减排统计监测及考核实施方案和办法》，明确对各地区和重点企业节能目标完成情况进行考核，实行问责制。

——推进产业结构调整。2007 年公布了钢铁、有色、水泥等 13 个高耗能、高污染行业"十一五"落后产能分地区、分年度淘汰计划。全年关停小火电机组 1438 万千瓦，淘汰落后炼铁产能 4659 万吨、炼钢产能 3747 万吨、水泥产能 5200 万吨。

——实施节能重点工程。发布了《"十一五"十大重点节能工程实施意见》，实施工业锅炉（窑炉）改造、区域热电联产、余热余压利用、节约和替代石油、电机系统优化、能量系统优化、建筑节能、绿色照明、政府机构节能、节能监测和技术服务体系建设十项重点节能工程。安排中央预算内投资和中央财政资金支持实施十大工程。

——推动重点领域节能。印发了《千家企业节能行动实施方案》，推动千家企业开展能源审计、编制节能规划、公告能源利用状况、开展能效水平对标活动。将 1.5 亿平方米供热计量和节能改造任务分解到各地区，在 24 个省市启动国家机关办公建筑和大型公共建筑节能监管体系试点。

——完善有利于节能的经济政策。调整了成品油、天然气价格，下调小火电上网价格。

对节能技术改造、高效照明产品推广以及淘汰落后产能等采取财政奖励、政府补贴方式予以支持。建立政府强制采购节能产品制度，出台了节能环保项目减免企业所得税和节能环保设备投资抵免企业所得税政策，发布了改进和加强节能环保领域金融服务工作的指导意见。

——完善节能法规标准。修订并实施了节约能源法。国务院办公厅下发了《关于严格执行公共建筑空调温度控制标准的通知》。2007 年以来，发布了 22 项高耗能产品能耗限额强制性国家标准。

——组织开展节能减排全民行动。国家发展改革委等 17 个部委联合制订了《节能减排全民行动实施方案》,开展包括家庭社区行动、青少年行动、企业行动、学校行动、军营行动、政府机构行动、科技行动、科普行动、媒体行动九个专项行动。

2006 年全国万元 GDP 能耗比上年降低 1.79%,2007 年降低 3.66%。2007 年,重点耗能行业年耗能 1 万吨标准煤以上重点企业 35 种主要产品单位综合能耗指标中,下降的有 33 项,缩小了国内高耗能行业能效水平与国际先进水平的差距。2006 年和 2007 年中国累计实现节能 1.46 亿吨标准煤,为促进国民经济可持续发展和减排温室气体作出重要贡献。

(五)"十二五"以来

"十一五"时期,国家第一次将能源消耗强度降低和主要污染物排放总量减少作为国民经济和社会发展的约束性指标。五年来,各地区、各部门认真贯彻落实党中央、国务院的决策部署,把节能减排作为调整经济结构、转变经济发展方式、推动科学发展的重要抓手和突破口,取得了显著成效。全国单位国内生产总值能耗降低 19.1%,二氧化硫、化学需氧量排放总量分别下降 14.29% 和 12.45%,实现了"十一五"规划《纲要》确定的约束性目标,扭转了"十五"后期单位国内生产总值能耗和主要污染物排放总量大幅上升的趋势,为保持经济平稳较快发展提供了有力支撑,为应对全球气候变化作出了重要贡献。

《中华人民共和国国民经济和社会发展第十二个五年规划纲要》(以下简称《纲要》)提出:到 2015 年,中国非化石能源占一次能源消费比重达到 11.4%,单位国内生产总值能源消耗比 2010 年降低 16%,单位国内生产总值二氧化碳排放比 2010 年降低 17%。

中国政府承诺,到 2020 年非化石能源占一次能源消费比重将达到 15% 左右,单位国内生产总值二氧化碳排放比 2005 年下降 40%—45%。作为负责任的大国,中国将为实现此目标不懈努力。

"十二五"时期,我国发展仍处于可以大有作为的重要战略机遇期。

随着工业化、城镇化进程加快和消费结构持续升级,我国能源需求呈刚性增长,受国内资源保障能力和环境容量制约以及全球性能源安全和应对气候变化影响,资源环境约束日趋强化,节能减排面临的形势依然十分严峻。特别是我国节能减排工作还存在责任落实不到位、推进难度增大、激励约束机制不健全、基础工作薄弱、能力建设滞后、监管不力等问题。

为确保实现"十二五"规划《纲要》提出的节能减排约束性指标,2011年9月,国务院印发了《"十二五"节能减排综合性工作方案》(以下简称《方案》)。《方案》是推进"十二五"节能减排工作的纲领性文件,明确了"十二五"节能减排的总体要求、主要目标、重点任务和政策措施,分十二个部分,共50条。

十二个部分分别是:节能减排总体要求和主要目标;强化节能减排目标责任;调整优化产业结构;实施节能减排重点工程;加强节能减排管理;大力发展循环经济;加快节能减排技术开发和推广应用;完善节能减排经济政策;强化节能减排监督检查;推广节能减排市场化机制;加强节能减排基础工作和能力建设;动员全社会参与节能减排。

《方案》提出了"十二五"节能减排的总体要求,坚持降低能源消耗强度、减少主要污染物排放总量、合理控制能源消费总量相结合,形成加快转变经济发展方式的倒逼机制;坚持强化责任、健全法制、完善政策、加强监管相结合,建立健全激励和约束机制;坚持优化产业结构、推动技术进步、强化工程措施、加强管理引导相结合,大幅度提高能源利用效率,显著减少污染物排放;进一步形成政府为主导、企业为主体、市场有效驱动、全社会共同推进节能减排工作格局,确保实现"十二五"节能减排约束性目标,加快建设资源节约型、环境友好型社会。

《方案》细化了"十二五"规划《纲要》确定的节能减排目标。在节能方面,提出到2015年,全国万元国内生产总值能耗下降到0.869吨标准煤(按2005年价格计算),比2010年的1.034吨标准煤下降16%,比

2005 年的 1.276 吨标准煤下降 32%;"十二五"期间,实现节约能源 6.7 亿吨标准煤。在减排方面,提出 2015 年,全国化学需氧量和二氧化硫排放总量分别控制在 2347.6 万吨、2086.4 万吨,比 2010 年的 2551.7 万吨、2267.8 万吨分别下降 8%;全国氨氮和氮氧化物排放总量分别控制在 238.0 万吨、2046.2 万吨,比 2010 年的 264.4 万吨、2273.6 万吨分别下降 10%。《方案》还以附件形式,明确了"十二五"各地区节能目标、各地区化学需氧量排放总量控制计划、各地区氨氮排放总量控制计划、各地区二氧化硫排放总量控制计划、各地区氮氧化物排放总量控制计划。

2013 年,中国首次提出了"丝绸之路经济带"和"21 世纪海上丝绸之路"的战略构想。"一带一路"战略构想涉及贸易、金融、投资、能源、科技、交通和基础设施建设等 10 多个领域,地理上包括欧亚大陆和太平洋、印度洋沿岸的 65 个国家和地区,这一构想的实施对于推进我国新一轮对外开放和沿线国家共同发展、稳定中国周边安全环境具有重要战略意义。"一带一路"建设将为中国构筑起对外开放的全新格局,其受益产业将集中在交通、运输、建筑建材、能源建设、商旅文化、比较优势制造业等方面。西部基础设施建设主要集中在能源方面,比如配套的输油管道、天然气的输送管道、电网以及道路运输等,这些领域必然迎来进一步的利好。同时将加强与沿线国家能源资源的开发合作,鼓励重化工产业加大对基础设施建设需求较旺的沿线国家投资,实现开采、冶炼、加工一体化发展,推动上下游产业链融合。

2014 年,中俄签署《中俄东线供气购销合同》,根据双方商定,从 2018 年起,俄罗斯开始通过中俄天然气管道东线向中国供气,输气量逐年增长,最终达到每年 380 亿立方米,累计 30 年。该资源将进一步满足我国对于清洁资源的需求,缓解我国污染物排放压力,推动我国能源消费结构转型。

2013 年 9 月 30 日,中缅天然气管道全线贯通,开始输气。2015 年 1

月 30 日,中缅石油管道全线贯通,开始输油。①

（六）"十三五"以来

"十二五"时期我国能源较快发展,供给保障能力不断增强,发展质量逐步提高,创新能力迈上新台阶,新技术、新产业、新业态和新模式开始涌现,能源发展到转型变革的新起点。"十三五"时期是全面建成小康社会的决胜阶段,也是推动能源革命的蓄力加速期,牢固树立和贯彻落实创新、协调、绿色、开放、共享的发展理念,遵循能源发展"四个革命、一个合作"战略思想,深入推进能源革命,着力推动能源生产利用方式变革,建设清洁低碳、安全高效的现代能源体系,是能源发展改革的重大历史使命。

"十三五"时期,我国能源消费增长换挡减速,保供压力明显缓解,供需相对宽松,能源发展进入新阶段。在供求关系缓和的同时,结构性、体制机制性等深层次矛盾进一步凸显,成为制约能源可持续发展的重要因素。面向未来,我国能源发展既面临调整优化结构、加快转型升级的战略机遇期,也面临诸多矛盾交织、风险隐患增多的严峻挑战。

根据《中华人民共和国国民经济和社会发展第十三个五年规划纲要》,2016 年 12 月,由国家发展改革委、国家能源局印发《能源发展"十三五"规划》（以下简称《规划》）。主要阐明我国能源发展的指导思想、基本原则、发展目标、重点任务和政策措施,是"十三五"时期我国能源发展的总体蓝图和行动纲领。

《规划》提出,要贯彻落实五大发展理念,主动适应、把握和引领新常态,遵循能源发展"四个革命、一个合作"的战略思想,坚持以推进能源供给侧结构性改革为主线,以满足经济社会发展和民生需求为立足点,以提

---

① 中缅油气管道是继中亚油气管道、中俄原油管道、海上通道之后的第四大能源进口通道。它包括原油管道和天然气管道,可以使原油运输不经过马六甲海峡,从西南地区输送到中国。中缅原油的起点位于缅甸西海岸的马德岛,天然气管道起点在皎漂港。

高能源发展质量和效益为中心,着力优化能源系统,着力补上发展短板,着力培育新技术新产业新业态新模式,着力提升能源普遍服务水平,全面推进能源生产和消费革命,努力构建清洁低碳、安全高效的现代能源体系。

主要任务部分包括以下七个方面:高效智能,着力优化能源系统;节约低碳,推动能源消费革命;多元发展,推动能源供给革命;创新驱动,推动能源技术革命;公平效能,推动能源体制革命;互利共赢,加强能源国际合作;惠民利民,实现能源共享发展。①

实行能源消费总量和强度双控制,是党的十八大提出的大方略,是推进生态文明建设的重点任务。《规划》提出:到2020年把能源消费总量控制在50亿吨标准煤以内。从年均增速来看,"十三五"能源消费总量年均增长2.5%左右,比"十二五"低1.1个百分点。为确保能源安全,应对能源需求可能回升较快和局部地区可能出现的供应紧张局面,《规划》制定相关对策,主要通过提高现有发电机组利用率、提升跨区调运和协同互济保供能力等措施,确保能源充足稳定供应。


## 三、能源政策对能源结构转型的作用

优化能源结构,实现清洁低碳发展,是推动能源革命的本质要求,也是我国经济社会转型发展的迫切需要。《规划》提出,"十三五"时期非化石能源消费比重提高到15%以上,天然气消费比重力争达到10%,煤炭消费比重降低到58%以下。按照规划相关指标推算,非化石能源和天然气消费增量是煤炭增量的3倍多,约占能源消费总量增量的68%以上。可以说,清洁低碳能源将是"十三五"期间能源供应增量的主体。

---

① 国家发展改革委、国家能源局:《能源发展"十三五"规划》。

在政策方面,《规划》中提出了完善能源发展相关财政、税收、投资、金融等政策,强化政策引导和扶持,促进能源产业可持续发展。加大财政资金支持。继续安排中央预算内投资,支持农村电网改造升级、石油天然气储备基地建设、煤矿安全改造等。继续支持科技重大专项实施。支持煤炭企业化解产能过剩,妥善分流安置员工。支持已关闭煤矿的环境恢复治理。

完善能源税费政策。全面推进资源税费改革,合理调节资源开发收益。加快推进环境保护费改税。完善脱硫、脱硝、除尘和超低排放环保电价政策,加强运行监管,实施价、税、财联动改革,促进节能减排。

完善能源投资政策。制定能源市场准入"负面清单",鼓励和引导各类市场主体依法进入"负面清单"以外的领域。加强投资政策与产业政策的衔接配合,完善非常规油气、深海油气、天然铀等资源勘探开发与重大能源示范项目投资政策。

健全能源金融体系。建立能源产业与金融机构信息共享机制,稳步发展能源期货市场,探索组建新能源与可再生能源产权交易市场。加强能源政策引导,支持金融机构按照风险可控、商业可持续原则加大能源项目建设融资,加大担保力度,鼓励风险投资以多种方式参与能源项目。鼓励金融与互联网深度融合,创新能源金融产品和服务,拓宽创新型能源企业融资渠道,提高直接融资比重。

为实现《规划》确定的能源结构调整目标。一是要继续推进非化石能源规模化发展。做好规模、布局、通道和市场的衔接,规划建设一批水电、核电重大项目,稳步发展风电、太阳能等可再生能源。二是扩大天然气消费市场。创新体制机制,稳步推进天然气接收和储运设施公平开放,鼓励大用户直供,降低天然气利用成本,大力发展天然气分布式能源和天然气调峰电站,在民用、工业和交通领域积极推进以气代煤、以气代油,提高天然气消费比重。三是做好化石能源,特别是煤炭清洁高效利用这篇大文章。在今后较长时期内,煤炭仍是我国的主体能源,这是我们最基本的国情。要坚定不移化解过剩产能、淘汰落后产能、发展先进产能,优化煤炭生产结构,要坚定不移地发展煤炭洗选加工和超低排放燃煤发电,推进煤制油气、煤制烯烃升级示范,走符合中国国情的煤炭清洁开发利用道路。同时,加快推进成品油质量升级,推广使用生物质燃料等清洁油品,提高石油消费清洁化水平。[①]

# 第二节　新旧动能转换中的中国能源发展现状

## 一、新旧动能转换

以史为鉴,新旧更迭是能源发展的必然趋势,同时能源转型也是经济转型和大国崛起的重要驱动力。但能源转型不是一蹴而就的,新旧能源的更迭往往需要至少半个世纪的时间。总结能源转型的历史,我们得出以下经验:

首先,能源转型是经济转型的重要推动力。能源转型将极大促进社会生产力的跨越式发展,从推动蒸汽机转动、开启工业革命时代的煤炭;到驱动内燃机并成为现代工业、运输业血脉的石油;再到以"清洁石化能源"著称的天然气。这些化石能源改变了历史进程,实现了现代化农业,推动了工业化进程,迸发出多种便利快速的交通运输,飞机和纵横交错的交通网将世界连在了一起。

其次,能源转型为大国崛起提供重要契机。第一次能源革命中煤炭

---

① 《能源局副局长李仰哲六方面解读〈能源发展"十三五"规划〉》,北极星输配电网,2017年1月5日,见 http://shupeidian.bjx.com.cn/news/20170105/801660.shtml。

的应用,促使 18—19 世纪的英国成为世界性强国;20 世纪第二次能源革命中石油的推广使用,促使美国成为全球经济的霸主,均印证了能源转型对大国崛起的重要意义。在以燃油为主的传统内燃机领域,我国经济社会发展受到能源供应安全、专利技术纠纷等各种制约。新能源的兴起为我国实现强国梦、民族复兴带来重大历史机遇,我国正积极推动向高能量密度、绿色化、多元化方向的第三次能源革命,力争占据能源转型和经济发展的制高点。

同时,历史也印证了能源转型的长期性。一次成功的能源转型至少要经过半个世纪以上的时间。但在技术进步的不断促进下,能源演替的速度不断加快,1640—1880 年,薪柴作为最主要的世界能源长达 240 年;之后的 84 年里,煤炭作为世界最主要能源;预计石油作为世界能源霸主将维持 76 年;之后,预计天然气将主导世界能源约 50 年,随后可能被绿色能源所取代。

新能源替代旧能源,没有一次是由于能源的枯竭,煤炭替代薪柴、石油替代煤炭等能源变革过程,均是由科技的进步和突破所推动。本次能源革命不同于以往依赖新能源的发现(煤炭、石油、天然气),而是将依靠科学技术的突破实现变革。同时新能源的变革和发展可能也会面临旧能源利益的纠葛和阻力。在这个过程中,可能出现新旧能源长期共存的局面,石化能源中最清洁的天然气很可能成为过渡性能源。①

## 二、能源发展现状

改革开放以来,中国经济快速发展,能源消费量随之不断攀升,2010

① 《2017 年我国能源行业变革历程、未来方向及发展趋势分析》,中国报告网,2017 年 11 月 20 日,见 http://free.chinabaogao.com/nengyuan/201711/11203021432017.html。

年中国成为世界上最大的能源消费国。"十二五"期间我国政府出台了一系列节能减排和保护环境的政策,能源消费量得到有效控制并持续下降。目前我国的一次能源结构以煤炭为主,虽然近年来风电、光伏等可再生能源快速发展,对天然气的利用也有所增加,但煤炭消费在能源结构中比重依然最高。

党的十八大以来,以习近平同志为核心的党中央把握时代大势,提出并深入贯彻创新、协调、绿色、开放、共享的新发展理念,引领中国在破解发展难题中增强动力、厚植优势,不断朝着更高质量、更有效率、更加公平、更可持续的方向前进。以深入推进供给侧结构性改革为主线,适度扩大总需求,深化改革与防范风险多措并举,经济运行呈现"总体平稳、结构优化、动力转换、提质增效"良好格局。截至2017年年底,主要宏观经济指标好于2016年同期及预期,稳中有进、稳中向好的态势持续。中国能源工业快速增长,实现了煤炭、电力、石油、天然气、可再生能源和新能源的全面发展,为保障国民经济长期平稳较快发展和人民生活水平持续提高作出重要贡献。

能源行业作为经济社会发展和人民生活水平提高的重要物质基础行业,始终以满足人民美好生活对能源需求为根本,以解决人民用能不平衡不充分矛盾为中心,深入推进能源供给侧结构性改革,能源发展呈现"消费全面回升、供给质量提升、结构持续优化、供需总体平衡"良好格局,为构建清洁低碳安全高效的能源体系奠定了坚实基础。

(一)我国电力装机发展情况分析

1.我国电力装机的发展情况

我国电力工业的发展可以划分为三个阶段:第一阶段为1949—1977年,计划经济严格控制时期,此时电力工业呈现垂直垄断的特征。第二阶段为1978—2002年,体制改革、市场管理时期,电力装机呈现8.0%的复合增长率。第三阶段为2003—2016年,竞争市场时期,电力装机复合增速提升至 11.5%。[①]

表 1-1　我国电力工业发展阶段

| 时期 | 产业政策 | 产业组织 | 装机复合增长率 | 煤电设备平均利用小时 |
|---|---|---|---|---|
| 1949—1977 | 国家计划、完全干预 | 垂直垄断,禁止市场进入,电价由国家统一制定 | — | — |
| 1978—2002 | 政企分开、着重发展,建设行业法规体系 | 允许外资、民间资本进入。电价仍管制有所松动,电价的制定开始受到投资成本的影响,实行多种电价 | 8.0% | 5459 |
| 2003—2016 | 厂网分开,推进发电侧竞争市场体系 | 受制于电力供需平衡,总体电价改革推行缓慢。部分地区、范围内发电侧竞价上网 | 11.5% | 5114 |

　　我国电源装机自改革开放后迅速发展。从 1980 年到 2016 年,国内总装机容量由 0.66 亿千瓦增长到 16.5 亿千瓦,复合增速为 9.4%。我国基本按照"适度提前于经济发展"来进行电力项目规划和建设,以满足经济增长对电能产品的需求。但我国电源装机的增长并不是一个平稳的过程,在过去的三十多年中,电源装机增速和发电设备利用小时数的波动很大。一方面,自改革开放以来,我国经济对外依存度越来越高,受世界经济波动的影响,经济增长的不确定性也随之增加。电力作为一种依附于经济发展的需求,必然随着经济周期的波动而波动。另一方面,工业化进程对电力需求弹性系数有明显影响。在进入工业化进程尤其是 2000 年以后的工业重型化进程后,我国电力需求弹性系数开始大幅上升,可预测性明显下降。而进入"十一五"以来,第三产业和居民用电占比增加,且第二产业中高耗能产品产量大多下降,电力需求弹性系数逐步下滑。产

①　《2017 年中国能源总体发展情况分析》,中国产业信息网,2018 年 02 月 03 日,见 http://www.chyxx.com/industry/201802/611045.html。

业结构的调整对电力需求周期的影响显著。

2. 火电装机占比渐降,达到历史最低水平

2006 年以前,我国电源结构一直以煤电、水电为主,其他类型电源作为有效补充。2006 年以后,随着技术水平的提升、节能环保意识和环保要求的增强,我国的电源结构逐渐发生了较大变化,新能源、清洁能源,特别是非水可再生能源出现指数增长态势。2006 年至 2016 年,我国煤电(含燃煤热电)装机比例占比下降了约 15%,达到了历史新低。

风电、光伏等非水可再生能源发电依靠技术的发展及成本的下降,规模急剧上升,装机比例不断增加,导致火电设备利用小时不断下降。

3. 非水可再生能源增速超预期,其余各类装机均衡发展

自 2006 年以来,随着发电技术的不断进步,我国各类电源装机发展速度呈现两极逐步分化态势,清洁能源装机比重日益提高。所有装机 10 年复合增速为 11.10%。其中增速最快的是光伏、风电为代表的非水可再生能源,10 年复合增速分别为 98.87% 和 54.89%;其次是核电和天然气发电,分别为 17.25% 和 13.74%;煤电装机增速最低,为 8.32%。

此外,随着居民生活水平不断提高以及国家加快转变经济发展方式政策的推动,我国用电结构正在不断优化。从用电量增速上看,三大产业用电量增速趋势差异日趋明显:第三产业和城乡居民用电量复合增速最高,工业供电量复合增速在 2010 年后开始稳步下降,第一产业用电量复合增速最低。从用电量占比上看,第三产业和城乡居民用电量占比持续上升。这一变化逐步导致电力峰谷差增加,装机调节能力要求逐步提高。

(二) 天然气行业市场需求情况分析

1. 天然气环保优势明显

作为清洁能源的代表,天然气的单位热值高达 38.97MJ/kg 当量,分别是原煤和标煤单位热值的 1.3 倍和 1.9 倍,与煤炭相比热值优势明显。从效率上看,发电和工业燃料上天然气热效率比煤炭高约 10%,天然气

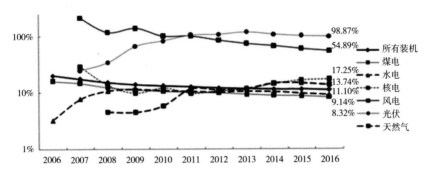

**图 1-1 2006—2016 年各类装机复合增速情况表**

冷热电三联供热效率较燃煤发电高近 1 倍。从燃料燃烧产物角度考虑,作为环境友好型燃料,天然气的燃烧产物中各空气污染物单位排放量均低于煤和石油;此外,天然气的温室效应气体(二氧化碳)单位排放量也低于其他燃料。基于大气污染防治的角度考虑,在环保要求日趋严格的形势下,天然气能源的优势突出。

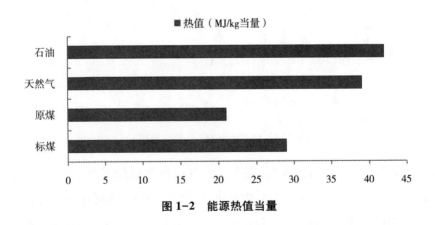

**图 1-2 能源热值当量**

### 2. 天然气市场空间分析

2016 年我国能源消费总量 43.6 亿吨标准煤,较 2000 年已实现近 2 倍的增长。至 2020 年我国能源消费总量有望实现近 50 亿吨标准煤。受制于"富煤、贫油、少气"的资源特点约束,我国的能源消费结构也呈现以煤炭消费为主的特征。天然气消费总量远低于煤和石油等传统燃料。原煤虽然在能源消费中处于绝对地位,但占比呈现逐年下降的趋势;天然气消费量占比虽然在几种能源中排名最低,但占比逐年上升,至 2016 年达 6.4%。2016 年 12 月,国家发改委、能源局印发的《能源发展"十三五"规划》中提出,至 2020 年天然气消费比重力争达到 10%,煤炭消费比重降低到 58%以下。2017 年 6 月,国家发改委会同各部委印发了《加快推进天然气利用的意见》(发改能源[2017]1217 号),指出逐步将天然气培育成为我国现代清洁能源体系的主体能源之一,并提出至 2020 年和 2030 年,天然气在一次能源消费结构中的占比力争达 10%和 15%左右的目标。

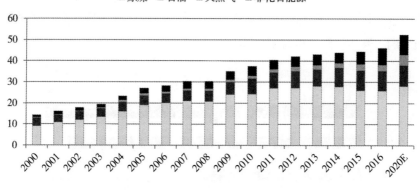

**图 1-3　能源消耗量(亿吨标准煤)**

从天然气消费结构来看,四大天然气消费领域分别为城市燃气、发电、化工、工业燃料。城市燃气发展迅速,消费占比由 2000 年的 12.0%提升至 2015 年的 32.5%。至 2020 年我国气化人口和气化率预计进一步增加,城市燃气消费占比有望持续提升。

(三)我国水电行业发展现状

1. 水电近年装机规模显著提升,资源开发程度尚有提升空间。作为当前最成熟、最重要的可再生清洁能源,水电在我国经历了多个发展阶

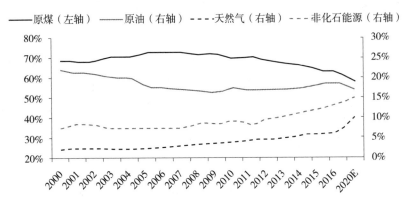

图 1-4　不同能源消费比重

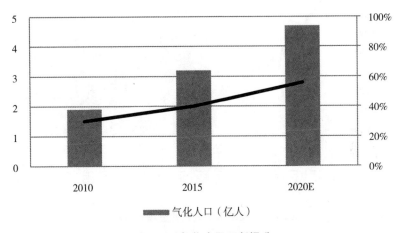

图 1-5　气化水平不断提升

段,装机容量从 20 世纪 80 年代的 1000 万千瓦左右,跃升为当前超过 3 亿千瓦。截至"十二五"末,我国水电总装机容量达到 31954 万千瓦,其中大中型水电 22151 万千瓦,小水电 7500 万千瓦,抽水蓄能 2303 万千瓦,水电装机占全国发电总装机容量的 20.9%。2015 年全国水电发电量约 1.1 万亿千瓦时,占全国发电量的 19.4%,在非化石能源中的比重达 73.7%。

我国水能资源可开发装机容量约 6.6 亿千瓦,年发电量约 3 万亿千瓦时,按利用 100 年计算,相当于 1000 亿吨标煤,在常规能源资源剩余可开采总量中仅次于煤炭。

目前,全球常规水电装机容量约 10 亿千瓦,年发电量约 4 万亿千瓦时,开发程度为 26%(按发电量计算)。发达国家水能资源开发程度总体较高,瑞士、法国、意大利已超八成,我国水电开发程度为 37%,与发达国家相比仍有较大差距,还有较大提升空间。

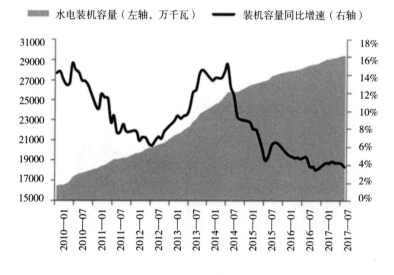

**图 1-6  我国水电装机容量增长情况**

大型水电基地建设持续推进。为促进我国水电流域梯级滚动开发,实现资源优化配置,我国已形成十三大水电基地。包括金沙江、雅砻江、大渡河、乌江、长江上游、南盘江红水河、澜沧江、黄河上游、黄河中游北干流、湘西、闽浙赣、东北、怒江水电基地。十三大水电基地资源量超过全国的一半,基地的开发建设对于我国水电发展至关重要。截至"十二五"末,长江上游、黄河上游、乌江等水电基地建设已初具规模,2020 年之前将继续推进这些水电基地建设,并配套建设水电基地外送通道。

（单位：万千）

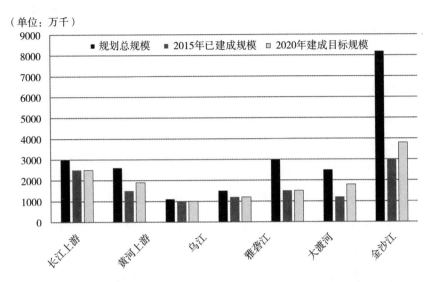

图1-7 我国大型水电基地已建成规模及2020年规划目标

2. 水电行业进一步发展面临的挑战以及政策支持

近三年，我国水电装机增速显著回落，"十二五"期间我国水电发展未完全达标，除常规水电新增投产装机9800万千瓦，超过规划的6100万千瓦以外，常规水电新开工规模、抽水蓄能电站投产及新开工规模均不同程度低于目标值，这在一定程度上反映我国水电可持续发展方面遇到了些许问题。

（1）水电开发难度加大、经济性下降

随着我国河流中下游以及地理位置相对便利的水电项目开发接近尾声，目前水电行业发展重心转向未开发资源集中的西南地区河流中、上游流域，这部分资源接近藏区，生态环境脆弱，开发难度不断增大，制约因素多，交通条件差，输电距离远，工程建设和输电成本高，加之移民安置和生态环境保护的投入不断加大，水电开发的经济性变差。此外，对水电综合利用的要求越来越高，投资补助和分摊机制尚未建立，加重了水电建设的经济负担和建设成本。早在"十五"和"十一五"期间，中国水电高速发展,电站平均开发成本约 6000—7000 元/千瓦,但"十二五"期间每千瓦的成本已经跃至 1 万元,在"十三五"期间,每千瓦的成本已经超过 1.5万元。

水电项目一次性投资大,在成本升高、还贷压力增大、市场需求减弱、水电消纳等原因的作用下,都可能导致电站亏损,甚至现金流断裂的情况。

(2)弃水问题亟待解决

除建设成本增加之外,我国水电行业还面临着另一个棘手问题——云南、四川两个水电大省的大量"弃水"。截至 2015 年年底,四川省水电装机 6759 万千瓦,占总装机容量的比重近 80%,2012—2015 年,四川电网水电"弃水"电量分别为 76、26、97 和 102 亿千瓦时。与之相邻的云南省,2013 年开始也出现大量"弃水",2013—2015 年,弃水电量分别为 50、168 和 153 亿千瓦时。

弃水问题的根本原因在于消纳,消纳不畅一方面因经济增速下降、电力消费增速下降,电力市场供大于求,东部省份不得已削减甚至拒绝西部水电;另一方面也因电量外送通道建设相对滞后。

(3)发改委、能源局近日出台措施力促西南水电消纳

针对西南地区弃水问题,国家发改委和能源局 2017 年 10 月出台相关措施,在三个层面上着力解决西南地区弃水问题。

3."十三五"水电发展助力能源结构调整

2014 年 11 月,国务院发布《能源发展战略行动计划(2014—2020年)》指出大力发展可再生能源,按照输出与就地消纳利用并重、集中式与分布式发展并举的原则,加快发展可再生能源。到 2020 年,非化石能源占一次能源消费比重达到 15%。当时提出积极开发水电,到 2020 年,力争常规水电装机达到 3.5 亿千瓦左右。而最新发布的《水电发展"十三五"规划》上调了装机目标。

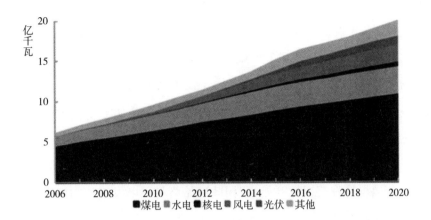

**图 1-8 我国 2020 年发电装机发展规划**

《规划》提出,"十三五"期间,全国新开工常规水电和抽水蓄能电站各 6000 万千瓦左右,新增投产水电 6000 万千瓦,2020 年水电总装机容量达到 3.8 亿千瓦,其中常规水电 3.4 亿千瓦,抽水蓄能 4000 万千瓦,年发电量 1.25 万亿千瓦时,折合标煤约 3.75 亿吨,在非化石能源消费中的比重保持在 50%以上。"预计 2025 年全国水电装机容量达到 4.7 亿千瓦,其中常规水电 3.8 亿千瓦,抽水蓄能约 9000 万千瓦;年发电量 1.4 万亿千瓦时。"

（四）风电行业发展情况分析

1. 风电行业市场发展潜力分析

风力在 1887 年首次应用于发电,直到 1970s 美国政府首先开始推广风电之前,没有政策推动的风电处于一个自由而增长缓慢的状态。由于 1973 年油价上涨,各国政府纷纷开始了对其他能源的投入,由此也出台了扶持风电发展的一些政策,风电技术也借此机会逐渐进步,1978 年丹麦制造出了世界上首个 2 兆瓦风力发电机。21 世纪随着能源安全,全球气候变暖等问题进入大众的视野,全球各个国家以各种形式支持、参与降低温室气体的排放,更多的国家出台了风电支持政策,商业化风电开始以

25%每年的复合增速增长，海上风电项目也进入了实践阶段。

我国风电经历了飞速发展的 10 年，成为国内继火电、水电之后的第三大电源。1986 年，我国首个风力发电场——山东省荣成市马兰风力发电场的建成运营，1989 年，我国开始建设 100 千瓦以上的风力发电场，1994 年，新疆达坂城风电总装机容量达 10 兆瓦，成为我国第一个装机容量达万千瓦级的风电场。1996 年，原国家计委推出的"乘风计划""双加工程""国债风电项目"，使我国风电事业正式进入规模发展阶段。从 2003 年风电特许权招标开始，我国政府始终将风电发展作为能源革命、能源结构调整的重要组成部分，加以大力支持。后续风电标杆电价的公布，海上风电电价的出台，及对风电消纳问题解决的一系列政策，都很好地推动着风电行业的健康发展。

"十二五"期间，国内风电装机容量快速增长，实现了 34% 的复合增长率，年均新增容量 18 吉瓦，新增装机和累计装机两项数据均居世界第一。国内风电装机容量占总设备容量的比例从 2010 年的 3.06% 提高至目前的 9% 以上，是发展最为迅速的新能源发电行业。

但是与常规能源发电相比，风电仍占较小的份额。2016 年全国发电总量 5.91 万亿千瓦时，同比增长 4.5%，2016 年风电发电量 2410 亿千瓦时，同比增长 30.1%，占全国发电总量的比例为 4.08%，发展潜力仍然巨大。

2016 年，我国六大区域的风电新增装机容量均保持增长态势，西北地区依旧是新增装机容量最多的地区，西北地区（26%）、华北（24%）、华东（20%）、西南（14%）、中南（13%）、东北（3%）。与 2015 年相比，2016 年我国华北地区和华东地区以及中南地区占比均出现了增长，其中华东地区占比由 13% 增长到 20%，中南地区占比由 9% 增长到 13%，西北地区和东北地区均出现减少，其中西北地区占比由 38% 下降到 26%。风电新增装机由传统的西北地区一家独大逐步向中东部低风速地区转移的趋势明显。

2017年7月28日,能源局印发了《关于可再生能源发展"十三五"规划实施的指导意见》,同时公布了2017—2020年全国20省市风电新增建设规模方案。据方案,2017年全国新增风电装机3065万千瓦,2017—2020年全国风电累计新增规模11040万千瓦,2020年规划并网目标12600万千瓦(126吉瓦)。以2016年年底风电并网装机规模149吉瓦计算,到2020年,全国风电并网装机规模约为275吉瓦。

弃风率改善趋势已出现。2017年上半年,全国风电平均利用小时数984小时,同比增加67小时;风电弃风电量235亿千瓦时,同比减少91亿千瓦时,弃风限电形势明显好转。从2017年上半年"红六省"弃风率的改善情况来看,预计2017年除新疆和甘肃外的其余四省都有望达到最低保障收购小时数,实现2018年"解禁"。2018年四省此前推迟的已核准项目及新核准项目将有力推动行业新增装机规模的增长。

依据《关于可再生能源发展"十三五"规划实施的指导意见》中的新增建设规模,"十三五"期间风电的装机规模年平均增长25吉瓦左右将是一个合理值,考虑到《指导意见》中并没有包含红六省的新增规模,在红六省解禁后,新增装机应超过25吉瓦,在投资建设需求解禁及电价调整关键年份的影响下,特定年份的装机规模将会达到30吉瓦。

2.平价上网渐近,风电行业发展趋势

2017年5月,国家能源局发文组织申报风电平价上网示范项目。示范项目的上网电价按当地煤电标杆上网电价执行,相关发电量不核发绿色电力证书,相应的电网企业确保风电平价上网示范项目不限电。最终河北、黑龙江、甘肃、宁夏、新疆五省申报共计707兆瓦的平价上网示范项目。

为能源局此次组织风电平价上网项目申报意在摸清风电的真实度电成本,分析风电补贴的下降空间,以确定未来补贴退坡直至完全退出的节奏。申报项目多为弃风率较高的区域,业主们看重示范项目"不限电"的优势,认为发电量提升的价值高于减少的补贴。

以 2018 年风电标杆电价为基准,风电度电补贴在 0.125—0.205 元/千瓦时之间,风电标杆电价中补贴占比为 28%—36%。以新疆为例分析,若由风电标杆上网电价调整为煤电标杆上网电价,度电收入降低 34%,而弃风率由目前的 32%变为零意味着发电量增长 47%,则最终总电费收入与之前基本持平。考虑到目前补贴发放的拖欠基本在两年以上,平价上网的模式将使得运营企业的现金流情况大幅改善,对运营企业更为有利。

3. 风电行业投资情况分析

(1)整机制造商:技术优势是企业最重要的王牌

在经历了 2011 年和 2012 年的行业调整后,国内风机制造企业数量急剧减少,行业集中度显著提升。2016 年,新增装机容量排名前十的主机制造企业市占率达到 84.2%。

目前,国内风电主机市场主要由国内厂商供货,国外厂商的市场份额已经很小,由于行业集中度较高,且国内招标中质量因素越来越被重视,国内主机的价格在近几年也较为稳定。

由于近几年风电运营商越发关注风机的发电效率和质量等因素,价格已经不是最为重要的中标因素,所以,今后在技术上有优势的整机制造商将会通过提高市场份额来提升业绩。

海外市场上,国内风电主机厂商的市场份额很小,2015 年全年国内出口风电机组容量仅为 275 兆瓦,占当年风机海外市场份额仅为 1%,截至 2015 年,国内累计出口风机机组容量也只刚刚达到 2 吉瓦。

由于国内风机装机增速趋缓,国外新增风电市场占比将会回升,国内厂商对于海外市场的关注度将会提高,海外市场也提供了国内主机制造企业足够的业绩提升空间,那些拥有技术优势的主机厂商将能够更顺利地拓展海外市场,提升自己的业绩。

(2)关键零部件厂商:能够走出去的企业将来优势更大

风机由多个零部件组装而成,一般可以分为风轮、机舱和塔架三大部分。机舱包含了风电机组的关键设备,包括传动机构、发电机等;风轮在机舱前端,由轮毂和叶片组成,它的作用是将风能传递给机舱内的传动机构;塔架则起到支撑风机机舱和风轮的作用,通常塔架越高,风速越大。

目前,零部件厂商的集中度低于整机厂商,由于运输范围的原因,部分大型零部件厂商的地域性较强,企业的工厂布局对于公司订单的获得影响较大。由于上游零部件企业数量较多,且关键技术主要由主机厂掌握,在国内相对注重价格的情况下,对于主机厂的议价能力较弱。相反,海外主机厂商主要依靠其认证体系确定长期合作的零部件供应商,所以,对于零部件厂商,海外业务利润率较高。

近几年国内风电行业对质量的重视程度在提升,有稳定的质量体系保证、业绩优良及品牌知名度高的公司,长期来看,会获得更好的发展。但由于国内新增风机装机容量增速下降,且部分大型零部件的供应商的地域性较强,短期来看,零部件供应商仅靠国内业务,业绩难有突出变化,所以更看好海外业务占比高的零部件供应企业。

(五) 光伏行业市场需求及未来发展趋势

1. 能源结构调整推动光伏产业发展

光伏发电是利用半导体光电效应将光直接转化为电能:太阳光照在半导体 p—n 结上,形成空穴—电子对,在 p—n 结内建电场的作用下,空穴由 n 区流向 p 区,电子由 p 区流向 n 区,接通电路后形成电流。光伏发电全产业链能耗仅 1.3 千瓦时/瓦左右,是最洁净的发电过程。

光伏产业主要环节包括多晶硅料提纯、拉棒/铸锭、切片、电池片环节和封装制成组件环节。多晶硅料通过铸锭或者拉棒形成硅锭或者硅棒,再经由切片形成多晶、单晶硅片进而组成太阳能电池最终封装成组件。

全球光伏产业由欧洲开始兴起,作为传统制造大国,我国光伏电池、组件产能受欧洲需求带动快速扩张,而国内光伏产品需求相对疲软。2010 年国内全年太阳能电池产量达 9 吉瓦,而全国新增光伏装机规模仅 500 兆瓦,电池产品绝大部分出口至海外,国内下游太阳能市场需求较弱。

2011 年以来,欧债危机和美国金融危机导致国际市场上组件和电池的价格急速下跌。大批欧美厂商由于其产品价格过高在与国内厂商的竞争中失利,纷纷停产或倒闭,引发欧美地区对中国光伏产品的"双反"调查。我国组件、电池片等出口受到严重影响。

为鼓励国内光伏市场发展,调整我国能源结构,减少环境污染,降低对化石类一次能源依赖,2013 年以来政府加大对光伏行业扶持力度,在国家、省以及地方政府层面推出多项分布式光伏产业发展政策。

2013 年起,我国装机容量迅速提升。2016 年,我国光伏发电新增装机 34 吉瓦,全国累计装机容量达 77 吉瓦,连续三年新增装机量全球第一,并首次超越德国成为全球光伏累计装机规模最大的国家。

2016 年 3 月国家能源局发布《关于建立可再生能源开发利用目标引导制度的指导意见》(以下简称《指导意见》),明确 2020 年,除专门的非化石能源生产企业外,各发电企业非水电可再生能源发电量应达到全部发电量的 9%以上。同年 4 月,能源局下发通知,要求 2020 年各燃煤发电企业承担的非水可再生能源发电量配额与火电发电量的比重应达到 15%以上。光伏作为非水可再生能源重要构成,将在保障 2020 年实现非化石能源占一次能源消费比重达到 15%这一能源发展战略目标中承担重要角色。

至 2016 年年底,我国已成为为全球重要光伏材料以及设备产地和市场。2016 年我国新增装机 34.54 吉瓦,全球占比达 45%;我国多晶硅产量 19.4 万吨,全球占比达 52%;硅片产量 63 吉瓦,全球占比达 91%;电池片产量 49 吉瓦,全球占比达 71%;组件产量 53 吉瓦,全球占比达 74%。

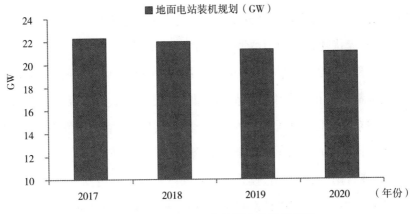

图 1-9　2017—2020 年地面电站装机规划

2017 年 7 月,能源局发布《关于可再生能源发展"十三五"规划实施的指导意见》,对 2017—2020 年光伏行业发展做出指引,地面集中式电站(包括领跑者项目)将维持年均 20—23 吉瓦的新增装机,分布式项目采用备案制,不受指标约束。另外,包括北京、上海、天津在内的 7 个省(区、市)集中式电站、不限建设规模的分布式光伏、村级扶贫电站及跨省跨区输电通道配套光伏电站均不在规划 20—23 吉瓦的装机规模中。

2. 就近消纳、节省用地,分布式电站发展迅速

分布式电站指 10 千伏以下接入,单点规模低于 6 兆瓦,利用建筑屋顶及附属场地建设的用户侧光伏发电设施。由于其一般靠近用电负荷,负荷曲线与光伏出力特点相匹配,不受弃光问题影响且受到国家政策的倾斜鼓励,近几年装机容量增长相当迅速。2016 年,我国分布式光伏新增装机 4.24 吉瓦,累计装机近 10 吉瓦;2017 年上半年我国分布式新增装机达 7.11 吉瓦,远超去年全年分布式新增装机水平。

《电力行业"十三五"规划》提出至 2020 年分布式累计装机规模达 60 吉瓦。截至 2016 年年底,分布式光伏累计装机仅 10 吉瓦,意味着未来几

年分布式年均 12 吉瓦的新增装机规模。相对于地面集中电站的补贴下调,自发自用分布式光伏项目仍维持 0.42 元/千瓦时的补贴电价且不受规模指标的限制同样将推动分布式光伏的发展。地方扶持政策叠加靠近用电负荷,光伏建设将向消纳情况好的中东部转移。

中东部地区经济增长迅速,是我国用电负荷集中区,而我国集中式地面电站大都分布在远离用电负荷的三北地区,面临电力远距离送出的问题。在中东部地区发展分布式电站能够充分消纳新能源所发电量,各级地方政府推出多项鼓励政策支持当地分布式电站发展。

"自发自用、余电上网"模式下分布式电站收益率更高。分布式电站按照补贴模式可以分为"自发自用、余电上网"和"全额上网"模式,已选择"自发自用、余电上网"模式的分布式电站可以变更为"全额上网"模式。"自发自用"模式下,自用部分电量获得 0.42 元/千瓦时国家补贴以及地方补贴,上网部分电量按照当地脱硫火电上网电价出售给电网,同时享受 0.42 元/千瓦时度电补贴以及地方补贴;"全额上网"模式按照三类光照资源区,执行全国统一标杆上网电价。

在屋顶为企业自有、不考虑支付租金的情况下,采用"自发自用"模式下,按照 100% 自用比例,电站收入包括节省的按照工商业用户电价计算的电费以及度电补贴,电站内部收益率可达到 16.79%。采用"全额上网"模式,电站收入为标杆上网电价(0.85 元/千瓦时)结算的电费收入,电站收益率为 8.5%。"自发自用"模式下收益率超过"全额上网"模式。

分布式电站盈利能力受到电站投资商认可,装机规模增长迅速。2016 年全年以及 2017 年上半年,我国分布式光伏新增装机分别达到 4.3 吉瓦、7.1 吉瓦。截至 2017 年 6 月,江苏、安徽、浙江三省分布式电站累计装机规模达到 5.7 吉瓦,占全国分布式电站比重超过 50%。中东部地区已成分布式电站发展重点区域。

用户侧平价上网已实现,进一步拓宽增长空间。我国电价分类包括电网公司向电力用户收取的销售电价及从发电厂收购电价收取的发电侧上网电价。用户侧销售电价分为一般工商业电价、大工业电价及居民和农业售电电价三大类,并按照不同电压等级征收电费。其中居民及社会用电由于存在交叉补贴,电价最低,均价在 0.5 元/千瓦时,大工业电价次之,均价在 0.6—0.9 元/千瓦时,而一般工商业用户电价在 1 元/千瓦时。目前光伏发电度电成本已下降至 0.6 元/千瓦时,考虑目前工商业用电及大工业用户用电占全社会用电量比重超过 80%,目前光伏发电已经基本实现用户侧平价上网。

(六) 生物质发电市场大发展

生物质发电主要是利用农业、林业和工业废弃物为原料,也可以将城市垃圾为原料,采取直接燃烧、液化或气化发电方式。生物质发电的主要方式包括,生物质气化发电、生物质直接燃烧发电、生物质与煤混合燃烧发电等。

"十二五"期间,我国可再生能源产业开始全面规模化发展,进入了大范围增量替代和区域性存量替代的发展阶段。生物质发电装机规模占可再生能源装机规模的比例很小,仅为 2.1%,且年均增速明显慢于并网风电和光伏发电。总体上看来,我国生物质能的发展仍处于初期阶段,且相比于风电和光伏,发展增速较慢。

不同生物质发电类型中,农林生物质直燃发电和垃圾焚烧发电装机较多,以 2015 年为例其装机占比分别为 51% 和 46%。

从全球市场来看,生物质发电装机占比较高的国家包括美国、中国、德国、印度等,CR4 约为 40%。美国生物质发电装机容量近年来始终保持全球第一的水平,中国自 2014 年起生物质发电装机超越德国排名第二,其装机占比为 10%—11%。

从上网电价来看,近年来生物质能上网电价较为稳定,均价维持在 0.72—0.73 元/千瓦时,与燃气发电上网电价大致相当。与污染相对较高的煤电相比,生物质发电的度电收入可提升60%以上。

以生物质发电的A股上市公司凯迪生态和韶能股份为例,生物质发电毛利率约21%—29%。营业成本方面,生物质发电营业成本主要由原材料、折旧等成本构成,其中原材料为最主要成本(占比约84%—88%)。

(七)煤炭行业供需情况分析

1.短期煤炭行业市场供需情况分析

2+26城市①钢铁产能3.99亿吨,年化产量在3.39亿吨,因采暖季环保限产,生铁产量减少至少在3000万吨以上,按照焦比0.45,吨焦耗煤1.43,精煤回收率0.5测算,影响焦原煤需求量4000万吨以上。受"两会"期间安监力度增强影响,主产地山西焦煤生产受到抑制,临汾等主产区部分煤矿甚至停产,预计大会结束后,在发改委保供稳价的政策指引下,预计焦煤产量环比继续增加。以8月焦煤产量为例,当月焦煤产量9335.5万吨,较2016年12月产量峰值低618万吨,焦煤产量仍有提升空间。

进口煤方面,由于国际煤价低于国内,9月焦煤进口量明显回升,10月随着国际焦煤价格持续走低,国内外价差进一步扩大,预计进口量环比继续提升。煤炭价格走势分析方面,供暖季高炉限产导致需求减少,另一方面,随着先进产能逐步释放,预计焦煤产量将出现上升,供暖季焦煤供给过剩的矛盾将进一步显现,另外,随着下游焦炭价格持续走低,企业盈利恶化,焦化企业打压焦煤价格的动力将增大,预计供暖季焦煤价格将承压下行。

2.环保高压下煤炭中长期消费增速放缓

"十二五"期间,在经济转型,环保加强等因素的制约下,煤炭的消费增速明显放缓,2014—2016年,煤炭消费甚至出现了负增长。17年上半年,在经济复苏以及水电发力不足的推动下,煤炭消费由负转正,小幅上

---

① 2+26城市:指京津冀大气污染传输通道,包括北京,天津,河北省石家庄、唐山、廊坊、保定、沧州、衡水、邢台、邯郸,山西省太原、阳泉、长治、晋城,山东省济南、淄博、济宁、德州、聊城、滨州、菏泽,河南省郑州、开封、安阳、鹤壁、新乡、焦作、濮阳。

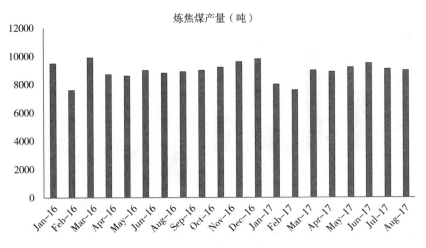

图 1-10 国内炼焦煤产量（万吨）

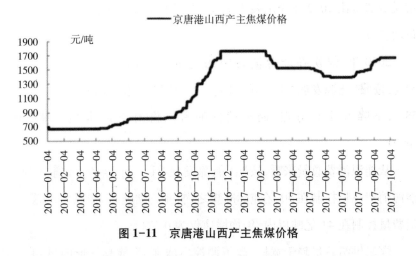

图 1-11 京唐港山西产主焦煤价格

涨 1%，但从中长期来看，在环保高压、经济转型的大背景下，尽管能源消费总量仍然保持增长，但煤炭在国内能源消费中的占比将持续下降，煤炭消费量已经进入峰值区间。

《能源发展战略行动计划（2014—2020 年）》提出，到 2020 年煤炭消费总量控制在 42 亿吨左右，比重控制在 62% 以内，并要求京津冀鲁四省

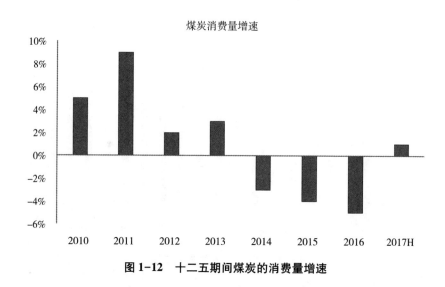

**图 1-12　十二五期间煤炭的消费量增速**

市煤炭消费比 2012 年净削减 1 亿吨,长三角和珠三角地区煤炭消费总量负增长。

　　2010 年,煤炭在能源消费中的比重是 69.2%,2015 年已经降至 64%,按照《能源发展"十三五"规划》,到 2020 年这一比例将进一步降至 58%,下降 6 个百分点,而天然气的占比将由 2015 年的 5.9% 上升至 10%。

　　从能源消费总量来看,按照《能源发展"十三五"规划》,到 2020 年,能源消费总量控制在 50 亿吨标准煤之内,年均增速在 3% 以内,而煤炭的消费量控制在 41 亿吨以内,年均增速仅为 0.7%。

　　煤炭供给总量趋于宽松,政策调控力增强,产能总量依旧过剩,2018 年煤炭供给趋于宽松,目前国内总产能在 40 亿吨以上,在建产能 10 亿吨以上,截至 2015 年 6 月,合法产能仅为 34.2 亿吨。

　　2017 年由于安监力度较强,超能力生产受到抑制,产量释放持续不达预期,2017 年月均产量仅为 2.88 亿吨,而 2016 年"3·30 政策"全面放松后,11—12 月的月均产量高达 3.09 亿吨,存量产能仍有较大释放空间。

从新增产能来看,2017 年为稳定煤炭供应,抑制煤价过快上涨,发改委加大了先进产能的释放进度,2017 年新增产能 2—3 亿吨,2018 年随着新增产能的逐步释放,煤炭的供给将趋于宽松。

产能向"三西"地区转移,产业集中度提升。2016 年,煤炭去产能 2.9 亿吨,从分省市的具体去产能的规模来看,主产地山西、陕西、内蒙古地区合计去产能约 5600 万吨,占比仅为 19.3%。去产能的省份主要集中在贵州、四川、重庆、河南、山东等,而且主要以小煤矿、安全保障程度低、风险大的煤矿为主,因此,随着去产能工作的持续推进,煤炭产能逐步向"三西"地区转移,产业集中度持续提升,2017 年 1—8 月,三西地区煤炭产量占比 66.8%,较 15 年提升 2.4 个百分点。

产业集中度的提升,一方面有助于政策对煤炭生产总量的控制,另一方面,煤炭产地和消费地进一步分离,在用煤旺季如果发生运力紧张、安全事故、自然灾害等情况,容易引发阶段性、区域性供需紧张。

3. 煤价走势分析

2017 年 1 月,发改委、煤炭工业协会、中国电力企业联合会、钢铁工业协会四部门联合签署《关于平抑煤炭市场价格异常波动的备忘录》,《备忘录》将动力煤价格划分为绿色、蓝色和红色三种情况,表示煤价在绿色区间内不会继续采取限产措施。

绿色区域,是指价格上下波动幅度在 6% 以内(以 2017 年为例,重点煤电企业动力煤中长期基础合同价为 535 元/吨,绿色区域为 500—570 元/吨),当动力煤价格位于绿色区域,充分发挥市场调节作用,不采取调控措施。

蓝色区域,是指价格上下波动幅度在 6%—12% 之间(以 2017 年为例,蓝色区域为 570—600 元/吨或 470—500 元/吨),当价格位于蓝色区域,重点加强市场监测,密切关注生产和价格变化情况,适时采取必要的引导措施。

红色区域(价格异常上涨或下跌),价格上下波动幅度在 12% 以上(以 2017 年为例,红色区域为 600 元/吨以上或 470 元/吨以下)。当价格位于红色区域,启动平抑煤炭价格异常波动的响应机制。

从中长期来看,在政策和市场的双重作用下,新建产能将有序释放,煤炭供求关系将趋于平衡,煤价受季节性、天气、经济、安全监管等因素的影响,在绿色区间波动,如果煤价过度下跌进入红色区域,政府或重新启动限产政策。

4. 煤层气行业:清洁高效的非常规天然气即将迎来高速发展期

(1)中国天然气行业正处于高速发展期

随着环保要求日趋严格,中国的天然气消费规模持续高速增长,2016 年中国天然气表观消费量为 2086.88 亿立方米,同比增长 12.48%,在一次能源消费中占比达到 6.4%,较 2015 年提升 0.5 个百分点,对外依存度高达 34.4%。

按照国家《能源发展"十三五"规划》,到 2020 年,天然气占能源的比重将达到 10%,天然气行业进入高速发展期。

(2)煤层气作为一种非常规天然气,开发利用有望提速

天然气分为常规天然气和非常规天然气,常规天然气是指由常规油气藏开发出的天然气,能由传统的油气生成理论解释;而非常规天然气是指那些难以用传统石油地质理论解释,在地下的赋存状态和聚集方式与常规天然气藏具有明显差异的天然气,如致密气、页岩气、煤层气等。

煤层气作为非常规天然气的一种,是赋存于煤层中、以甲烷为主要成分的烃类气体,俗称"瓦斯"。其热值与天然气相当,可以与天然气混输混用,燃烧后几乎不产生污染废气,是一种清洁高效能源。

中国煤层气储量位居世界前列,煤层气开发利用规模快速增长。我国煤层气可采资源总量约 10 万亿立方米,截至 2016 年年底探明储量为

单位：亿立方米

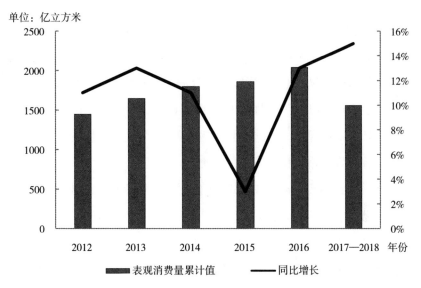

**图1-13　2012—2017年中国天然气消费量情况**

6928.3亿立方米，位居世界前列。近年来，受益于技术不断完善以及政策鼓励，煤层气利用规模快速增长。

截至2015年年底，全国新钻煤层气井11300余口，较2010年增长109.3%，新增煤层气探明地质储量3504亿立方米，较2010年增长77.0%。2015年煤层气抽采量合计180亿立方米，较2010年增长97.8%，利用量为86亿立方米，较2010年增长138.9%。

按照规划，到2020年国内煤层气（煤矿瓦斯）抽采量达到240亿立方米，较2015年增长33.3%，其中地面煤层气产量100亿立方米，利用率90%以上；煤矿瓦斯抽采140亿立方米，利用率50%以上。

另外，作为煤层气大省山西在2010年就提出了气化山西的口号，并出台《山西省"四气"产业一体化发展规划》，来推进煤层气、焦炉煤气、煤制天然气和过境天然气等"四气"清洁能源的发展。自2016年以来，密集出台多项政策继续鼓励煤层气开发利用，在财政补贴、管道建设、矿权等方面均给予支持。

5. 煤炭行业投资情况分析

从短期来看,2+26 城市对钢铁、电解铝、建材等高耗能行业的限产直接导致用电量以及煤炭消费量的下降,尤其是炼焦煤行业,在高炉限产的背景下,需求明显减少,合计影响焦原煤需求量 4000 万吨以上,月影响量 1000 万吨以上,占月度产量的 10%,而与此同时,随着"两会"后煤矿复产、政策转向增产保供应,焦煤月度产量将会上升,焦煤供需矛盾将进一步显现,炼焦煤价格将面临下行的压力。

从中长期来看,在环保高压下,煤炭的消费增速将逐渐放缓。2014—2016 年,在经济下滑、环保加强等因素作用之下,煤炭消费甚至出现了负增长。2017 年上半年,在经济复苏以及水电发力不足的推动下,煤炭消费由负转正,小幅上涨 1%。按照《能源发展"十三五"规划》,到 2020 年,能源消费总量控制在 50 亿吨标准煤之内,年均增速在 3% 以内,而煤炭的消费量控制在 41 亿吨以内,年均增速仅为 0.7%,煤炭在能源消费中的比重将由 2015 年的 64% 进一步降至 58%。

在供给方面,目前国内总产能在 40 亿吨以上,合规产能 34.2 亿吨,在建产能 10 亿吨以上,煤炭产能依然过剩,2017 年由于安监力度较强导致超产被限制,煤炭供给偏紧,2018 年随着新增产能的逐步释放,煤炭供给将趋于宽松,煤价将逐步回落至 500—570 元/吨的绿色区间。

在煤炭消费比重下降的同时,天然气行业将迎来快速发展期,2016 年中国天然气表观消费量为 2086.88 亿立方米,同比增长 12.48%,在一次能源消费中占比达到 6.4%,较 2015 年提升 0.5 个百分点,按照《"十三五"能源规划》,到 2020 年,天然气占能源的比重将达到 10%,而煤层气作为非常规天然气在政策的扶持下也将迎来快速发展期。

在环保高压之下,未来煤炭消费增速将逐渐放缓,而煤炭产能依然过剩,在去产能以及国家政策的调节下,预计煤炭供需将进入新的平衡,煤价将逐步回落至绿色区间之内,随经济、季节等因素波动,煤价和股价的弹性将会变弱,但部分煤质较好的上市公司将获得超过行业平均水平的利润。

### 三、能源结构及能源行业发展现状

能源结构供需两侧双向优化,节能降耗继续取得新成效。2017 年前三季度,能源行业将《政府工作报告》中提出的"2017 年煤炭去产能 1.5 亿吨,淘汰、停建、缓建煤电产能 5000 万千瓦以上,以防范化解煤电产能过剩的风险"目标任务为工作重点,严格按照《关于做好 2017 年钢铁煤炭行业化解过剩产能实现脱困发展工作的意见》中的《2017 年煤炭去产能实施方案》认真推进煤炭去产能工作,目前业已完成全年去产能目标任务,同时煤电建设速度显著放缓,全国主要发电企业煤电建设投资同比下降 30.5%,煤电设备平均利用小时数同比提高 48 小时,防范化解煤电产能过剩风险取得积极进展,能源供给结构朝着低碳清洁的趋势稳步迈进。从能源投资结构来看,煤炭开采和洗选业、电力热力的生产和供应业投资占能源行业总投资的比重分别为 9.02% 和 74.13%,比上年同期分别下降 0.80 和 0.40 个百分点,石油和天然气开采业、石油加工炼焦及核燃料加工业投资占能源行业总投资的比重分别为 7.74% 和 9.12%,比上年同期分别提高 0.89 和 0.31 个百分点。从电源投资结构来看,水电、核电、风电等清洁能源完成投资占电源完成投资的 71.3%,比上年同期提高 4.5 个百分点。从全国 6000 千瓦及以上电厂发电装机结构来看,水电、核电、风电等清洁能源发电装机容量占比 35.1%,比上年同期提高 1.6 个百分点。从能源消费结构来看,清洁能源消费比重持续提高,天然气、水电、核电、风电等清洁能源消费占能源消费总量比重比上年同期提高 1.0 个百分点,煤炭消费比重下降 1.1 个百分点。节能降耗取得新成效,前三季度全国单位 GDP 能耗下降 3.8%,为顺利完成全年下降 3.4%

的目标任务奠定了坚实的基础。

能源行业效益总体向好,上游行业效益显著好于下游行业受煤炭和原油价格上涨等因素综合影响,位居勘探开发环节的煤炭开采和洗选业、石油和天然气开采业效益明显提升,位居加工转换环节的石油加工炼焦和核燃料加工业、电力热力生产和供应业效益显著下滑。从主营业务收入来看,2017 年前三季度,煤炭开采和洗选业主营业务收入 20126.6 亿元,同比增长 34.7%,增速较上年同期提升 42.9 个百分点;石油和天然气开采业主营业务收入 5571.2 亿元,同比增长 22.8%,增速较上年同期提升 46.2 个百分点;石油加工炼焦和核燃料加工业主营业务收入 30118.9 亿元,同比增长 25.1%,增速较上年同期提升 30.0 个百分点;电力热力生产和供应业主营业务收入 42605.8 亿元,同比增长 7.4%,增速较上年同期提升 7.7 个百分点;燃气生产和供应业主营业务收入 4843.9 亿元,同比增加 15.3%,增速较上年同期提升 13.7 个百分点。从利润总额来看,2017 年前三季度,煤炭开采和洗选业利润总额 2261.6 亿元,同比增长 723.6%,增速较上年同期提升 658.5 个百分点;石油和天然气开采业利润总额 327.9 亿元,而上年同期亏损 391.7 亿元;石油加工炼焦和核燃料加工业利润总额 1626.7 亿元,同比增长 38.4%,增速较上年同期回落 225.4 个百分点;电力热力生产和供应业利润总额 2593.2 亿元,同比下降 23.7%,降幅较上年同期提升 18.0 个百分点;燃气生产和供应业利润总额 382.4 亿元,同比增长 10.5%,增速较上年同期回落 2.3 个百分点。①

未来五十年,天然气有望接棒石油成为第一大能源,成为化石能源向可再生能源转型的"过渡能源"。天然气消费量自 1990 年以来持续快速增长,由 17.7 亿吨油当量增加到 2015 年的 31.2 亿吨油当量,年均增长率达到 2.4%。根据预测,至 2035 年天然气消费量还将以每年 1.6% 速度

---

① 肖宏伟:《2017 年我国能源形势分析及 2018 年预测》,《科技促进发展》2017 年第 11 期。

增长,超过煤炭和石油的增长率。全球 60% 的新增天然气需求将来自页岩气。预计到 2035 年,页岩气在天然气消费量中的占比将达到 25%。化工和工业燃料将成为天然气消费最大的领域,占比达到 45%;电力领域天然气消费量也较高,占比约 36%。

可再生能源将迅速增长,占比将持续提升。由于可再生能源清洁环保的特性,世界各国均非常重视可再生能源技术的开发利用,投资力度不断加大,2010—2015 年,可再生能源的消费量由 1.68 亿吨油当量增加到 3.46 亿吨,翻了一番多。据 BP 预测,电力领域的可再生能源增长最快,年均增长率达到 7.6%。2016 年可再生能源占新增发电量的 40%,预计电力领域的可再生能源消费占比将由当前的 7% 增加到 2035 年的近 20%。随着先进储能技术的突破和可再生能源并网等技术进步,可再生能源技术应用成本将进一步降低,未来其推广和消费量将进一步提高。

从单一化向多元化方向,能源替代速度加快。回顾世界能源演替过程,薪柴时代、煤炭时代,薪柴和煤炭占比分别较大,能源结构单一;石油时代,煤炭、石油、天然气均占有一定比例,能源结构单一化的局面得到改善,各能源占比分布更加均匀。即将进入的天然气时代,煤炭、石油消费占比将进一步下降,但考虑到各国能源政策、技术水平的差异,传统化石能源仍会占有一定比例。同时,伴随着能源技术进步和人类社会对气候环境问题的重视,新能源占比也会进一步上升,届时能源多元化局面将逐步成型。展望"绿色能源"时代,能源多元化将得到进一步发展。

## 第三节　中国能源结构呈现的特征

2016 年,我国能源供需形势总体比较宽松,能源领域供给侧结构性改革快速推进,能源结构调整持续取得进展,但煤炭、煤电、炼化等传统行业产能过剩仍十分明显,清洁能源发展面临较大困难。

## 一、能源消费小幅增长,能源结构调整取得显著进展

2016 年,全国能源消费总量 43.6 亿 tce,同比增加 6000 万 tce,增长 1.4%,增速比 2015 年略有提高,煤炭消费比重连续三年下降,非化石能源成为新增能源消费的主力。

煤炭消费大幅下降,散煤下降幅度更大。从总量上来看,初步测算 2016 年全国全年煤炭消费量为 37.8 亿吨,同比减少约 1.85 亿吨,下降 4.7%,是自 2014 年以来连续第三年下降,拉低了能源整体消费增幅。

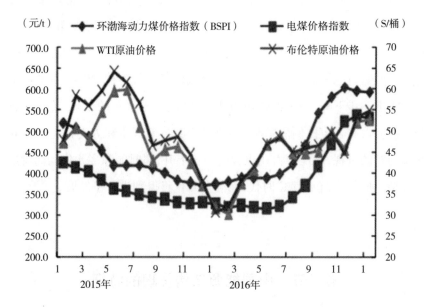

**图 1-14　2010—2016 年我国能源消费及年均增速**

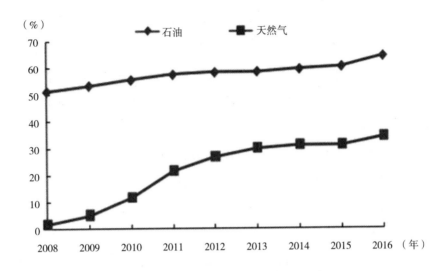

**图 1-15　2007—2016 年我国全社会当月用电量增速**

1. 电力消费增速企稳回升,第三产业及居民用电增幅较大

根据国家能源局数据,2016 年全社会用电量为 5.92 万亿千瓦时,同比增加 2825 亿千瓦时,增长 5.0%,其中第三产业、城乡居民电力消费增速分别为 11.2% 和 10.8%,远远高于第二产业 2.9% 的增速,贡献了全社会电力消费增量的 56%。自 2009 年以来,电力消费增速经历三次台阶式下滑变化,目前企稳回升。

2. 成品油消费保持增长,汽油柴油消费分化严重

2016 年我国经济结构调整进程加快、消费结构继续升级,成品油消费保持增长态势。根据国家发展和改革委员会运行局数据,全国成品油消费量 2.89 亿吨,同比增长 5%。其中,受汽车消费提升拉动,汽油消费高速增长 12.3%;受宏观经济形势和产业结构调整影响,柴油消费持续下滑,同比降低 1.2%,但工业用柴油消费逐步回暖,呈现增长趋势;在民航需求拉动下,航空煤油消费增速继续保持高位,同比增长 10.4%,但受高铁运输影响增速回落近 7 个百分点。受成品油消费拉动及原油大幅进

口影响，全国石油表观消费量 5.56 亿吨，同比增长 5.5%。

3. 天然气消费回暖，但在能源消费中的比重仍较低

2016 年，天然气价格市场化改革加快推进，大气污染治理进程加快，多地煤改气工程陆续投产，主要行业天然气消费量显著回升。据国家统计局数据，全年天然气表观消费量 2086 亿立方米；同比增加 155 亿立方米，增长 8.0%，同比提高 4.6 个百分点。但天然气在一次能源消费中占比仍然较低，约为 6.3%，仅比 21 世纪初提高约 4 个百分点。

4. 非化石能源消费大幅增加，占比显著提升

2016 年，全部商品化非化石能源利用量约 5.41 亿 tce，占全国能源消费总量的 12.4%，再加上非商品化新能源部分，这一比重达到 13.3%，比 2015 年增加了 1.3 个百分点，与 2011 年相比，上升了约 5 个百分点。初步估计一次电力消费量约 17010 亿千瓦时，同比增加 1710 亿千瓦时，增长 11.2%，非化石能源消费增量近 6000 万 tce，为增量的第一贡献来源。

二、能源生产较大幅度下降，清洁能源供应能力显著增强

2016 年，我国一次能源生产总量约 34.6 亿 tce，同比下降 4.2%。煤炭、原油产量均出现大幅下降，天然气和一次电力生产略有增长。全年煤炭生产量大幅下降，下半年有所回升。2016 年全国原煤产量为 34.1 亿吨，同比减少 3.4 亿吨，下降 9.0%，与过去三年煤炭消费量持续下滑趋势相同。从不同时段看，随着 8 月、9 月释放部分先进产能和安全高效产能，煤炭生产量在第四季度明显回升，对煤炭价格回稳起到了平衡作用。

三、化石能源价格触底反弹，电力价格继续下调

2016 年，国际能源市场供大于求的局面有所缓解，国内能源供给侧

改革不断推进。受此影响,主要能源品种价格触底后反弹,但出现分化。煤价上半年小幅上涨,从第三季度大幅上扬,年底基本平稳。2016年上半年,煤炭价格小幅反弹,至6月底,环渤海5500千卡/千克动力煤价格指数达到401元/吨,较年初增加30元/吨。7—10月,煤炭价格进入快速增长通道,至10月底,煤炭价格超过600元/吨,较年初增加236元/吨。从第三季度末开始,国家陆续投放了一批先进产能,中间商也陆续释放囤煤,市场供应大量增加,11—12月煤价基本处于缓慢下行走势,年底煤炭价格比全年最高点下降了14元/吨,煤炭市场趋于稳定。

## 四、主要能源品种进口快速增长,油气对外依存度均创新高

国内煤价强势反弹带动煤炭进口强劲回升。受石油等大宗能源商品价格影响,国际煤价涨幅有限,且海运价格相对便宜,导致东南沿海地区进口煤炭具有价格优势,推动煤炭进口强劲回升。尤其自5月以来煤炭进口持续处于高位,全年累计进口2.56亿吨,同比增长25.2%,出口878万吨,净进口2.47亿吨,同比增加4800万吨,增长24.2%。

原油进口大幅增长,对外依存度再创新高。2016年,受放开原油进口权和补充石油储备影响,全年原油进口大幅增长,进口量3.81亿吨,已与美国基本持平,同比增加超过4500万吨,增速达13.6%。受原油进口大幅增长拉动,我国石油对外依存度已达到64.4%,同比增长3.9个百分点。

成品油出口迅猛增加,成为亚太地区第三大出口国。2016年,在国内需求增长有限的情况下,成品油出口增长较快,全年净出口成品油3255万吨,同比增加1120万吨。出口量占全国原油加工总量的10.7%,占亚太国家当年油品净出口总量的17.9%,同比提升5.2个百分点,仅次于日本和韩国。

## 五、能源企业利润差异化明显，石化及电力行业可持续发展压力较大

2016年，受主要能源品种价格走势影响，各类能源企业经营业绩差异较大，煤炭企业经营状况大幅改善，电力企业利润下滑，油气企业上游出现亏损、中游持续盈利。

煤炭企业状况大幅改善，经营压力有所减小。2016年上半年，煤炭价格小幅度恢复性上涨，带动煤炭企业经营状况有所改善。1—4月，煤炭开采和洗选业实现利润总额9.6亿元，同比下降92%。但自5月开始，逐月同比大幅增长。全年累计利润总额为1090.9亿元，同比增长223.6%。与同期采矿业利润总额同比下降27.5%相比，全年煤炭采选业利润总额占采矿业利润总额的60%，煤炭企业经营形势大为好转。

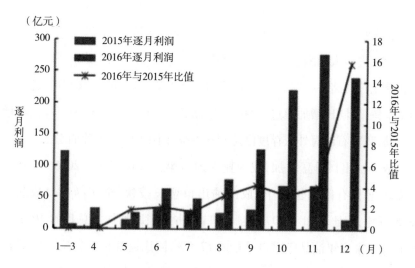

图1-16　2015—2016年我国煤炭开采和洗选业实现利润总额逐月变化

　　油气企业经营业绩表现各异,勘探开发出现亏损,炼化板块大幅盈利。根据中国石油经济技术研究院数据,受国际油价低位徘徊影响,2016年上游勘探开发业务比重较大的中国石油利润同比大幅下降94.34%;同样以上游业务为主的中国海洋石油,上半年大幅亏损77.35亿元;受惠于国家成品油价格政策调整,炼化业务占比较高的中国石化则实现利润增长11.2%。在低油价环境下,国内外石油企业业绩普遍呈现不同程度下降,实施削减投资、降低成本、提高运营效率等是石油企业的共同选择。

　　煤电企业利润空间降低。2016年,受上网电价连续多次下调、电煤价格上涨、市场交易电价大幅下降、发电设备利用率降低等多重因素影响,煤电企业利润空间受到明显挤压。根据中电联统计,2016年1—11月,五大发电集团共实现利润542亿元,同比下降45%,其中煤电板块利润下降67.4%。分项来看,初步测算上网电价下调、煤炭价格上涨和发电小时数下降分别导致全国煤电行业利润减少1100亿元、70亿元和74亿元。①

## 六、能源需求增长从工业为主向民用为主转变

　　从工业化和城镇化进程的角度看,中国工业化已经进入中后期,而城镇化则进入中期阶段。虽然按城镇人口计算,城镇化率已达到55%,但城镇基础设施和居民生活水平还有巨大差距。这意味着,未来对能源的需求将从工业用能为主向居民用能为主转变。一是居民家庭汽车用能。我国正进入汽车社会,2014年私家车保有量突破1亿辆,尽管未来增速将有所减缓,但未来5年将超过2亿辆。二是城乡家庭电气化进程加快。我国工业和大城市家庭已经基本实现电气化,但中小城镇和广大农村还有显著差距,未来发展空间很大。三是南方冬季供暖需求强劲。随着人

---

① 《2017年中国能源形势及消费结构分析》,中国产业信息网,2017年8月4日,见ht-tp://www.chyxx.com/industry/201708/547173.html。

民生活水平的提高,南方冬季供暖作为民心工程也将提上议事日程。供暖能耗占家庭居住能源消费的一半左右,势必大幅增加城乡居民用能。当前,工业用能的增速势头减缓,而城乡居民用能和第三产业用能旺盛,虽然两者总量还不及工业,但未来将成为新增能源消费需求的主要贡献者。

## 七、一次能源向二次能源(电力)转变

工业化、城镇化水平越高,电气化程度就越高,是现代经济发展的一条规律。从世界能源发展趋势看,全球电力消费量的增长速度将明显高于能源消费总量的增长。根据国际能源署的预测,2020年和2030年,全球电力消费量相对2010年将分别增长30%和59%,远高于全球能源消费量18%和30%的增长率。

尽管未来能源总量增长将放缓,但电力增长还将保持一定的势头。一是我国正处于工业化后期和城镇化中期,仍需大量电力支撑。二是新能源的发展,包括水能、风能、太阳能、生物质能以及核能等都要通过转化为电能而开发利用。三是能源东西转移的大格局不会变,需通过便捷高效的电力输运方式来实现。

与发达国家的横向比较表明,我国电力发展还有较大的空间。2015年,我国实现了人均电力装机1千瓦的历史性突破,但电力发展却未到顶。2014年,我国人均用电水平超过4000千瓦时,仅相当于美国的25%、日本的50%。人均GDP和人均用电水平相关度很高,要跨越"中等收入陷阱",人均电力水平还需要进一步提升。因此,未来5到15年,我国电力增长将明显高于能源总量的增长。[1]

---

[1]  吴越涛:《"十三五"期间我国能源发展的六大趋势》,《光明日报》2016年6月16日。

# 第二章 能源结构转型的文献介评

## 第一节 能源结构理论的文献综述

### 一、能源结构相关概念

（一）能源概念

能源是指可以直接或经转换提供人类所需的光、热、动力等任一形式能量的载能体资源。按照能源的使用方式分为一次能源和二次能源。凡是自然界中可直接取得而不改变其基本形态的天然能源，都属于一次能源，如石油、煤炭、天然气、油页岩等化石能源以及水能、风能、生物质能、海洋能等。一次能源在经过加工后可以转换成其他形式的人工能源，即二次能源，包括焦炭、煤气、人造石油、蒸汽、汽油、柴油、煤油、沼气能等。为避免重复计算，本书在实证分析时所使用的能源数据不包括二次能源。一次能源又分为可再生和不可再生能源，前者指能够重复产生的天然能源，如太阳能、风能、水能、生物质能等，这些能源均来自太阳，可以重复产生;后者主要是各类化石燃料、核燃料等。

（二）能源结构概念

能源结构指能源总生产量或总消费量中各类一次能源、二次能源的构成及其比例关系。能源结构是能源系统工程研究的重要内容,它直接影响国民经济各部门的最终用能方式,并反映人民的生活水平。能源结构是由经济、社会发展程度与一定科技水平下可利用的能源资源状况所决定的。自20世纪发生石油危机以来,能源来源和品种趋于多样化,节能取得很大发展,各种能源之间的相互替代复杂多变,能源市场更加灵活,国际化更为突出,能源与经济的关系也更加复杂多变。能源结构分为能源生产结构和能源消费结构。

1. 能源生产结构

各类能源产量在能源总生产量中的比例,称为能源生产结构。煤炭是我国的基础能源,这决定了我国能源生产结构以煤为主的格局在今后一段时期内不会改变。我国的优质煤炭资源较少,在既要增加煤炭供给又要减少环境污染的前提下,还要保障煤矿生产安全。所以我们要提高洁净煤技术水平,实现煤炭的清洁利用;继续推进煤炭资源开发整合;促进与相关产业协调发展。由于新能源和可再生能源具有良好的发展前景,所以要优先发展新能源和可再生能源,这是调整能源结构也是实现低碳经济的必由之路。

2. 能源消费结构

（1）能源消费结构概念

能源消费结构又分为一次能源消费结构、终端能源消费结构和部门能源消费结构等,各类一次能源消费量在能源总消费量中的比例,称为一次能源消费结构;终端能源消费结构,也称能源消耗结构,是指能源直接消费品种的结构份额,主要包括煤炭（去除发电用煤）、石油、天然气和电力;各产业部门的能源消费结构,称为部门能源消费结构。能源市场消费模式直接影响着能源结构,而终端能源是能源市场的直接消费形式。

各类能源消费量在能源总消费量中的比例,称为能源消费结构;能源消费结构指某个统计期内各种能源的使用量在能源消费总量中的状况或所占的比重,其常用的分类方法有能源消费品种结构、能源消费产业结构、能源消费行业结构等。能源消费结构的研究可用于分析国民经济各部门的能源消费水平,寻求挖掘节能潜力的方向,指明节能的重点部门,可用来预测未来能源消费结构,为国家制定能源规划与进行能源政策评价提供信息与依据。

(2)能源消费结构作用

能源消费是指生产和生活所消耗的能源,它是衡量一个国家经济发展和人民生活水平的重要标志。随着世界经济的发展,能源消费总量逐年上升,世界各国普遍重视对能源消费结构的优化,目的是为了以较低的能源投入尽可能地获得较大的经济增长。目前,常用衡量能源消费情况的指标有能源消费强度和能源消费弹性系数等。研究能源消费结构,掌握能源消费状况,为搞好能源供需平衡奠定基础;查明能源消费流向,为合理分配和利用能源提供科学依据;根据能源消费结构分析耗能状况,寻求挖掘节能潜力的方向;研究历年能源消费结构的变化,为预测未来能源消费结构变化提供参考。

(3)能源消费结构研究概况

能源消费结构的研究主要体现在两个方面:能源之间的替代关系、能源消费结构的预测与优化。Pindyck 最先对发达国家能源之间的替代关系进行了研究,发现煤炭需求弹性最大,电力最小,能源之间普遍存在替代关系;Andrikopoulos、Brox 等分别对加拿大、英国和韩国的能源消费替代关系进行了研究,对 Pindyck 的研究结论进行了再一次验证,并且发现每个国家有其独特的消费特征,每个国家的能源需求弹性和替代弹性也不尽相同;Nordhaus 等以一种新的思维方式进行了能源消费的研究,构建了分部门研究能源消费框架,引入控制论理论,提出碳税的高低影响能源的消费组合,对能源结构预测产生了巨大的影响,促使能源消费结构多元化,其研究结论为后续学者的研究奠定了坚实的理论基础。

国内学者主要对能源消费结构进行了研究,由于国内能源结构并不完善,因此张冀强等学者对能源结构不合理性进行了分析,并对产生这种不合理性的原因以及影响因素进行了分析和讨论;牛冲槐等对能源结构安全方面进行了论述。国内学者还对能源消费结构的优化调整进行了较多的研究,宋家树提出能源结构调整需综合考虑人口、经济与环境的影响,李嘉等在宋家树的研究基础上又添加了安全和贸易等因素;邱立新等利用多目标决策方法讨论了中国未来的最优能源结构,林伯强等研究一次能源结构时加入了节能和碳排放约束,构造了能源结构战略调整模型;冯本超等主要对能源消费结构优化调整进行了研究,提出了相应的解决策略。然而国内对能源间替代关系的研究较晚,在超越对数生产函数模型方面,杭雷鸣对中国制造业内部能源间的替代关系进行了研究;黄磊对中国煤油气以及电力的替代性进行了研究;王明益研究了山东省各能源的替代弹性,得到的结论稍有差异。

## 二、能源结构影响因素的研究

自 20 世纪 70 年代以来,国内外学者对能源结构的影响因素研究多集中于自然环境、社会环境、经济增长、产业结构、能源政策、技术进步和替代关系等方面。

（一）自然环境和社会环境

20 世纪 70 年代之前,由于世界范围内的能源生产和供给相对充裕,能源最多被看作原材料的一部分,有关能源结构以及相关因素对其影响等问题没有引起人们应有的重视。70 年代初,Dennis Meadows 等建立了

"世界末日模型"，从自然环境和社会环境变化角度对能源供给与消费的影响进行了比较深入的研究。他们认为，如果现有的人口增长率和经济增长方式不发生变化，那么世界能源将会耗竭。尽管"世界末日模型"曾受到乐观主义者的激烈批评，却引起了越来越多的国家以及学者关注自然环境和社会环境变化对能源供给与消费的影响。Fergal 等在对爱尔兰主要能源的储量和供求趋势分析基础上，阐明了可再生能源的自然条件及开发难度，指出爱尔兰未来能源结构将向低碳方向发展。Fergal 的研究成果，既明确了自然环境对能源供给的影响，也指明了爱尔兰的能源供给结构发展趋向。Jan 等指出未来巨大的能源供求缺口将会引起一系列社会问题，而发展新能源和可再生能源将使人们有能力摆脱自然资源的限制。很明显，Jan 等是在强调通过增加新能源和可再生能源的供给，来应对未来社会环境的不利变化。

21 世纪以来，国内一些学者密切关注自然环境和社会环境对能源结构的影响。赵建安等在对中国主要化石能源供给风险分析时指出，煤炭与石油供给存在着保障风险，这种风险包括人文社会风险和生态环境风险等多个方面。显然，这里所指的人文社会风险主要来自社会环境，而生态环境则主要是指自然环境。邱立新在对西北地区煤炭开发利用与水环境影响预测分析中十分明确地指出，虽然西北地区煤炭资源丰富，但是由于自然条件原因，水资源极其贫乏，生态环境十分脆弱，使煤炭资源的供给受到了严重影响。周平等指出城乡居民在能源需求结构方面的变化对中国能源供给及其结构变化都将产生影响。这里所指城乡居民需求结构方面的变化，则是社会环境变化作用的结果。

（二）经济增长和产业结构

21 世纪以来，经济增长和产业结构对能源结构的影响颇受国内外学者的关注。AI-Iriani 运用短期面板因果检验方法，构建了包括 GDP 和能源消费的两变量模型，结果表明科威特、巴林、阿曼、卡塔尔、沙特阿拉伯、阿拉伯联合酋长国 6 个国家两变量间存在着长期协整关系,发现这 6 个国家两变量间短期内存在着从经济增长到能源消费的单向因果关系;Ugur Soytas 等对土耳其的碳排放、能源消耗和经济增长三者间的关系进行研究时认为,经济增长和碳排放量是能源消费量的单向格兰杰(Granger)原因,而消费量的变化又影响到能源消费结构;Matthew Bartleet 等建立了能源和宏观经济变量之间的因果关系模型,指出国内生产总值与能源消费结构间符合格兰杰因果关系。Ghali 指出,在地区工业化进程中,产业结构的调整客观上阻碍了地区能源消费结构的变动。Glasure 等(2006)将产业结构与科学技术两种因素对能源消费结构的贡献作为研究对象加以分析,得出的结论是产业结构与能源消费结构关系十分密切。

王风云运用格兰杰非因果关系检验、协整检验和误差修正模型分析中国一次能源供需和 GDP 之间的短期波动向长期均衡关系调整的变动过程,指出 GDP 对能源供给结构存在显著的单向格兰杰因果关系。杨宏林等建立了能源存量动态变化方程,在能源利用方程约束下分别讨论了新古典增长模型和卢卡斯经济增长模型,并对经济增长对能源供给的要求进行了分析,肯定了经济增长是影响能源供给的一个主要因素。张晓平认为,由于不同行业对各种能源的需求存在较大差异,因此不同产业结构对能源需求结构的影响较大。在研究中国碳排放机理时,李江苏等指出,人口增长、经济增长和产业结构演进一直拉动中国碳排放增长,而在诸多碳排放影响因子中,产业结构演进是碳排放增长的主导因子。他们认为,中国未来碳减排的主要潜力在于产业结构多元化发展以及经济增长带来的技术进步节能减排。

(三) 能源政策

在 20 世纪 70 年代的两次石油危机重创美国经济之后,美国政府和一些组织意识到必须依靠国家能源政策来干预美国的能源供给,因此,美国成立了能源部,负责研究能源定价和分配的相关政策以及中央能源数据的收集和分析计划。美国能源基金会（The Energy Foundation）研究的建筑节能、电力、可再生能源、先进技术车辆和综合问题等能源政策问题，已经对各州政府在采取清洁能源政策和可持续发展方面产生了深远影响。前副总统切尼领导的"国家能源政策研究组"（National Energy Policy Development），专门负责研究能源适应国家发展需要的能源战略与政策问题，并向政府提交了《国家能源政策报告》，勾画了 21 世纪美国能源供给蓝图。美国国会通过的《2005 年能源政策法案》，强调美国要从主要依靠国外能源资源保障能源供给转变为增加国内能源供给的政策思路，要求采取措施推广不危害环境的、清洁的地热能、风能、太阳能、海浪能等可再生能源。除美国以外，其他一些国家也都十分注重研究通过国家政策干预能源供给。2006 年印度计划委员会组织专家研究起草了《能源综合政策报告》，鼓励接近商业化和有明确时间进度的新能源技术开发。2010 年欧盟 25 国制定的《能源政策》绿皮书，要求在成员国内部鼓励对绿色能源的研究、开发与利用，发展水能、风能、地热能、潮汐能等绿色可替代能源，加大可替代能源研究的投入。当前，世界各国在发展新能源方面的政策措施各具特色，侧重点不尽相同，但也有许多共同之处。一是注重能源安全，强调能源来源多元化；二是注重节能减排，试图减缓全球气候变化影响。

国内在能源政策对能源结构影响分析方面，周可峰采用格兰杰因果检验和广义脉冲响应函数方法对中日原油进口行为进行比较分析，指出中国的石油进口具有"越贵越买"和"越买越贵"的特征，应借鉴日本原油进口政策。沈镭等认为，制定中国可持续能源政策，需从能源供给安全、经济竞争力以及环境可持续性三个角度入手，促进三者共同发展。陈少强认为新能源财政政策是改善能源供给结构、促进新能源产业发展的重要保障，建立有利于新能源产业科学发展的财政政策，应处理好财政政策与市场机制的关系，处理好新能源财政政策与新能源其他经济政策之间的关系。然而近年来中国能源经济与政策研究绝大多数属于经验研究或政策模拟分析,所使用的基础数据大多来源于政府部门或者国际组织发布的宏观统计资料、在线数据库,有的研究存在较多基础数据问题,可能导致结论出现偏误。但是可以确定的是,能源政策对能源结构的优化调整具有重要影响。

(四) 技术进步因素

内生经济增长理论发展以后,一些经济学家认为,在技术进步的作用下自然资源对经济增长的极限将不存在。因此,技术进步成为能源结构的主要影响因素而被广泛关注,国内外学者均对其进行了大量的研究。Bretschger 在分析技术进步对克服能源不足是否有效时指出,技术进步很可能解除能源供给不足的限制。国际应用系统分析研究所( International Institute for Applied Systems Analysis) 和世界能源理事会( World Energy Council) 发表的《全球能源前景》( Global Energy Perspectives) 报告,对未来全球能源供给提出的三种方案六个情景趋势进行分析,指出高度技术进步是影响清洁化石能源、可再生能源和核技术应用的主要影响因素。麻省理工学院在《煤炭的未来》( The Future of Coal) 研究报告中指出,碳捕捉与埋存(CCS) 技术能够减少 $CO_2$ 排放,并允许继续使用煤炭来满足全球能源供给的关键技术。国外学者还注意到技术进步对能源的供给成本存在着影响;Demiroren 在研究土耳其电力供给时指出,由可再生能源提供的电力能源成本受到技术及其实现成本的影响,将影响这一领域的电力供给。这说明技术进步因素是能源结构的主要影响因素之一。

国内众多学者同样在技术进步对能源结构的影响方面进行了大量的研究。马胜红等认为可再生能源将逐步替代化石能源,成为人类可持续发展的能源。在可再生能源中,中国潜力最大的是太阳能,而太阳能能否被有效利用,取决于中国光伏发电技术的发展。徐向阳对中国和印度能源问题进行对比分析后指出:未来中国能源供应存在着极大的风险和挑战,而印度在生物质能技术研发方面的投入以及取得的成就值得中国借鉴。胡见义等认为,中国科技发展将促进化石能源供给由高碳走向低碳,能源替代将是长期以化石能源为主体和新能源快速发展的过渡。韩城在对 1990—2008 年的工业排放数据进行分析后发现,环境问题并没有成为影响新能源发展的主要因素,影响中国新能源发展的根本因素是较高的生产成本及落后的技术。

(五) 替代和互补关系

1991 年,Harvey 和 Marshall 在研究英国工业时发现,石油和电力之间是可以相互替代的,煤炭和石油之间则是互补的。随后,替代和互补关系对能源结构的影响正式走进了研究的视野。Soderholm 在对西欧发电部门的数据进行分析后指出,从短期来看,能源间替代效应在西欧的各电力部门是十分明显的,特别是石油和天然气两种能源之间的替代弹性。Simone 等在内生增长模型的框架下分析经济的动态过程,指出实现经济可持续发展的唯一路径是:在使用不可再生能源的同时,加强可再生能源的替代投资,改善能源系统结构。

近年来,国内也有学者研究了能源供给系统中相关元素的替代问题。后勇等分析了可再生能源对不可再生能源的替代作用,并在期望替代路径给定的条件下,得到可再生替代能源产业理论上的最优动态投资策略,使得全社会化石能源的使用量最小,最大限度地减少温室气体的排放。刘岩等在研究可再生能源价值构成与定价模型时,基于可持续发展观的自然资源边际机会成本定价理论建立动态模型,分析了可再生能源与可耗竭能源之间存在的替代关系、替代条件。宋辉等以 2005 年可再生能源替代率为基点,运用 GM(1,1)模型对中国 2006—2009 年可再生能源替代率进行了分析,结果表明,到 2020 年可再生能源替代率将达到 13.67%。

## 三、能源结构优化配置研究

目前,我国二氧化碳排放超标的根本原因之一是我国能源消费结构不合理,能源品质不优秀,高耗能行业居多,因此改善能源消费结构,优化能源配置,降低煤炭比重、提高天然气和非化石能源比重的任务迫在眉睫。

(一) 能源结构优化配置概述

1. 能源结构优化配置内涵

对能源结构优化内涵的理解可基于不同的角度。

从能源规划角度,依据一定时期的国民经济和社会发展规划,预测相应的能源需求,从而对能源的结构、开发、生产、转换、使用和分配等各个环节作出的统筹安排,能源结构优化应以社会经济的可持续发展,以及经济—能源—环境的协调发展为前提。

从能源利用角度,包括能源技术效率和能源配置效率,能源技术效率是指在能源投入给定时,实现能源产出水平的最大化,或者给定能源产出水平,使能源投入最小化;能源配置效率是指各能源品种价格既定时,通过合理配置能源结构实现能源投入最小化。根据魏楚等的研究,这里能源利用效率即能源技术效率。能源结构优化是指在一定的技术和资源约束下,综合运用市场调节和政府宏观调控合理配置各能源品种的消费比例,以促进能源利用效率的提高。

从能源产出角度,既包括社会经济效益又包括环境效益,能源结构优化须以促进社会经济发展的同时,降低对环境造成的影响为目的。

2. 能源结构优化配置目标

能源优化配置要解决的关键问题有环境污染问题、能源需求问题、能源供需平衡分析问题、能源价格问题、能源开发利用方式与工程布局问题、技术与方法研究问题和能源管理问题。能源优化配置的目标是保证能源的供需平衡和能源生产与消费成本的最小化、收益的最大化。保证能源的供需平衡目标涉及能源储备与能源安全问题,为保证本国内能源安全,必须在建立国内能源储备的同时,发展可再生能源。实现能源生产与消费成本的最小化、收益的最大化。

　　能源结构作为能源系统工程的重要组成部分,能源结构子系统是一个较复杂的系统,涉及社会经济生活的方方面面,不仅受到经济系统的影响,还受到节能和碳排放的约束,追求经济—能源—环境的协调发展。低碳经济主要通过低碳化进程得以实现,低碳化,即碳生产能力的不断提高,主要包括能源消费导致的碳排放减少和单位产出所需能源消耗降低。因此,应在遵循能源发展规划的基础上,以社会经济的可持续发展以及经济—能源—环境的协调发展为前提,合理配置各能源品种的消费比例,以达到提高能源利用效率的同时,降低二氧化碳排放的目标。

　　(二) 能源结构优化配置方式

　　能源配置的方式主要有行政机制和市场机制。政府采用各种政策性工具,宏观调控能源分配是不可缺少的一个重要环节:不公平的收入分配需要政府来调节,垄断或不完全竞争需要政府干预,经济外部性需要政府来解决,公共物品需要政府来提供。实现能源优化配置的基础是市场机制。然而,不能完全采用市场机制来配置能源,应将政府宏观调控和市场机制两种能源配置方式结合使用,来实现能源的有效配置。而在能源结构优化配置上,世界主要国家普遍重视从体制或制度体系方面研究能源结构优化策略,此外,发达国家对技术路线图的概念等相关理论的理解已比较深入,政府以技术路线图为手段在相关新能源产业的规划工作上起着主导作用,保障产业的发展;技术路线图的制定模式正趋于规范化,所确定的路径及关键技术都有很高的权威性。下面将对几种能源结构优化配置的方式进行详细介绍。

1.能源管理机制

（1）能源结构优化基础体制

1992 年美国立法允许开放电力批发市场，允许消费者自由选购供电商，供电商只保留电网控制权。在以后的十多年里，学者们对能源供给多样化以及过度依赖外国能源的风险等议题进行了更广泛的探讨，一些学者主张将扩大供应的重点转向国内新能源的开发，得到了政府和国会的关注，并在美国 2005 年《能源政策法》中得到了体现。《能源政策法》是美国能源管理机制一个重要转折点，标志着美国长期以来以扩大供应为重点的能源政策转为扩大供应与减少需求并重。美国学者的相关建议也催生了 2007 年的《能源独立与安全法》。在此法的作用下，美国提高了能源供应自给率，增强了可再生能源的供应能力。

日本为保证国家能源供给，研究并建立了集中型的能源管理体制，能源管理工作主要由经济产业省下属的资源和能源厅负责。日本以两次石油危机为契机，从规避、分散、抵御、弱化、稀释和舒缓等不同政策取向角度进行了行政政策安排；从长期性、全民性、战略性和权威性的角度，进行了法律政策安排。行政政策安排和法律政策安排共同构成了日本能源危机管理的政策体系。

德国建立了以能源类别及制度为对象的能源专门立法体系，主要涉及煤炭、石油和天然气、可再生能源与核能、能源生态税等。Marc 在研究欧盟能源合作策略时指出，发展机制（援助发展中国家的 CDM 及 GEF 机制和援助中东欧国家的 JI 机制）有助于欧洲在全球能源效率和清洁能源市场方面取得主导地位。学者们在研究能源合作策略时还强调，需要构建一些共同的核心价值以及发展机制来实现国际能源合作。目前已实现的国际能源合作主要方式有：贸易式合作、协议式合作和投资式合作等。

潘伟尔认为，中国能源管理体制存在的主要问题是分散的宏观管理，缺乏国家级、统一、协调、权威的能源管理机构，能源管理力量薄弱，能源的基础地位在动摇,由此产生了许多现实的和潜在的能源问题。在研究煤炭资源配置问题时,他指出行政手段和市场手段并用的"双轨制"煤炭资源配置体制既浪费资源,还阻碍非国有资本进入大中型煤矿建设项目,导致不公平竞争和煤炭资源管理低效率,大大削弱了国家高质量煤炭供应能力的形成。

高杰从中国石油价格的规制角度对能源供给体制进行了分析,认为中国目前是一种政府反映式与预期式引导的定价机制。这种定价机制存在反应滞后、不能反映国内市场供求关系、激励与约束功能不足等弊端,国家应在培育市场主体与完善市场机制基础上完善石油定价机制。

崔巍认为,能源供给结构调整过程中,需要经济、技术、法律以及政策的支持和保障,使利益诱导成为替代能源开发的基础机制,通过国家法律及政府政策引导,以激励替代能源的有效开发。

徐颖科(2009)指出,安全的能源供给体系是中国经济健康持续发展的重要保证。煤炭为主的能源供给结构需要优化和调整,组建国家能源部可以很好地防止中国能源供给失灵。

赵勇强等在分析中国实施可再生能源产业经济激励政策的实践基础上,强调经济激励政策是市场经济环境下推动可再生能源产业实现商业化、产业化、规模化发展的最关键、最有效的政策手段。

(2)能源结构优化机制建设具体实施策略

边登明等(2008)认为,加快可再生能源开发利用是保障能源供给的必然选择。他们从立法保障、价格机制、排污权许可和交易、税收制度、职能部门和政府采购等方面,分析了当前我国能源政策存在的问题,指出可再生能源技术属于高新技术,研发周期长、成本高,必须建立可再生能源开发的激励机制,采取刺激其发展的有力政策和措施。

熊良琼等(2009)认为,国家应借鉴国外的激励机制,建立健全可再生能源激励体系,具体包括国家目标导向、财政补贴、价格激励、税收优惠、研发鼓励、法律法规保障等。

杜明军(2009)在研究低碳经济发展机制时指出,中国应致力于构建低碳经济发展意识培养机制,政府、企业和公民间的低碳经济利益"三角"均衡机制,低碳产业发展政策导向机制,低碳经济发展财政税收激励机制,低碳产品税(预备)机制,低碳产品认证和标志(预备)机制,低碳环境和能源技术创新机制,社会公害应对和社会废物处理机制,低碳环境监测机制,低碳生态城市建设诱导机制等。

杨解君等(2011)在研究中国低碳生物技术发展问题时指出,中国低碳生物技术的法律激励机制应体现在统筹规划与约束性目标、研发投入支持、财政与税收优惠、收购激励与政府采购以及培育和完善市场等方面。

而关于能源供给结构低碳化策略方面,国内学者既指出了中国能源管理体制与制度体系方面面临的突出问题,也强调了在激励机制、价格机制中的不完备之处,明确了要通过制度建设,促进新能源的发展,建立专门的能源管理机构和有效能源管理体制加强能源供给管理,推动中国能源供给结构的低碳化。学者们研究的内容集中于政策、经济、技术、税收和利益诱导等方面,这些研究成果为本书研究能源供给结构优化策略提供了基础。

2. 能源规划发展技术路线

起初,在2007年美国能源与环境研究所同核政策研究所合作出版了一本具有前瞻性和创见性的研究报告——《在无核能条件下美国实现二氧化碳减排至零的路线图》,报告分析了在无核能条件下美国经济实现二氧化碳零排放的技术与经济可行性,描绘了美国经济通向二氧化碳零排放的路线图,其中包括各种技术可实际应用的时间表,以及研发与示范的建议。近几年,美国研究制定了生物质能发展技术路线图、风电发展的路线图、太阳光伏发展的路线图、氢能发展的路线图、节能照明发展的路线图、木材产业技术路线图、商业建筑节能发展的路线图和民用建筑发展的路线图等。

欧盟在 2008 年的 SET 计划中提出"为支撑能源技术目标的确定,将建立一个开放的能源技术信息和知识管理系统",其中包括利用"技术路线图"阐述技术的关键、技术实施的障碍及其可能的效果,为能源政策制定者提供信息支撑。同年,欧洲可再生能源委员会(European Renewable Energy Council)发布了由 EREC 成员机构以及法国环境和能源管理署共同研究制定的欧洲可再生能源技术路线图,内容包括技术现状、未来技术发展预期、目前可再生能源装机容量和需求预测等细节。

澳大利亚政府理事会(Council of Australian Governments)研究制定了地热能、氢能和太阳能高温热利用技术路线图,有关政府部门、行业、研发机构和环保组织共同参与了这些技术路线图的研究制定,路线图采用了自下而上的数据收集方法,要求利益相关者使用 SWOT 分析法提供产业内部和外部的看法和建议,路线图提供了详细的战略选择和相关政策框架的制定、知识建设、能力建设、市场和供应链发展情况。

Lee 等利用 SWOT 方法分析韩国能源技术现状后,遴选出三个主要领域的 37 个关键技术,提出未来 10 年韩国能源发展技术路线图,以便为能源技术在韩国的发展提供政策指导。

Chen 等使用情景分析法分析了我国台湾可再生能源长期发展规划,基于全球变暖、可再生能源技术突破和未来政府政策三个情景对光伏发电、太阳能、风能、海洋能、地热能和生物质能进行了研究,最终制定了可再生能源总体发展技术路线图。

目前,国内以技术路线图方法研究能源供给问题的文献还十分有限,但是已有文献的研究成果表明,技术路线图在中国新能源研发以及石化能源供给由高碳向低碳转化方面具有重要作用,是研究中国能源供给结构低碳化不可或缺的管理手段。

2007 年广东省科技厅选择生物质能技术作为研究重点,开展制定路线图的系列研究工作,这是国内较早采用技术路线图方法研究能源供给问题的案例。

2008 年,国家技术前瞻研究组在分析国内外技术路线图发展现状基础上,提出了未来 10—15 年我国科技发展的 30 项战略任务和包括能源在内的 90 项优先发展的国家关键技术,并对各项技术的重要性、研发基础、技术差距和实现时间等进行了综合分析,以时间序列系统地描述了各项战略任务的技术路线图。

王仰东等从技术路线图的角度对光伏产业链进行分析,指出应通过技术路线图的实施来实现技术、资源和市场的合理配置。林风指出中国低碳发展尚缺清晰的技术路线图,他认为实现低碳可以改变能源结构、促进新能源发展,对于诸多低碳技术,我国还没有形成一个清晰的技术序列。

3. 能源结构评价

能源结构评价对能源结构优化配置具有重要作用,因此,在 20 世纪 90 年代,学者 Mar 和 Bakken 运用经典控制论的思想研究改进的能源经济模型后,对一次能源结构的变化评价问题进行了研究,但是它们的研究范围是十分有限的,仅仅局限于一次能源。Tahvonen 和 Salo 对能源使用的历史路径进行了评价,他们的研究结果表明,一个国家在不同的历史阶段,可再生能源和不可再生能源在使用方面将会存在替代过程。这种能源交替的动态演化过程表现规律一般是:可再生能源—不可再生能源—可再生能源。Ruddliman 认为,一定能源消费结构下产生的温室气体排放量是存在差异的,这种差异需要采用科学的评价指标进行评价,而在指标选取方面应考虑累计人均排放因素。Tol 在建立包含能源、环境、经济发展等因素在内的宏观模型基础上,参考 IPCC 对碳排放的核算方法,分析了美国的碳排放,进而评价分析了能源结构的变化情况。Tol 的研究视角在于能源消费结构的评价,并没有触及供给结构。Sieniutycz 和 Jezowski 在分析区域能源储量等问题时,提出了能源消费结构的优化方法,并进行了能源消费结构的优化评价研究。Bhide 等在评价分析印度当时能源结构的发展状况时认为,印度政府发展目标的实现,必须改变现有能源消费结构,增加可再生能源的需求,实施可持续的能源政策,应重点致力于电力政策和可再生能源技术的研究,并提出,发展中国家尤其那些人口众多的发展中国家已经普遍关注可再生能源的开发与利用。Olanrewaju 等运用 IDA-ANN-DEA 组合模型对加拿大工业部门的能源效率和能源消费结构进行了优化评价研究,研究结果说明,能源效率与能源消费结构有着密切的关系,在评价能源消费结构时,能源效率是一个不能忽视的重要因素。

国内学者同样进行了大量的能源结构评价研究,并取得了不错的研究成果。姜磊等采用1996—2007 年中国省际面板数据,评价了煤炭、石油、天然气和电力的边际效率及其不同能源消费量之间的边际替代率换算,结果显示,能源边际效率由高到低排序为天然气、电力、石油、煤炭;煤炭消费比重的增加会降低能源效率,而石油、天然气和电力比重提高会提高能源效率,指出能源消费结构不合理是导致我国能源效率较低的原因。王贤等在研究低碳经济范式下能源消费结构的优化问题时,从能源消费产生的经济效益、社会效益和环境效益等角度出发,构建了综合评价能源消费结构优化程度的指标体系以及评价模型。刘明磊等利用非参数距离函数方法评价了能源消费结构约束下的我国省级地区碳排放绩效水平,分析了二氧化碳边际减排成本。研究结果表明,各地区二氧化碳边际减排成本差异较大,一般碳强度越低的地区,所要付出的宏观经济成本越高,减排难度也更大。与传统不考虑能源消费结构的评价结果进行比较发现,忽略能源消费结构的制约会低估碳排放绩效水平,并且导致二氧化碳边际减排成本计算结果出现偏差。孟芳等在研究城市能源评价体系问题时,针对不同能源在使用中存在的优点和缺点,建立了一套能源评价指标体系,并运用层次分析法,确定各评价指标的权重。然后采用灰色综合评价法对八种主流能源类型进行了分析比较。

## 第二节　能源结构与智慧城市关系

### 一、智慧城市发展研究现状

#### (一) 智慧城市概念

智慧城市是在 20 世纪 90 年代出现并兴起的一个新概念。如今,众多的智慧城市概念既为我们认知智慧城市提供了帮助,也为我们界定智慧城市概念奠定了基础。由于科学界定智慧城市概念是研究智慧城市问题的逻辑起点,而正确认识城市发展规律对于准确把握智慧城市的内涵有益。

智慧城市的定义基本围绕信息技术和城市发展理念两个主要要素,根据对这两个要素关系的不同认识,对智慧城市的定义和解读也有所不同。有的理念强调信息技术,认为其本质上是信息技术的运用过程;有的理念更强调智慧城市是一种看待城市的新角度,是一种发展城市的新思维。经过大量城市实践的检验,人们逐渐认识到单独强调信息技术或者城市发展理念的理论的偏颇性,当前融合论得到了广泛的认可。所谓"智慧",涉及两个方面:一是城市供给与需求的动态平衡,在受限于城市发展速度等因素而无法大幅度地增加供给量的情况下,最大化地利用城市现有资源,使供给与需求以科学的方式实现尽可能的匹配;二是城市管理决策的自动化,物联网等技术在城市运行的各个子系统收集数据资源,通过大数据等技术建立一定的决策模型,自动给出解决方案。

智慧城市就是运用信息和通信技术手段感测、分析、整合城市运行核心系统的各项关键信息,实现城市智慧式管理和运行,为人们创造更美好的生活,促进城市和谐、可持续成长。智慧城市建设下的产业是依托物联网技术、云技术、高端电子、移动通信技术等发展的知识密集型产业,具有能源消耗少、增长速度快、成长潜力大及综合收益高等特点。智慧城市将成为一个城市的整体发展战略,也是推动经济转型、产业升级的新引擎。运用智慧信息网络,合理利用城市资源,优化能源布局,促使产业结构朝低耗能、低投入、低排放和高收益方向发展,提升城市产业综合竞争力。

(二) 国内外智慧城市发展现状

1. 欧洲智慧城市侧重绿色低碳发展

欧洲智慧城市建设开展较早,在具体的智慧城市建设过程中更多地关注信息通信技术在城市生态环境、交通、医疗、智能建筑等民生领域的作用,希望借助知识共享和低碳战略来实现减排目标,建设绿色智慧城市。近几年来,欧盟开展了一系列智慧城市和城市信息化方面的工作,推动城市低碳、绿色、可持续发展。

欧盟的新能源研究投资方案中,欧盟为"智慧城市"建设投资110亿欧元,选择25—30个城市发展低碳住宅、智能交通、智能电网,提升能源效率,应对气候变化,这些城市包括哥本哈根、赫尔辛基、阿姆斯特丹、巴塞罗那、斯德哥尔摩、曼彻斯特等。此外,欧盟还通过第七研究框架计划对下一代互联网、云计算、物联网等关键领域进行重点支持,助力智慧城市建设。欧盟鼓励城市与企业界伙伴组成团队申请欧盟资助,研究如何整合性管理城市能源流,包括交通、水、垃圾处理、建筑供暖与制冷系统等。

欧盟在2009年11月提出了2011—2015年的信息化建设目标,其主要包括ICT与可持续的低碳经济、ICT与研究创新、高速开放的互联网、在线市场与接入创新、国际ICT竞争及其对经济增长和就业的影响、公共服务和 ICT 对提高人们生活品质的作用。鉴于社会信息化发展的目标已经由关注信息技术本身转向关注社会发展的结果,即人们更重视社会的发展理念,欧盟提出了要建设一种面向信息社会的"绿色知识社会",构建内容主要涉及两方面:一是社会的发展需要由一种绿色的理念指导,这种理念在社会发展中的外在表现就是"可持续性""低碳系性""环境友好型"等;二是 ICT 在这一发展中应该起的作用以及如何突破、改进目标应用发展中的瓶颈。

2010 年 5 月,欧盟委员会出台《欧洲 2020 年战略》。其中,"欧洲数字化议程"被确立为欧盟促进经济增长的七大旗舰计划之一,旨在通过信息通信技术的深度应用和广泛普及,取得稳定、持续和全面经济增长。同时,该战略报告提出未来三项重点任务之一,就是实现智慧型增长。智慧型增长意味着要充分利用新一代信息通信技术,强化知识创造和创新,发挥信息技术和智力资源在经济增长和社会发展中的重要作用,进而实现城市的协调、绿色、可持续发展。

2011 年 6 月 21 日,欧盟能源委员会公布"欧盟新智慧城市与社区行动"(EU's New Smart Cities and Communities Initiative)。报告指出,现在是建设智慧城市与社区的最好时机。无论城市还是工业部门,都希望找到综合的、可持续的解决方案,以便为居民提供清洁、安全与价格合理的能源。

2012 年 7 月 10 日,欧盟委员会启动了"智慧城市和社区欧洲创新伙伴行动"(Smart Cities and Communities European Innovation Partnership,SCC-EIP)。行动旨在促进欧洲智慧城市技术的大力发展,通过对能源、交通和信息通信技术的集聚化调研,集成欧洲在新能源、智能交通和信息通信(如物联网)等领域的先进技术,在特定城市开展示范项目,涉及领域从之前的 2 个扩大到 3 个,内容涵盖能源、交通和信息通信技术。在这一智慧城市伙伴行动框架下,欧盟将助力在上述产业间建立战略伙伴关系,并促进欧洲各城市更好地开展未来城市体系和基础设施的建设。

总体而言,欧洲智慧城市更多关注发挥信息通信技术在生态环境、交通、医疗等民生领域的应用,试点城市也大多侧重某一领域的智能应用,较少开展智慧城市的整体规划建设。现在欧洲智慧城市建设试点成效较为突出的城市有荷兰的阿姆斯特丹、瑞典的斯德哥尔摩、卢森堡的首都卢森堡和俄罗斯的斯科尔斯沃等。

2. 北美智慧城市注重公共服务

北美主要包括美国、加拿大、墨西哥等国,美国和加拿大是经济发达国家,工业基础雄厚、科学技术先进,这些国家的智慧城市发展主要以市场力量推动为主,重视发展效果,注重对优质公共服务的提供、民众在城市管理中的互动参与等。

很多城市的发展并不冠以"智慧"的名义,它们或称为数字城市,或依然叫无城市,但其核心内容都是利用新一代信息技术手段推动城市可持续发展,促进城市发展模式转型。北美对"智慧城市"名号并不看重,但在优质、便捷公共服务提供发面,已经走在全球智慧城市的前列。比如2010年启动的数字纽约未来发展计划,通过提升宽带接入能力,开放政府数据、利用 Web2.0 等应用加强市民在城市建设中的参与度,发展具有活力的数字产业,进一步提升纽约市在全球城市范围内的竞争力,增强服务功能和能力。

3. 亚洲智慧城市全面发展各具特色

亚洲是全球开展智慧城市建设较为活跃的地区,智慧城市的建设主要由一些传统亚洲经济强国和我国、印度等新兴经济体经济参与和推动。

通过韩国的 U-CITY 和"智能首尔 2015"、日本的 i-Japan 和新加坡的智慧国 2015 等计划,亚洲已经有了较为丰富的智慧城市建设经验和成果。在智慧社区论坛 ICF 过去 13 年颁发的世界智慧城市大奖中,有七个亚洲城市当选。在经济发展转型的新形势要求下,马来西亚、印度、泰国等亚洲新兴经济体也纷纷制定和出台了关于建设智慧城市的制度和规划,其中很多已经开始落实,亚洲城市正在成为全球建设智慧城市的一支重要力量。

2012 年,在西班牙巴塞罗那由智慧城市博览会组织评选的世界智慧城市奖颁奖典礼上,我国的广州智慧城市战略与实践获得该典礼的城市类决赛奖,广州中国科学院软件技术应用研究所的智慧照明项目获得创新类决赛奖,我国香港获得项目类决赛奖,这是亚洲智慧城市在全球 60 多个城市 100 多个项目中获得的成绩。这说明,亚洲国家的智慧城市建设模式已经可以树立世界城市建设的标杆。亚洲国家在智慧城市建设方面已经获得了国际社会的认可,在推动全球城市智慧化、城市与环境、资源和谐发展方面作出了很大的贡献。

亚洲人口约占世界总人口的 66.7%,2010 年突破 40 亿,是世界人口最多的大洲。根据全球城市化的趋势,可以预见,亚洲在未来会迎来城市数量和城市人口数量的大爆发,亚洲城市发展必将受到越来越多的能源、交通、公共空间等问题的制约,而智慧城市是解决这些问题的有效途径。然而,需要认识到,亚洲由于缺少类似欧盟那样的统一政治组织可以统一协调各国的智慧城市建设策略,而且由于亚洲地域广大,国家和城市数量众多,各个国家、各个城市的经济发展水平、文化构成和政治状况等也千差万别,所以亚洲很难形成一个统一的智慧城市建设规划和实施路径。各种试点城市的经验也很难推广到每一个城市。可以预见,亚洲的智慧城市建设之路是一个各具特色、各有侧重、不断探索的过程。

(三) 国内外智慧城市研究现状

1. 国外智慧城市研究现状

目前,全球为了能够更好地实现建设智慧城市的目标,众多学者和研究机构从多角度进行了相关研究。

研究机构 Forrester 智慧城市充分利用智慧的计算技术,在城市管理、公共安全、教育、交通、医疗以及住宅等基础设施和服务方面,得到了有效的提升和更好的服务,从而更加的智慧。IBM 一直强调新信息技术是智慧城市发展过程中技术的重中之重,并在 2010 年正式提出了"智慧的城市"愿景,希望为世界和中国的城市发展贡献自己的力量,其经过研究认为,城市由关系到城市主要功能的不同类型的网络、基础设施和环境六个核心系统组成:组织(人)、业务/政务、交通、通信、水和能源。这些系统不是零散的,而是以一种协作的方式相互衔接。而城市本身,则是由这些系统所组成的宏观系统。以欧洲智慧城市研究组织为首的研究机构提出,智慧城市建设的发展理念和核心需要通过六个领域来建设:智慧经济、智慧公众、智慧治理、智慧流动性、智慧环境、智慧生活。这个理念延续了创新城市和低碳城市的建设发展思路。

Streitz 提出智慧城市建设不能一概而论,针对不同的人群、不同的需求,需要确立不同的目标。Gerhard Schmitt 认为智慧城市建设的目标是未来实现城市大的可持续性和弹性。美国学者 Harrison 等的观点是要实现一个城市的智能化、互动感知、互联互通等功能,可以通过科学技术方法来设计。Camgliu 等人讨论了智慧城市需要在多个维度进行:经济、环境、交通、人群、家庭、空间、政府。Gregory S.Yovanof 等认为,本地社区的发展、工作效率、劳动力以及竞争力等方面与智慧城市息息相关,在这些方面深入分析了智慧城市的发展。Sam Allwinkle 等认为,建设智慧城市对于城市发展有重要意义,并提出智慧化的驱动器对智慧城市建设进度起到了关键作用。N.Komninos 认为,促进信息化和工业化深入结合,形成现代产业体系,从而推进智慧城市的建设。Jonathan Wareham Sotiris Zygiaris 将巴塞罗那城市作为研究对象,重点研究了智能交通在智慧城市发展中的重要作用。Andrea Caragliu 等通过大量数据研究,认为智慧城市对几个方面都起着很大的作用:如环境的质量、教育程度、互联互通、信息技术利用等。Leonidas Anthopoulos 等认为,电子通信技术在城市发展过程中有着非常重要的作用,覆盖城市的各个方面,从而使所有的信息资源能够互联共享。

2.国内智慧城市研究现状

随着国内经济的飞速发展,建设智慧城市亦成为众多学者研究和讨论的焦点。

在智慧城市建设规划方面,姜德峰在智慧城市规划建设论坛中提出:不同历史背景、不同生活环境和社会人文特点等因素是每个城市都存在的,我们发展智慧城市建设不能单一地按照相同的模式或者标准来执行,要区别对待,按照自身特有的性质来建设智慧城市。谭铁牛在全球城市信息化论坛中提出智慧城市有"五化"特征:泛在化、效用化、智能化、绿色化和隐性化。王家耀等研究智慧城市更侧重于城市居民生活,让智慧融入居民生活,从而实现城市智能化、智慧化。

在智慧城市建设意义方面,辜胜阻、王敏认为,发展智慧城市是提高城镇化质量、推进内涵型城镇化建设的重要举措,有利于推动经济转型和生活方式改革。上海市城市科学研究会秘书长王震国提出,智慧城市的建设是可以深入改变城市发展历程的,当前全球很多国家都开始着手参与智慧城市建设,在不远的将来,城市智慧化发展步入快速发展通道。巫细波等认为,建设智慧城市有利于创造更美好的城市生活,提升城市运行效率。李勇通过对智慧城市建设中信息安全方面的研究,发现信息安全与智慧城市息息相关,起到了强化作用,同时也对信息安全有一定的影响。降金玉通过宁波智慧城市建设和上海智慧城市建设案例,提出智慧城市在城市发展道路上起着举足轻重的作用,同时给出了智慧城市建设中存在的共性,以及环境、低碳等在城市建设中的意义,并提出来推动特大城市发展智慧城市的建议。

在智慧城市建设实施方面,史雜认为智慧城市建设可以让四个方面得到提升,一是转变城市模式,二是发展城市经济,三是改善城市环境,四是提升政府公共服务水平。胡安安、黄丽华等在智慧城市研究方面提出新的发展模式,称为"4S"模式,涵盖了政府管理、生活质量提升、经济效益创新、环境保护等方面,构建了新的全方位的生态体系。学者吴胜武、闻国庆将十个领域纳入智慧城市建设,主要就能源、政府、医疗、教育、交通、安全、企业、社区、公共服务、物流十个领域方面进行研究。同时提出智慧能源的概念,即将各类能源衔接,运用智能手段开发、开采、输送等手段构建一个全方位能源系统。王毅认为,智慧能源可使低碳技术和信息化技术结合,在能源生产、配送、利用各方面运用,最终形成整体解决方案。

综上所述,国内外学者对智慧城市领域从多方位开展了探索和研究,从不同的角度对智慧城市进行了理解和认识,也拓宽了研究领域,开阔了研究视角,形成了很多具有学术参考价值和实践指导价值的研究成果。可以看出,很多学者研究智慧城市从不同角度提出了低碳化、智慧能源、清洁节能等来推进智慧城市发展建设。虽然现在智慧城市建设在我国很多城市已经形成规模,然而建设过程也存在些许弊端,主要体现在:一方面,很多参与建设的城市对"智慧"的概念理解不透彻,仅仅是照搬模式,或者有些甚至借智慧城市的外壳炒作,实际还是按照原有模式来建设;另一方面,每个城市都应该结合自己的实际情况,面对自身发展特点来思考智慧城市发展之路,如果不加以思考,随意按照某种特定模式来发展建设城市,将会演变为悲剧,真正的"智慧"无法落地。

## 二、智慧城市下的能源发展——智慧能源

### (一)智慧能源概念及内涵

#### 1.智慧能源概念

智慧能源是基于互联网开放体系,综合利用大数据、云计算、物联网、IPv6 等信息通信技术对各种能源生产、输配、储能、用能系统进行监测控

制、操作运营、能效管理并向客户提供节能服务，通过节能环保和信息消费的跨界融合，衍生出的新模式、新服务、新业态。

2. 智慧能源内涵

智慧能源的基础是技术。智慧能源的技术可以归为两类，即改进性技术与更替性技术。改进性技术主要指针对传统能源形式开发利用的清洁技术、高效技术和安全技术；更替性技术主要指针对新型能源形式的探索发现及其开发利用技术。

智慧能源的保障是制度。智慧能源制度既有广度又有深度，涉及能源的研发、生产、加工、储存、运输、转换、消费、回收和合作的方方面面，表现形式不仅包括一般制度的法律、经济政策等，还包括价值信念、伦理规范、道德观念、风俗习惯及意识形态等，最终将聚合为一定历史条件下的能源政治、经济、文化等方面的综合体系。具体看，智慧能源制度包括促进节约、促进环保、促进合作的制度安排。

智慧能源的载体是能源。无论是开发利用技术，还是生产消费制度，我们研究的对象与载体始终都是能源，我们不懈探索的目的也是寻觅更加安全、充足、清洁的能源，使人类生活更加幸福快乐、商品服务更加物美价廉、活动范围更加宽广深远、生态环境更加宜居美好。

智慧能源的精髓是智慧。智慧是对事物认识、辨析、判断处理和发明创造的能力。智慧区别于智力，智力主要是指人的认识能力和实践能力所达到的水平。智慧区别于智能，智能主要指智谋与才能，偏向于具体的行为、能力和技术。智慧能源的智慧，不仅融入能源开发利用技术创新中，还体现在能源生产消费制度变革上。

智慧能源不能简单地等同于智慧能源技术，还应涵盖智慧能源制度。技术是智慧能源发展的根本动力，制度则是智慧能源发展的根本保障，两者都不可或缺。从内容上看，智慧能源不仅指能源开发和利用技术，还包括能源生产和消费制度；从技术上看，智慧能源不仅指传统能源的改造技术,更包括新能源形式的发现和利用技术;从制度上看,智慧能源不仅指能源生产消费制度,还包括与能源相关的所有社会制度;从时间上看,智慧能源不仅指当前能源技术的改进和能源制度的完善,更包括适应未来文明要求的全新能源形式、能源技术的发现和利用,以及与人类生产生活相关的制度安排。

(二) 智慧能源研究现状

国外对智慧能源的探索起步较早,2008 年,德国联邦经济技术部与环保部宣布启动 E-Energy 技术创新促进计划,试图创建一种以 ICT 为基础的新型能源网络,实现对区域电力生产、电力负荷、电力消耗的自动调节;瑞士联邦政府能源办公室和产业部门通过启动了 Vision of Future Energy Networks 研究计划,研究多能流传输和分布式能源转换、存储技术,通过超短期负荷预测以及分布式电源和配电网的实时在线监测数据进行能源优化控制。2009 年,国际学术界提出,互联互通的科技将改变整个人类世界的运行方式,提出要"构建一个更有智慧的地球",包括智慧机场、智慧银行、智慧铁路、智慧城市、智慧电力、智慧电网、智慧能源等理念。该理念提出通过普遍连接形成所谓"物联网",利用超级计算机和云计算将"物联网"整合起来,使人类能以更加精细和动态的方式管理生产和生活,从而达到全球的"智慧"状态,最终实现"互联网+物联网=智慧的地球"。2010 年,美国提出了建立"21 世纪的能源网络"的智慧能源最新战略,旨在提供一体化的能源使用方案,通过实时监控能源使用,实施需求响应和优化策略,降低能源消耗和排放,优化能源使用方案;日本也非常重视能源的开发与利用,2010 年 4 月,日本启动"智慧能源共同体"计划,通过采用智慧能源系统,构建能源优化供给结构,充分利用生物能、太阳能等清洁能源,从而降低污染排放量。

近几年,随着智慧城市和智慧能源建设的飞速发展,国内众多学者进行了一系列相关研究。2009 年,一些中国专家学者发表了《当能源充满智慧》《智慧能源与人类文明的进步》等论著,智慧能源的概念也从此正式进入中国。吴胜武等从能源、政府、医疗、教育、交通、安全、企业、社区、公共服务、物流十个领域进行了智慧城市建设的研究,并提出了智慧能源的概念,即将各类能源衔接,运用智能手段开发、开采、输送等构建一个全方位能源系统;曾鸣给出了能源互联网的内涵,主要围绕电力系统来构建多类型能源互联网,为了实现横向多源互补技术,纵向实现源—网—荷—储协调,充分利用互联网思维和技术手段来改革能源行业,打造能源与信息深度结合的新型能源互联网利用体系,促进能源行业新技术、新商业模式的发展,利用互联网思维和技术手段来改革能源行业,实现能源的清洁、高效、安全、便捷、可持续利用,为智慧能源的建设奠定基础;刘涛认为,智慧能源基本功能,像人类的大脑一样,智慧能源可以自我组织、检查、平衡等,最终形成安全、可靠、清洁、经济、系统的能源模式;王毅认为,智慧能源可使低碳技术和信息化技术结合,在能源生产、配送、利用各方面运用,最终形成整体解决方案。

### (三) 智慧能源未来发展重点

#### 1.完善智慧能源发展的整体规划

虽然国外发达国家所出台的智慧能源发展规划较为成熟,但是其智慧能源理论不能完全适用于我国国情。我国智慧能源发展的整体规划应根据我国能源分布条件、电力行业特点、用能和社会经济发展的实际情况,有针对性地进行完善,不能盲目地照搬照抄。

#### 2.完善智慧能源制度

智慧能源将带来新的能源格局,必然要求有与之相适应的能够鼓励科技创新、优化产业组织、倡导节约能源、促进国际合作的先进制度提供保障,确保智慧能源体系的稳定运行和快速发展。

未来,能源制度终将凝结越来越多的人类智慧,甚至不亚于能源技术。在智慧的属性上,智慧能源的制度和技术将逐渐由原来的不均衡和分离逐渐向均衡、协调与合一转变,直至最终汇合为不可剥离的整体,生成智慧能源这一全新形式。从现在到未来过渡时期的智慧能源制度框架,应主要包括以下四个方面:

(1)鼓励科技创新。智慧能源制度的根本目的是促进智慧能源技术的创新,其制度设计以鼓励和实现创新为基本特点。由于智慧能源技术在走向成熟和大规模推广之前,往往需要克服成本方面的巨大障碍,智慧能源制度必须充分体现鼓励清洁高效的改进性技术和更替性技术的推广应用。

(2)优化产业组织。智慧能源制度一个重要使命,就是通过一整套的制度体系,促使能源产业组织更加高效,符合能源产业的客观规律,以最小的成本获得最大的产出,实现规模效益,确保能源供应满足人类经济社会发展的需要。

(3)倡导节约能源。智慧能源制度着眼于体现先进的消费理念,改变全体社会成员的消费行为,重建节约能源新风尚,鼓励每一个社会成员使用节能产品、清洁产品,以实际行动落实节能减排。

(4)促进国际合作。在经济全球化深入发展、世界各国依存日益加强的当今,利益和责任共担的理念越来越适用于能源研发、生产、消费和环保等领域。智慧能源制度将充分促进和强化国际合作,整合各自为政、孤立、零散的力量,转化为全人类的合力,推动我们向未来文明成功转型。

3. 发展智慧能源技术

技术是智慧能源的基础。智慧能源技术可以分为改进性技术和更替性技术。改进性技术在能源形式上是现有的传统能源,在趋势上是使之更加清洁、高效、安全的改良进步;更替性技术在能源形式上是已知甚至未知的新型能源,在趋势上是革命性的、能够替代现有主要能源甚至能够完全满足人类能源需求的未来能源。在智慧能源技术发展的过程中,应着重注意以下四个方面:

（1）智慧能源技术不会是单一的某项技术，必然是有机整合当前的互联网技术、云计算技术、通信技术、控制技术及未来的新技术，实现能源生产、传输和利用等环节多项技术的综合优势。智慧能源技术的功能不再是能源简单的生产、传输、交易和消费过程，而是基于生态文明发展需求，结合环境、社会、人文、政治等指标建立起来的综合体系。

（2）智慧能源技术必须符合安全的要求，确保为社会提供安全、稳定、持续的能源，同时解决能源巨大能量在不可控制时带来的危害，如火灾、洪水、电击、交通事故等，彻底驯化能源的"野性"。

（3）智慧能源对自然环境的影响将无限趋近于零，这是我们为之不懈努力的终极方向与目标之一。未来能源的清洁属性必须摆在第一位，其生产和使用过程不产生有害物质，或者产生的有害物质极小，不影响自然界的生态平衡。智慧能源不仅要加强可见、有形的污染物的控制，而且要消除辐射、电磁波等无形污染物的危害。

（4）随着能源技术中所蕴含人类智慧属性的不断提高，能源利用效率也将随之提高，智慧能源技术将探索发掘更加高效的能源，使之拥有越来越大的能量密度，以最小的代价换取最大的动力产出。简而言之就是高效率、低成本、高产出。


### 三、智慧城市与能源结构的内在联系

#### （一）智慧城市助推能源结构升级

智慧城市建设促使智慧理念深入产业内部，贯穿整个产业链，以经济发展促进产业优化升级，有效提高产业竞争力。Coe 认为由于智慧城市需要不断创新，从而带动新兴产业的出现与发展，这对于产业结构优化来说是一个很好的途径；Giovanni 通过将信息技术融入传统产业中，改变传统产业组织形式，提高劳动生产率，提升行业竞争力；巫细波认为智慧城

市作为城市未来发展的新模式,有助于催生大规模的新兴产业链,促进产业结构优化升级;宋刚发现使用新一代信息技术产业改造传统产业链,可以产生新产业形态,促进智慧城市产业结构逐渐趋向高级化;郝斌认为智慧城市产业的发展,可以对其他产业产生直接、间接和衍生效应,推动各个产业与信息技术融合,助推第三产业发展,优化产业结构升级。

　　智慧能源与产业创新和技术发展是不可分割的。强调智慧能源必须强调产业创新和技术发展,使能源智慧化或赋予能源以智慧。能源问题不仅仅是控制的问题,更多还在于管理。通过智慧的 IT 技术,可以实现精细化的能源管控,从而达到控制能源消耗快速增长的目的。结合物联网和充放电控制技术可以让城市中的能源控制系统起到关键的节能环保作用,信息技术与能源结合将产生巨大能量。能源领域既包括能源生产也包括能源消费,其中既涵盖传统能源生产、新能源开发、能源供应、输送、储能和使用、能效管理、节能和综合利用,也涵盖能源对环境的影响,如大家关注的雾霾、生态变化、减排二氧化碳等温室气体,绿色发展,甚至涉及能源安全和经济、社会发展的可持续性等。能源智慧化包括自动控制、总线管理、智能管理系统、通信(特别是无线通信)、数据库、在线监控、网络应用以及有关的传感器、联结技术、软件、硬件开发、系统集成、推广使用和应用评价等,这其中必然会涉及无数的新技术、新工艺、新方法;将这两大领域、多个分领域有机整合、合理分工、整体联动,实现实时状态的人机交互、机机交互、互联互通,高效、优化最佳状态运行,这才是智慧能源的最高追求。而智慧城市的发展恰恰满足了智慧能源的升级发展要求,智慧城市的建设能更好地推动能源结构的升级,为人们带来更加清洁、高效的能源,推进可持续发展。

　　(二) 智慧能源助力智慧城市建设

　　智慧能源就是充分开发人类的智力和能力,通过不断技术创新和制度变革,在能源开发利用、生产消费的全过程和各环节融入人类独有的智慧,建立和完善符合生态文明和可持续发展要求的能源技术和能源制度体系,从而呈现出的一种全新能源形式。

推进智慧城市建设,其中城市运行、资源环境也是今后智慧城市建设的重点领域。在与居民生活密切相关的水、电、燃气、热力等领域,基于已推行的预付费制卡,预计将实现远程抄表和一卡多用等功能,智慧城市建设总体上仍处于酝酿或刚刚起步阶段。

信息技术的不断发展,为市政基础设施的精细化、定量化管理提供了技术手段,不同能源形式的商业模式也正在向互融互通发展。

城市能源结构和运行管理模式优化是一项系统工程,能源结构的优化要重点考虑能源供应的安全性和可持续性,建设统筹协调的网络系统,保证经济和社会效益。

王忠敏认为,智慧能源产业是传统的节能减排技术、新能源技术以及互联网技术三者的结合和应用。可以预见,通过新一代信息通信技术与能源的结合,势必将产生一个巨大的能量体,并将引领全新的商业模式。

苗韧表示,未来"互联网+智慧能源"将是信息技术与能源系统深度融合的一个新生态,在这里面信息技术主要是支撑能源系统的精准控制、供需平衡、多能协同、全局优化、系统节能、开放透明,并且支撑能源市场化交易、科学监管和公众广泛参与。

## 第三节　能源结构与产业升级关系

### 一、产业升级内涵

产业升级就是使产品附加值提高的生产要素改进、结构改变、生产效率与产品质量提高、产业链升级。产业升级内涵可以从以下几个方面来理解：

1. 就其涵盖范围来看，有"狭义"和"广义"之分

广义来讲，不仅是指新产业替代衰退产业，实现产业结构升级的过程，还包括产业替代过程中所发生的体制转轨、劳动力转移、技术创新、环境改善等，因此，从这一角度说，产业升级是一个综合性的过程，包括了产业在结构、组织和技术等多方面的升级。狭义的产业升级是指一个行业内，资源存量在企业间的再配置，也即资本、劳动力等生产要素在企业间的转移过程，也是淘汰落后衰退、缺乏竞争力的产业，培育和发展新兴产业的过程。因此，从要素视角，产业升级可理解为各种生产要素在经济、社会和技术变化环境下的重新组合；从产业结构视角，产业转型可理解为主导产业更换，或第一、第二和第三产业主导作用变更引起的产业结构转变，从而实现产业由成熟或衰退产业，向新兴产业的过渡转型。

2. 就其系统性而言，可从"微观"、"中观"和"宏观"三个角度区分

从微观角度，产业升级指一个企业中产品的附加值提高，表现为转型主体及其相互关系、转型资源的转换方式、时机、模式、策略或路径等的创新与协调。产品附加值提高的途径：企业技术升级、管理模式改进、企业结构改变、产品质量与生产效率提高、产业链升级。从中观角度，产业升级指一个产业中产品的平均附加值提高。产品平均附加值提高的途径：同一产业中的各个企业技术升级、管理模式改进、企业结构改变、产品质量与生产效率提高、产业链升级。产品附加值提高的动力机制：同一产业中的各个企业为了提高自己生产产品的边际效率和企业利润率不断提高自己产品的附加值，最后使整个产业产品的平均附加值提高。产业升级、产业平均附加值提高不仅仅是产业的平均利润率提高，而是最终表现为产业结构升级。产业结构升级前的附加值提高是产业升级的量变，产业

结构升级是产业升级的质变。产业结构升级使产业升级到了经济增长方式转型阶段。从宏观角度,产业升级指产业结构升级,即一个国家经济增长方式转变,如从劳动密集型增长方式向资本密集型、知识密集型增长方式转变,从资源运营增长方式向产品运营、资产运营、资本运营、知识运营增长方式转变。宏观的产业升级或产业结构升级既指旧的产业结构升级,也指新的、更高级的业态产生,表现为一个国家或地区产业系统的整体升级及其支撑环境的完善。

无论微观、中观还是宏观,产品附加值提高都是产业升级的核心与灵魂,经济活动的主体性提高是产品附加值提高的根本。产品附加值提高不能和生产率提高画等号。根据产业结构内部各要素的相互关系,生产率提高只是产品附加值提高的途径和手段之一。虽然提高企业利润率和GDP增长指数是产业升级、产业结构升级、产品附加值提高的动力,但产品附加值提高也不能仅仅和企业利润率、GDP增长指数提高画等号。产业结构升级带来的产品附加值提高不但可以带来利润率与GDP增长指数提高,而且可以带来社会发展指数、人类发展指数、社会福利指数、人民幸福指数的提高。所以产业升级到产业结构升级、经济增长方式转型,增长和发展是统一的。

3. 从本质上解读产业升级

产业升级不仅是指产业类型或产业发展阶段的转变,也是生产要素在环境变化下的一种重新组合和再配置过程,是产业体系各部门与外部环境之间认知方式的根本性转变。由上可知,虽然产业升级不应简单地理解为产业结构转变,但产业结构转型是产业转型的重要外部表征,因为产业要素、技术和组织结构的变化会直接或间接引起各类产业部门在产业体系中地位的变化,从而引起产业结构转型。因此,可将产业结构转型研究作为产业转型研究较为全面的考察变量。

## 二、能源结构与产业升级

### (一) 能源产业升级

1.能源产业升级的阻碍

能源产业是指采掘、采集和开发自然界能源资源,或将自然资源加工转换为燃料、动力的产业。主要包括:煤炭采选业,石油和天然气开采业,电力、蒸汽、热水生产和供应业,石油加工及炼焦业,煤气生产和供应业以及新能源产业。由于传统的能源产业发展已经达到瓶颈,目前新能源发展被全球各国所重视,新能源的产业升级成为每个国家、组织机构和学者研究的主要课题,并且新能源产业的升级对能源结构的升级具有重要影响和作用。

自20世纪90年代以来,新能源技术飞速发展,新能源产业在升级的道路上稳步前行。然而,在许多情况下,这种增长是不能自我维持的。这是因为能源市场渗透存在很多障碍,诸如成本效益、技术资金、市场壁垒(如不一致的定价结构)、体制、政治和监管方面的障碍,社会和环境的障碍。而且,这些障碍可能会随着能源技术和国家不同而有所不同,其中有些障碍可能是针对特定的一种技术,而有些障碍则可能会具体到一个国家或一个地区,比如太阳能热技术大规模扩散(不含补贴)的主要瓶颈是缺乏产品标准,对生产能力设计重视不够,太阳能集热器缺乏与建筑师传统设计的融合,企业大规模生产太阳能集热器的规模经济的缺乏。而光伏电池扩散的主要阻碍是成本高,需求主要是由政府采购项目驱动的,新能源产业化发展存在如此众多的困境与障碍的原因可以归结为市场失灵和制度失灵。

总体而言,我国新能源资源丰富,发展潜力巨大,但存在成本、资金、市场、制度、技术五个方面的障碍。在阻碍新能源产业化发展的众多因素中,运行机制是一个比技术问题和经济成本更难以解决的问题。

2. 能源产业升级影响因素

新能源产业化发展的影响因素很多。通过对欧盟各国新能源发展的研究提出五大影响因素：①地理能源政策开始的位置。具体有降雨数量、日照强度、风速、化石资源的可用性、核电的可用性或政府的决策等因素。②经济环境。具体有石油和天然气价格水平、化石燃料和铀的基础能源补贴、外部成本内部化等因素。③政治。具体有目标和定义、行政责任、绿色电源方、许可程序、国际义务和方案（欧盟指令、京都议定书）等因素。④技术。具体有新能源技术发展、电网容量等因素。⑤认知环境。具体有公众意识、效率主导等因素。结合新能源产业化发展的困境与障碍分析,可以将新能源产业化发展的影响因素归纳为市场因素、制度因素、技术因素以及综合因素。

（1）市场因素

市场需求是新能源产业化发展的重要驱动因素。提出存在合规市场和自愿市场,两个市场以各种方式相互影响,以帮助支持新能源产业的发展。合规市场主要由国家可再生能源组合标准驱动,这就要求公用事业或其他负载服务实体采购新能源电力成为其电力供应的一部分。而自愿市场不同,它们提供消费者选择购买或支持新能源的部分或所有的电力需求。

（2）制度因素

以德国为例,认为德国新能源发展成功的因素不仅是由于有一个非常良好的自然资源禀赋,而主要是因为有一个创新的国家扶持政策的结果。成功促进新能源的主要驱动力,包括可再生能源法的设计、以市场为主导的新能源促进政策组合、欧洲和国际社会的承诺以及积极的气候变化政策、德国公众对新能源积极的认知环境以及支持全过程的技术驱动力等。确定了欧盟一些国家许多成功促进新能源使用的条件：对于投资者的长期规划保证、绿色电力特定技术的回报、电力供应系统的巨大努力（电网延伸、公平进入电网等）、减少当地对新能源项目阻力的措施。结论是，德国和丹麦风能的发展表明，自下而上的倡议可能是一个关键的成功条件。指出风能发展的决定性因素有两个：一方面，如经济激励措施和法规的框架条件等；另一方面，地方和领土因素，如当地经济的特点、领土，当地行动方和现场的具体规划过程等。认为，影响新能源产业成功的一个重要变量是同当地的社会和文化属性能否相容。通过评估墨西哥太阳能、风能及混合电气化项目，得出项目成功的因素是技术、经济、财政、环境和社会文化。大部分的风电、混合电气化项目失败是因为技术问题，而太阳能系统的失败可归因于缺少财政资源、金融机制失效、使用者缺少培训。新能源的安装投资以及协作和公平的决策在很大程度上是国家建立一级体制框架的结果。

（3）技术因素

新能源技术是新能源产业技术预见的研究对象，对新能源技术发展趋势的探索是技术预见的核心内容。技术预见是科技管理领域重要的战略工具，被各国用来确定科学技术发展的优先领域，它不仅可以帮助政府确定战略性技术领域，还可以选出对经济、社会利益最大化的通用技术。自 1995 年以来，英国技术预见专家 B. Martin、经济合作与发展组织（OECD）、亚太经合组织（APEC）先后对技术预见给出定义。一般研究性文献中基本沿用了 APEC 的表述，即技术预见是对科学、技术、经济和社会未来长期发展进行系统探索的过程，目的是选定可能产生最大经济、环境与社会效益的通用新技术和战略研究领域。

李书锋认为，技术落后是制约我国新能源发展的最大因素，而不确定性又是制约其技术进步的主要因素。Kajikawa 等使用引文网络分析法对新能源领域的新兴研究进行跟踪分析，证实在新能源领域中燃料电池技术和太阳能电池技术增长比较迅速。王开科对我国新能源产业技术发展趋势进行理论描述,通过分析光伏产业发展对能源结构优化、产业经济、节能减排的正效应,提出我国光伏产业发展的战略路径。

(4)综合因素

Pablo 等运用演化经济学框架来识别和分析影响西班牙光伏发电和风能扩散的因素。对西班牙风能的案例研究表明,在优良的风力资源、大幅降低成本、国内风电行业的技术水平高、高度支持和稳定的体制框架为投资者提供确定性和合理的利润率等多个因素的共同作用下,与此同时,以一个相互联系的方式,使风能技术得以广泛扩散。但是,西班牙光伏发电处于相对劣势,原因包括初始成本高、低支持水平和无法保证支持(上网电价)、行政和财政上的障碍、一些设备的安装缺乏专业人才而创建一个负面的示范效应、传统企业缺乏兴趣、缺乏信息、缺乏电网和建筑一体化等各种问题。国内学者孟浩等认为,新能源产业发展能力取决于资源、技术、人才、经济、环境及市场六大关键因素,据此构建了新能源产业发展能力综合评价指标体系,并用层次分析法进行了综合评价。胡丽霞借助波特钻石模型来分析北京农村可再生能源产业化发展的影响因素,研究结果标明,生产要素(包括天然资源、技术、资金等)、需求条件、企业结构(包括企业生产方式、企业发展规模等)以及相关产业和支持产业(包括农村可再生能源制造业和服务业发展水平等),这四项要素形成的"钻石体系"是关系到北京农村可再生能源产业能否实现产业化发展的关键,"机会"和"政府"(包括市场培育、经济激励、管理机制等)对北京农村可再生能源产业化发展起着重要的促进和保障作用。由此可见,新能源产业的发展是要突破成本、资金、市场、制度、技术等方面的障碍。因此,新能源产业的发展是成本、资金、市场、制度、技术等综合因素共同起作用的结果。其中,制度创新和技术创新是两大根本驱动力,资金投入是根本保障,降低成本及创造市场需求是新能源产业发展的必然要求。

### 3.能源产业发展政策研究

在能源技术发展过程中,政府政策是最重要的。以风能为例,政策对于使风能从技术研发到市场成功发挥着重要作用。政策可以减少风险,增加资本的可获得性和承受性,正确和一致的政策可以消除风电技术的障碍。基于新能源技术的商业化过程以及对产业定位和政策焦点的价值链分析,讨论了能源政策对新能源产业增长的影响。但是,分析不够全面深入。根据不同的分类标准,能源产业化发展的政策包括以下几类:

从供求角度可以分为供给推动与需求拉动。通过对美国加州的风电研究,发现在过去五年间,风力发电的价格下降了近三倍。这一成功取决于政府的政策,即创造了供给推动和需求拉动的政策工具。需求拉动可以被预期以刺激私营部门的渐进式创新扩散,进一步推进技术,并降低其相对其他能源的发电成本。但是,需求拉动的政策是没有可能足以产生根本性的创新的。

技术创新政策,旨在鼓励电力生产者采用新能源技术,从销售新能源电力获得的盈余中,通过新的研发投资刺激技术变革和学习过程,使新能源技术超越狭隘的利基市场,在它们的学习曲线上取得进步,从而使成本降低到与常规化石能源相比富有经济竞争力的水平。

制度创新政策。指能使创新者获得追加利益的现存制度的变革。制度创新可分为经济制度创新、社会文化制度创新等。王敦清等在指出我国当前新能源发展政策不足的基础上,对我国新能源发展的制度建构包括国家目标制度、研究开发制度、经济激励制度、市场开拓制度、政府监管制度进行了详细论证。任东明认为,要破解我国新能源产业发展的瓶颈,必须在立法体制、决策机制、激励机制和政策框架等方面进行制度创新。

多种类型政策相互配合。政策的优化组合可以比任何单一的政策达到显著降低成本的目的。为促进美国新能源的发展,提出了通过技术、政策、市场三者相结合的政策组合创新,以有效降低投资风险,筹集资本投入,并指出长期的市场增长需要一贯的政策。

结合实际情况,制定适应能源产业发展和升级的政策。也就是说,不同的政策有其适用条件和相应的效应,激励新能源发展的不同政策进行相对效率比较是重要的。总体而言,新能源产业发展政策的研究角度比较开阔。然而,纵观现有的研究成果,具体的新能源政策研究较多,理论研究、实证研究偏弱;研究中描述性的成分较多,而对深层次问题的理论探讨则比较薄弱;理论创新不足,没有充分利用经济学理论、能源经济学理论去指导新能源决策;新能源政策与经济政策、环境政策等其他政策互动融合的研究较少。

4. 能源产业发展趋势

(1)能源技术低碳化。Ang 提出,中国应当鼓励碳减排生产技术的创新,积极吸收其他国家的绿色前沿技术,促进产业低碳化的发展。Pao 等认为,新兴国家应当与外国公司进行技术交流和共享,促进环保,避免资源过度消耗和环境的更大程度的破坏。Nakat 等认为,发展中国家工业发展需要相应措施保证可持续发展,在短期提高能源效率和能源转换是降低二氧化碳排放的有效途径。张友国等提出应更注重煤炭开采、使用方式的改变,大力发展洁净煤技术,加快煤地下气化产业化,尽早走上"绿煤"之路的低碳化发展模式。

(2)产业结构低碳化。Sheinbaum 等研究表明,1990—2006 年间,阿根廷、巴西、哥伦比亚、墨西哥和委内瑞拉等国家充分利用京都会议清洁发展机制,通过提高水电和风电的比例,降低产业的能源使用强度和碳排放强度,实现了产业低碳化发展。Zhou 等的研究显示,产业结构调整是发展低碳经济的重要因素,有效降低区域二氧化碳排放的方法就是通过技术进步促进产业结构优化升级。

(3)能源结构低碳化。马丽梅和张晓认为,从长期看,改变能源结构以及优化产业结构是治理雾霾的关键,而短期看,减少劣质煤的使用是较为有效的途径。

（4）产业政策助推发展。目前,能源产业政策与产业转型升级、产业竞争力的关系研究甚少。新能源产业竞争力的形成和提升,除了科技创新,需要不断的制度创新。因此,新能源产业的产业政策是值得各国、各地区深入实践和理论研究,制度创新是新能源产业发展的重要推动力。

（二）能源产业结构升级

1. 产业结构

产业结构是指各产业构成及各产业间的联系和比例关系,是在社会再生产过程中,一个国家或地区的资源在产业间的配置状态。按照产业结构研究的内涵和外延不同,产业结构研究有"狭义"和"广义"之分。"狭义"的产业结构有两种观点:一种是产业发展形态理论观点:产业结构是研究国民经济各产业中经济资源之间的相互联系、相互依存、相互提升资源配置效率的运动关系;另一种是产业关联理论观点:产业结构是研究产业间技术经济的数量比例关系,即产业间投入和产出的数量比例关系。"广义"的产业结构理论是这两种观点的总合。产业结构通过产业间质的组合和量的规定反映了资源要素在产业间的配置状况,这种产业结构既包括产业间资源要素配置的数量比例关系,又反映了产业间质的联系的亲和状态;既是静态比例关系,又是动态关联的发展。

产业结构演进指产业内部和产业之间生产函数配置由低级到高级的演化趋势,主要表现为产业结构的多元化、合理化与高级化。世界产业结构依次经过了三个阶段的更替发展:农业占主导地位、农业生产模式向工业生产模式的转变、工业生产模式向信息生产模式的转变。产业结构的演进趋势及其规律主要体现在以下三个方面:产值结构变动、劳动力结构变动和产业内部结构演进。一切决定和影响经济增长的因素在不同程度上对产业结构的变动都会产生一定的影响。

## 2. 产业结构与能源结构之间的关系

随着城市经济发展速度加快,能源存量有限性和环境污染问题愈发突出,通过调整产业结构、优化能源消费结构等手段可以减少甚至避免这一现象的发生。国外学者对两者之间关系研究较早,Meadows 研究发现工业化程度与能源消费之间具有正向关系;Mukhopadhyay 认为,重工业化引起的产业结构变动是影响短期能源消费的主要缘由;Krausmann 等通过分析澳大利亚能源消费数据,得出该国的能源消费不管是在总量上还是在结构上都与产业结构的变化具有较强的相关性。国内学者主要采用计量经济学模型和灰色关联度分析方法实证分析两者之间的关系,国笑非等运用协整分析和误差修正模型证实了能源消费对第一和第二产业具有一定的同向拉动作用;匡祥林运用 Granger 因果检验和误差修正模型检验得出,我国的三次产业结构与能源消费之间存在长期的均衡关系;石秀华等研究发现,不同地区对能源消费影响最大的产业是有差异的,并结合各地区情况提出了相应的产业结构调整建议。

能源消费与产业结构既相互促进又相互制约。张丽峰深入分析了我国产业结构、能源结构与二氧化碳排放三者之间的关系:我国能源储量结构决定了能源生产结构;生产结构又决定了消费结构;产业结构的特征又决定了产业能源消费结构的特征。张慧敏通过对产业与能源产业之间的关系进行相关性分析,结果表明我国能源产业与产业结构之间存在长期均衡关系。从各个产业与能源产业的关系来看,第三产业与工业和能源产业的发展之间的相关性更加明显。积极调整和优化产业结构特别是工业内部结构,是优化能源产业结构、实现能源产业可持续发展的重要因素。要充分重视和挖掘产业结构调整降低能源消费强度的潜力,进一步提高工业内某些行业的进入门槛,大力清除规模小、能耗高、能源利用效率低的作坊式经营单位,优先发展科技含量高、低耗能、低污染的行业,利用高技术产业改造传统产业,走科技含量高、能源消耗率低、环境污染小的新型工业化道路,加快产业结构升级。由于能源产业与产业结构之间存在着密切的相关性,在产业结构得到优化的同时也能有效降低能源强度,促进能源产业结构的升级。无论是能源产业与产业发展,还是能源产业结构与产业结构之间都是一种正向的均衡关系,能源产业与其他产业之间是一种相互促进、共同发展的关系。

3. 能源产业结构优化策略

由于我国能源储量结构的影响,导致了以煤炭为主的能源结构,随着经济的飞速发展,我国能源结构出现了环境污染严重、高能耗行业经济效益差和能源利用效率低下等问题,不符合"创新、协调、绿色、开发、共享"的发展理念,亟待转型。一直以来,对于我国能源结构问题的研究也有很多。冯本超等分析了以煤为主的能源结构所面临的环境问题,包括大量消耗煤炭所导致的室内空气污染、城市大气污染以及由于大气污染造成的高额经济损失使得以煤为主的能源结构发展成本太高,用煤所产生的大量二氧化碳也导致全球气候变暖,并提出通过推广洁净煤技术以及大力发展清洁能源来改变以煤为主的能源结构,促进经济、能源和环境的协调发展。邓志茹等将我国能源结构存在的问题总结为六个方面:能源技术落后、能源效率低的问题,能源的地区性结构问题,结构性污染问题,可再生能源利用不充分问题,石油对外依赖程度加深的问题,消费需求不断增长、资源约束日益加剧的问题,并提出了强化煤炭主体地位,优化煤炭定价机制;大力发展洁净煤技术,提高煤炭清洁化水平;充分利用天然气资源,鼓励"以气代油""以气代煤";合理开发石油资源,积极开展国际合作;积极发展替代技术,开发新能源;调整和优化区域能源结构等优化我国能源结构的对策。通过调整工业内部结构、大力发展高新技术产业和第三产业来加快产业结构调整,进而促进能源结构向以煤炭为主,清洁能源为辅的方向转型,开展技术创新来提高能源的利用效率,降低用煤对环境的污染。林卫斌等指出我国能源结构存在高污染、高碳化的问题,并且能源行业的产能严重过剩加剧了结构矛盾，高能耗的产业体系导致能源的利用效率低，部分依赖能源进口的产业面临日趋严重的能源安全问题，且对环境的污染越来越严重。有学者提出通过强化各行业的节能降耗工作，重点发展高端制造业和生产性服务业等低能耗产业形成能源节约型的产业体系，化解用煤产业的过剩产能，进而形成清洁低碳、安全高效的现代化能源体系。

能源产业结构优化需要将产业结构向着符合民生发展的方向转变，产业之间的比例、供给需求以及资源配置中达到三者相互统一协调的状态。能源产业首先要在技术上实现整体产业、供需以及资源的结构优化，让企业的资源和生产力能够最大化，让结构产业达到合理化与高级化的统一。能源企业在一定的结构水平劳动力资源、技术、资本等的生产要素在产业中分配比例，并且在结构优化要素中的各个产业中的配置需要使之间的合作达到最高化。同时企业的需求结构也要得到优化调整，在调整企业需求产品在生产中的比例从而达到产业关联的高效目的，这样能够帮助制订一个满足企业需求的最合理的方案。理论上的能源产业优化在实际中很难满足其中的需求，存在着很大的影响因素，多以减少能源产业结构优化的影响因素也是提高整体效率的一个重要问题。能源产业的结构贸易优化也是其中重要的一个环节，从整个地球的角度来提升人类的生产效率，节约地球资源。同理，如果把整个国际假设为一个整体，各国作为其中的一份，则根据国际投资结构优化理论可对各分支之间的资本投资比例进行调整达到整体效率最优的目的。

通过对以上概念、理论和研究成果的梳理，可以清楚地看出智慧城市、产业结构与能源消费之间的传导关系，智慧城市的建设带动了第三产业的快速发展，助推产业结构重心转向服务业和信息业等，从而引导智慧城市产业结构下能源消费情况的转变，从以煤炭和石油消费为主，到电力、燃料油消费比重提升，或是未来太阳能、氢能等清洁能源为主体的消费结构。由此可见，智慧城市产业结构的不断升级改变了能源的消费结构，对它们之间关系的研究有助于促进智慧城市高效、可持续发展，实现优化产业结构、降低能源消耗。

# 第三章　智慧城市产业升级对能源
# 结构转型影响研究

## 第一节　智慧城市产业升级对能源
## 结构转型影响因素分析

### 一、能源结构分析

能源结构是指能源总生产量或总消费量中各类一次能源、二次能源的构成及其比例关系。因此,能源结构包括能源生产结构和能源消费结构两部分。其中,从总生产量分析能源结构,称为能源的生产结构,从总消费量分析能源结构,称为能源的消费结构。不同国家和地区,由于资源品种、储量丰度、空间分布及地域组合特点、可开发程度和能源开发及利用的技术水平等因素影响,导致其能源的生产结构存在一定差异。

我国能源探明总储量结构是:原煤 87.4%,原油 2.8%,天然气 0.3%,水能 9.5%。能源剩余可采储量的结构是:原煤 58.8%,原油

3.4%,天然气 1.3%,水能 36.5%。我国能源生产量从 1978 年的 62770
万吨标准煤增加到 2016 年的 346000 万吨标准煤,年均增长 3.8%。我国
能源消费量从 1978 年的 57144 万吨标准煤增加到 2016 年的 436000 万
吨标准煤,年均增长 4%。能源消费量的增长速度大于能源生产量的增
长速度,从 1992 年开始能源消费量开始大于能源生产量,并且两者的差
距在逐年加大。

从能源生产量构成情况看,原煤所占比重从 1978 年的 70.3%到 2011
年的峰值 77.8%,基本呈现逐年上升的趋势,而从 2011 年到 2016 年,原煤
所占比重又逐年下降至 69.6%,但这两个期间数值的波动都不大,除个别
年份外,基本保持在 71%以上;原油所占比重呈逐年下降的趋势,由 1978 年
的 23.7%下降到 2016 年的 8.2%,下降了 15.5 个百分点;天然气所占比重
从 1978 年的 2.9%上升到 2016 年的 5.3%,虽然逐年递增,但递增趋势不明
显,所占数值也较小;核电、水电和风电等一次电力及其他能源的比重从
1978 年的 3.1%上升到 2016 年的 16.9%,上升了 13.8 个百分点,增幅非常
大。通过以上数据可以看出,我国能源的生产结构总体上以煤炭为主,且
一直维持在 70%左右,变化不大,天然气所占比重一直较小,原油所占比重
明显下降,被比重不断上升的一次电力及其他能源所代替。这说明受我国
矿产资源储量结构的影响,煤炭将一直占据主体地位,但随着科技创新和
技术进步,水能、风能和太阳能等清洁能源得到大力发展,且逐渐取代了除
煤炭以外的化石能源,并一直处于不断上升的趋势。

从能源消费构成情况看,煤炭所占比重由 1978 年的 70.7%下降到
2016 年的 62%,总体上呈现先上升后下降的趋势,但变化的幅度并不明
显;石油所占比重由 1978 年的 22.7%下降到 2008 年的 18.3%,下降了
4.3 个百分点;天然气所占比重变化不大,逐年递增,2016 年达到 6.4%;
水电、核电和风电等一次电力及其他能源的比重呈现逐年递增趋势,由
1978 年的 3.4%上升到 2016 年的 13.3%,上升了 9.9 个百分点。因此,

我国能源的消费结构总体上也是以煤炭为主,但所占比重明显降低,而一次电力和其他清洁能源的比重却逐年上升,数值上弥补了所降低的煤炭比重。

综上所述,我国的矿产资源储量结构决定了能源生产结构,能源生产结构又决定了能源消费结构,以煤炭为主的能源生产结构和能源消费结构在未来的一段时期内不会有太大改变,水能、风能、核能和太阳能等清洁能源不断发展,逐渐代替除煤炭以外的化石能源,并有望取代一部分煤炭占比。未来应依托政策支持和先进技术,大力发展清洁能源,形成以煤炭和清洁能源为主体的智慧能源结构。

## 二、智慧城市产业升级对能源结构转型影响因素分析

产业结构决定了产业能源的消费结构,进而对能源结构产生重要影响,因此产业结构的升级将会对以煤炭为主、其他化石燃料为辅的能源结构向以煤炭为主、清洁能源为辅的智慧能源结构转型产生至关重要的影响。本书就是基于智慧城市产业升级的视角来研究能源结构的转型。

智慧城市的产业升级是指将智慧城市中的云技术、物联网和大数据等先进的信息和通信技术应用于传统产业,形成数字化、网络化、信息化、自动化和智能化程度较高的智慧产业,进而形成高效、环保、节能的智慧产业结构,通过改善产业能源的消费结构,最终促进能源结构的转型。智慧城市产业升级对能源结构转型的影响因素有很多:

(一)产业结构影响着能源结构

随着经济的发展,中国产业结构得到了进一步调整和优化,表现为第一产业产值比重下降,由 1978 年的 27.7%下降为 2016 年的 8.6%,下降了 19.1 个百分点;第二产业产值比重由 1978 年的 47.7%下降为 2016 年的 39.8%,虽然下降了 7.9 个百分点,但是在 2012 年之前产值比重波动

一直不大,保持在 45% 左右,2013 年之后产值比重开始明显下降,直到 2016 年下降为最低的 39.8%,尽管如此,其主导地位还是一直没有动摇。第二产业中,工业占 GDP 的比重始终保持在 40% 左右,与第二产业整体比重类似,从 2003 年开始,比重呈现先上升后下降的趋势。第三产业产值比重显著提高,由 1978 年的 24.6% 上升为 2016 年的 51.6%,上升了 27 个百分点,且总体上一直保持着不断上升的趋势。由此可见,中国产业结构的类型逐渐由原来的“二一三”模式转变为“三二一”模式,且会一直保持这种模式。

与之相应,能源消费的产业构成也处在波动中。第一产业能源消费比重不断降低,从 2000 年开始低于 4%,2013 年为 1.9%,能源消费的比重小于其产值占 GDP 的比重;第二产业能源消费比重始终保持在 70% 左右,虽然 1999 年与 2000 年较上一年有所下降,但从 2001 年开始又逐年增加,而且能源消费的比重远大于其产值占 GDP 的比重;第三产业的能源消费比重则呈逐步上升趋势,由 1980 年的 7.67% 上升到 2013 年的 15.63%,能源消费比重小于其产值占 GDP 的比重。

消耗 60%—70% 能源的工业部门在国内生产总值所占的比重只有 40% 左右,而耗能仅为工业部门 1/5 的第三产业在国内生产总值的比重已增长为 45%,可以看出产值比重较高的工业消耗了大量的能源,对能源消费结构的影响最大,而产值比重不断上升且占据主体地位的第三产业仅耗能 13% 左右。智慧城市的产业升级就是要继续减少工业占比,持续发展第三产业,不断优化产业结构来改善能源消费结构,促进能源结构的转型,降低能源消耗和环境污染。

(二) 工业内部结构升级促进能源结构转型

智慧城市工业升级主要是加快调整工业内部结构,化解高能耗工业产业的过剩产能,用清洁能源替代部分工业使用的化石能源。我国当前轻重工业结构失衡,工业结构升级对能源结构转型具有重要影响。随着我国进入后工业化阶段，工业化进程不断加快，工业内部产业结构仍将处于相对较快的变动中。通过运用适当的宏观调控政策和先进的智慧技术引导和促进工业内部产业结构调整，降低高能耗行业比重，提高低能耗行业比重，对于那些单位产值煤耗大，并且煤耗较少速度比较慢的工业行业，限制其发展，转而鼓励发展那些煤耗较小或者使用清洁能源替代煤炭，并且随着产值的增加，煤耗减少较快的行业。此外，加大科研投入，引进先进技术，开展技术创新，提高能源的利用效率，可以从工业生产上降低能源的消耗量，进而优化工业内部结构，促进工业能源结构的转型。

我国经济经过三十多年的持续、快速增长之后，增长速度开始放缓，2012 年经济增速下降至 7.8%，自 1980 年以来首次跌破 8%，预示着我国经济增长进入了"新常态"。新常态下，随着我国经济增速放缓，能源需求不可能再像过去重化工业加速发展时期那样高速增长。同时，新常态还意味着经济结构优化升级以及经济增长动力转向创新驱动，这将深度改变能源结构与产业结构之间的相关关系。因此，我国工业和能源行业都出现了产能严重过剩的问题，过剩的产能因为能源消费增速的放缓而无法被化解，这就为能源结构的转型带来了很大困难。特别是在煤炭和火电两个化石能源消耗量较高的领域，在特定的体制机制下，过剩产能没有退出市场，存在大量的"僵死企业"，这些过剩产能不清楚，必将拖累整个行业的健康发展，限制能源结构的转型。智慧城市产业升级就是要建立健全产能过剩行业的退出机制，构建适应新常态的工业结构，促使能源结构向减少煤炭占比的方向转型。

### （三）大力发展高新技术产业和第三产业

智慧城市产业升级的核心就是大力发展高新技术产业、先进制造业、现代制造服务业和第三产业。高新技术产业是知识密集、技术密集的产业，能够带来很高的经济效益和社会效益，并在一定程度上促进其他产业的发展，主要包括信息技术、生物技术和新材料技术三大领域。高新技术产业基本使用清洁能源,而且是清洁能源替代煤炭技术和煤炭清洁技术等改善能源结构的智慧技术的主要研发产业,因此大力发展高新技术产业有助于能源结构转型。现代制造服务业是指融合了互联网、通信、计算机等信息化手段和现代管理思想与方法的制造服务业。其将信息化作为提供服务的平台和工具,借助于信息化手段把服务向业务链的前端和后端延伸,扩大了服务范围,拓展了服务群体,并且能够快速获得客户的反馈,能够不断优化服务内容,持续改进服务质量。利用现代服务业对于清洁能源的使用可以促进能源结构的转型。

先进制造业是相对于传统制造业而言,指制造业不断吸收电子信息、计算机、机械、材料以及现代管理技术等方面的高新技术成果,并将这些先进制造技术综合应用于制造业产品的研发设计、生产制造、在线检测、营销服务和管理的全过程,实现优质、高效、低耗、清洁、灵活生产,即实现信息化、自动化、智能化、柔性化、生态化生产,取得很好经济收益和市场效果的制造业总称。其相对于传统制造业而言,最突出的特点就是制造技术的先进性,其中就包括先进的能源利用技术。先进制造业大多使用清洁的可再生能源,大大减少了传统制造业对于煤炭的使用。工业中的部分制造业通过增加其附加值逐渐发展为制造服务业,摆脱了大量消耗煤炭的局面。因此,大力发展先进制造业和制造服务业能够优化产业结构,促进能源结构转型。

从1978年到2016年,第三产业产值一直保持着不断上升的趋势,且在2013年第三产业产值比重达到了46.7%,自1978年开始首次超过了第二产业,成为三次产业中的主导产业,到2016年第三产业产值比重已经达到了51.6%,并且未来还会不断增加。与此同时,第三产业的能源消费比重也在逐步上升,但其能源消费比重远小于其产值占GDP的比重,且全部能耗仅为工业部门的20%,足以说明相比于能耗较高的第二产业,第三产业能够使用较少的能源创造更多的产值。通过分析各产业的能源消耗强度,可以发现三次产业的能耗水平都在下降。其中,第一产业能耗水平稳步降低;第二产业中耗能水平最高的工业部门从 1980 年到 1999 年下降明显,节能效果显著,但此后出现反弹,2000 年工业部门能耗水平升高,此后又持续波动下降;第三产业能耗水平一直不断下降,且波动不大。各产业相比较而言,工业耗能最为严重,第三产业能耗水平最低。综上所述,大力发展第三产业,保持"三二一"的产业结构模式,对于能源结构的良好转型具有重要影响。

## 第二节　产业内部结构与能源结构面板数据分析

前文已经说明产业结构决定了产业能源的消费结构,对能源结构的转型有重要影响,因此,具体分析产业内部结构与能源结构的关系,能够找出智慧城市产业升级的正确方向,有助于能源结构的转型。

鉴于面板数据(panel data)具备能够将时间序列数据和截面数据分别沿空间和时间方向扩展,通过三维(个体、时间、指标)结构数据的集合,同时反映研究对象在时间和截面单元两个方向的变化规律及不同时间、不同单元的特征的优点,因此,建立不同产业部门能源消费的面板数据,找出产业结构和能源消费结构在"不同时间"下的关联和影响程度,对于研究产业结构对能源消费结构的影响,对于智慧城市产业升级和能源结构转型具有重要意义。

### 一、产业内部结构与能源结构面板数据分析的基础

面板数据分析方法是最近几十年来发展起来的新的统计方法,面板

数据可以克服时间序列分析受多重共线性的困扰,能够提供更多的信息、更多的变化、更少共线性、更多的自由度和更高的估计效率,而面板数据的单位根检验和协整分析是当前最前沿的领域之一。面板数据又称平行数据,是把时间序列沿空间方向扩展,或把截面数据沿时间扩展构成的二维数据集合。面板数据模型是建立在面板数据之上,用于分析变量之间相互关系的计量经济模型。

面板数据模型通常包括以下几种:混合估计模型就是各个截面估计方程的截距和斜率项都一样,也就是说,回归方程估计结果在截距项和斜率项上是一样的。随机效应模型和固定效应模型在斜率项上都是相同的,只是截距项不同。区别在于截距项和自变量是否相关,不相关选择随机效应模型,相关选择固定效应模型。变系数模型,就是无论在斜率上还是截距上都不相同。

### (一) 面板数据模型的选取

根据面板数据理论,对于从个体成员角度考虑,含有 N 个个体的截面成员方程模型的一般表达式为:

$$y_{it} = \alpha + X_{it}b + \mu_{it}(i = 1, 2, \ldots, N; t = 1, 2, \ldots, T) \tag{1}$$

其中,$y_{it}$ 是 N×1 维被解释变量向量;$X_{it}$ 是 N×NK 维解释变量分块对角矩阵;$\alpha$ 为 N×1 截距项(常数)向量,$b$ 为 NK×1 维系数向量,二者的取值受不同个体的影响;$\mu_{it}$ 为 N×1 维扰动项向量,满足经典计量经济模型的假设,即均值为零,方差为 $\sigma_\mu^2$。

根据模型中的截距向量 $\alpha$ 和系数向量 $b$ 中各分量的不同要求,可以将式(1)中描述的面板数据模型划分为三种类型,以单方程回归形式来表示,分别为:

### 1. 不变系数模型

不变系数模型也称联合回归模型,即假定在个体成员上既无个体影响也无结构变化:

$$y_{it} = \alpha + x_{it}\beta + \mu_{it}(i = 1, 2, \ldots, N; t = 1, 2, \ldots, T) \tag{2}$$

2. 变截距模型

变截距模型也称个体均值修正回归模型，假定在个体成员上存在个体影响而无结构变化，这种个体影响的差异反映在每个个体都有一特定的截距项：

$$y_{it} = \alpha + x_{it}\beta + \mu_{it}(i = 1, 2, \ldots, N; t = 1, 2, \ldots, T) \tag{3}$$

3. 变系数模型

变系数模型也称无约束模型，假定在个体成员上存在个体影响且有结构变化：

$$y_{it} = \alpha + x_{it}\beta i + \mu_{it}(i = 1, 2, \ldots, N; t = 1, 2, \ldots, T) \tag{4}$$

另外，根据对于个体效应的处理方式不同，可以将面板数据模型分为"固定效应"（Fixed effects）模型和"随机效应"（Random effects）模型。固定效应模型中个体差异反映在每个个体都有一个特定的截距项上；随机效应模型中个体的差异主要反映在随机干扰项的设定上。

在利用面板数据模型进行估计时，一般通过对协方差进行 F 检验来设定模型形式。主要检验两个假设：$H_1: \beta_1 = \beta_2 = \ldots = \beta_n$ 和 $H_2: \alpha_1 = \alpha_2 = \ldots = \alpha_n, \beta_1 = \beta_2 = \ldots = \beta_n$，如果接受假设 $H_2$，则判定样本数据符合模型（2）；如果拒绝假设 $H_2$，则需要进一步检验假设 $H_1$，若拒绝 $H_1$，则判定样本数据符合模型（4），反之判定样本数据符合模型（3）。具体可以通过计算 F 统计量的方法来判定。

本书对样本数据进行 F 检验的结果表明，拒绝假设 $H_2$，接受假设 $H_1$，因此选取反映个体效应变化的固定影响的变截距模型来拟合样本。这也符合我国国民经济六个主要产业部门的能源消费必然存在较大差异的事实。

为了进一步地分析不同时期、不同部门的能源的消费特征，进一步地将式（3）中的截距项分解，推广为包含总体均值截距项和时期个体衡量的固定影响变截距模型（扩展为含有时期影响的固定系数变截距模型）：

$$y_{it} = \alpha_0 + Z_i + \lambda_t + x_{it}\beta + \mu_{it}(i = 1,2,\ldots,N; t = 1,2,\ldots,T) \qquad (5)$$

$\alpha_0$ 为平均截距,表示总体均值,在各个体成员方程中都相等;$Z_i$ 表示个体成员 $i$ 对总体平均状态的偏离;$\lambda_t$ 为时期个体衡量,表示不同时期各成员对总体平均状态的偏离,它反映随时间不同的省略变量对被解释变量的影响。

（二）产业选择及数据选取

文章选取了代表产业结构和能源终端使用的六大部门,即农业(包括农、林、牧、渔业)、工业、建筑业、交通运输业、仓储和邮政业、批发零售和住宿餐饮业与"其他"行业(这里的"其他"表示除农业、工业、建筑业、交通运输业、仓储和邮政业、批发零售和住宿餐饮业之外的行业,包括居民生活部门),1985—2007 年的增加值以及这六大部门的能源消费、煤炭、石油、天然气、电力的发展消费量做面板数据模型分析。

面板数据模型的所有数据均来自《中国统计年鉴》和相关年度的《中国能源统计年鉴》。在数据处理方面,由于价格变化、统计基年选择不同,能源强度会受到这些外部因素的影响,数据分析就产生了一定的杂音,导致分析真实性降低。为了减少外部因素对分析的影响,更真实反映产业结构与能源消费结构之间的关系,在数据应用中对原始样本做了一定的处理,用原样本的比例值进行面板数据分析,可以弱化原样本存在的外部因素干扰——所有数据都换算成"占总数的百分比"。用式子表示为:$x_{ij} = \alpha_{ij} / \sum_{i=1}^{n} \alpha_{ij}$,其中 $n$ 为 $n$ 个数据,$i$ 为 $n$ 个数据中的第 $i$ 种数据,$j$ 为第 $i$ 种数据的第 $j$ 期。

## 二、基于面板数据模型的产业内部结构与能源结构关系分析

### （一）产业内部结构与能源结构关系的现期分析

用换算后的数据作面板数据模型分析,可以得到产业内部结构对能

源消费结构的现期影响评估,如表 3-1 所示:

表 3-1　产业内部结构对能源消费结构的现期影响

| 不同行业对平均能源消费偏离估计 | 对能源消费的平均影响 | 农业 | 工业 | 建筑 | 交通运输、仓储和邮政业 | 批发零售和住宿餐饮业 | 其他 |
|---|---|---|---|---|---|---|---|
| 煤炭消费 | 19.62805 | -15.00862 | 74.49706 | -18.27834 | -17.46907 | -17.34029 | -6.400738 |
| 石油消费 | 13.95058 | -9.70664 | 32.05296 | -11.08473 | 8.156548 | -13.48456 | -5.933579 |
| 天然气消费 | 12.90228 | -16.9165 | 57.88005 | -11.88732 | -12.28755 | -13.65589 | -3.132793 |
| 电力消费 | 9.97586 | -11.96425 | 49.21476 | -10.92951 | -10.51872 | -11.412 | -4.390276 |

由表 3-1 可以看出,在农业、工业、建筑、交通运输仓储和邮政、批发零售和住宿餐饮业、"其他"行业这六个主要部门中,对煤炭消费水平影响最大的是工业,"其他"行业次之。对石油消费水平影响最大的是工业,其次是交通运输仓储和邮政业、"其他"行业。对天然气消费水平影响最大的是工业,其次是"其他"行业、建筑、交通运输仓储和邮政行业。对电力消费水平影响最大的是工业,其次是"其他"、建筑等行业。可见,中国的能源消费中,工业对各种能源消费的影响是最大的,"其他"、交通运输、建筑等行业次之。

在产业结构中,工业对能源消费结构的影响最大,这与其占经济总量比重较高并且能耗较大有关,这说明如果通过产业结构的调整来优化能源消费结构,工业是关键。因此,通过智慧城市产业升级来调整能源结构,关键是产业内部结构的升级,即工业内部结构的优化。

(二) 产业内部结构与能源结构关系的时期影响分析

用换算后的数据作面板数据模型分析,可以得到产业内部结构对能源消费结构的时期影响评估,如表 3-2 所示:

表 3-2 产业内部结构对能源消费结构的时期影响

| 年份 | 煤炭消费 | 石油消费 | 天然气消费 | 电力消费 |
|------|----------|----------|------------|----------|
| 1980 | (0.000027) | 0.000025 | 0.000609 | 0.000071 |
| 1985 | 0.000007 | 0.000161 | 0.000566 | −0.000006 |
| 1990 | 0.000007 | 0.000160 | 0.000565 | −0.000007 |
| 1995 | 0.000000 | (0.000167) | 0.000574 | 0.000008 |
| 2000 | 0.000004 | (0.000000) | (0.001466) | −0.000017 |
| 2002 | (0.000003) | (0.000003) | (0.000571) | −0.000048 |
| 2003 | 0.000004 | (0.000169) | 0.000205 | 0.000003 |
| 2004 | 0.000005 | (0.000002) | (0.001236) | −0.000014 |
| 2005 | 0.000004 | (0.000001) | (0.000068) | 0.000019 |
| 2006 | (0.000001) | (0.000002) | 0.001313 | −0.000010 |
| 2007 | (0.000001) | (0.000002) | (0.000490) | 0.000001 |

在表 3-2 的时期影响分析中可以发现,1980 年的产业结构对天然气消费、煤炭消费的影响是最大的,但之后产业结构对煤炭消费的影响在逐年降低,产业结构对天然气消费的影响呈现出先降后升的趋势,产业结构对石油消费的影响起初不大,而后不断增加,又逐年降低,产业结构对电力消费的影响一直较小,且不断降低。这是因为改革开放初期,我国是以第二产业为主导的"二三一"的产业结构模式,且当时处于工业化初级阶段,为了加快经济发展,很多高能耗的重工业兴起,又由于技术条件的限制,所以大量地开发和使用煤炭资源,因此这一时期产业结构对煤炭消费的影响很大,但随着我国对煤炭等化石能源消费所带来的环境污染问题的重视和生产技术的进步,逐渐降低了对煤炭等化石能源的使用,增加了对风电、核电和太阳能等清洁能源的使用。未来,要利用产业结构对石油和天然气消费的高影响,降低石油消费,增加天然气消费,还因为我国的石油储量很少,严重依赖进口,所以降低石油消费对于我国的能源发展战略也具有重要意义,同时还要进一步优化产业结构,通过稳定工业,大力

发展高新技术产业和第三产业来促进能源结构的转型。

综合各时期产业结构对能源消费的影响来看,1980年到2000年之间,煤炭和天然气消费受产业结构的影响大,而在2000年之后逐渐转变为产业结构对石油和天然气消费的影响大,而产业结构对电力消费的影响一直不大且各时期变化不明显,这是因为随着中国经济的发展和工业化程度的不断推进,产业结构对石油消费的影响逐渐上升,超过了煤炭,形成了产业结构对天然气、石油消费影响最大的局面。这里所提到的增加和减少只是产业结构对各能源消费的影响数值,代表产业结构的变化所引起的各能源消费变化的程度,而不是产业结构变化所带来的能源消费量的变化。这是因为随着我国产业结构的不断优化升级,我国的能源结构也在发生着变化,原来以煤为主的能源结构得到了一定的改善,煤炭消费量增幅降低,天然气作为清洁能源,其消费量和增幅都在不断增加,电力消费量也不断上升。

从时期分析上发现,产业结构对能源消费结构的影响在逐年降低。由于已经弱化了通胀等因素对分析结果的影响,可以推测,技术进步在其中起了不可忽视的作用,由于新技术的应用、新产业的出现、新能源的推广,推动了能源消费效率的提高,从而改变了能源消费结构与产业结构之间传统的内在联系。因此,智慧城市产业升级不仅仅体现在产业结构的升级,还包括产业内部的管理方式和生产技术等的升级,产业结构的升级可以使各种能源在产业中合理配置,以此来优化能源结构,产业内部的管理方式和生产技术等的升级可以有效提高能源利用效率,推广清洁能源代替煤炭等化石能源,只有二者共同作用才能更有效地推进能源结构转型。

(三)产业内部结构与能源结构面板数据分析结论

观察产业内部结构对能源消费结构的现期影响数据(表3-1),可以清楚地看到只有工业对煤炭、石油、天然气和电力消费量的估计数是正数,农业、建筑业、交通运输业基本都是负数,这说明工业对各种能源消费的影响明显大于工业以外其他产业对能源消费的影响,所以通过调整工业内部结构优化能源消费结构要比通过调整工业以外的其他产业的结构来促进能源结构转型更加简便、直接,且影响效果更加突出。

比较所有产业对各能源平均影响数值的大小,可以发现对煤炭消费量的平均影响最大,其次是对石油消费量的平均影响,对电力消费量的平均影响最小,这说明煤炭消费量受产业结构的影响是最大的,产业结构对石油消费量的影响是较大的,电力消费量受产业结构的影响是最小的,因为我国能源结构的转型主要是减少煤炭、石油等化石能源的使用,增加电力等清洁能源的使用,而产业结构的升级影响最大的就是煤炭和石油的消费量,对电力消费量的影响最小,所以产业结构的升级对于能源结构转型的促进效果是显而易见的。

比较各产业对各能源消费量的影响与产业对能源消费量的平均影响,可以发现工业对各种能源消费量的影响与其他产业相比都是最大的,且占据绝对的优势,其中工业对煤炭消费的影响要远大于工业对石油消费的影响,但产业对煤炭消费的平均影响却比产业对石油消费的平均影响大得不多。无独有偶,工业对天然气消费量的影响要比工业对石油消费量的影响大,但是产业对天然气消费的平均影响却小于产业对石油消费的平均影响,说明如果看产业结构对能源消费的影响,即关注产业对能源消费的平均影响,可以发现除工业以外的其他产业对各种能源消耗量的影响在一定程度上减弱了工业对各能源消费的影响,又因为除工业以外的其他产业对能源消费影响值基本为负数,远小于工业对能源消费的影响值,所以要想通过调整产业结构来影响能源消费,最直接有效的办法就是调整工业内部结构。

在面板数据分析中发现,一方面,在产业结构中,工业对能源消费结构的影响是最大的,这与其占经济总量比重较高且能耗较大有关,交通运输、仓储和邮政、批发零售、住宿和餐饮等第三产业随着产值的增加,逐渐取代工业成为产业结构的主体,其对能源消费结构的影响也随之增大,这说明优化能源消费结构关键是产业结构的调整。另一方面,产业结构对煤炭和石油消费的影响是最大的,说明产业结构升级对于改变煤炭和石油消费的效果最好,而煤炭和石油作为我国能源结构的主体,其消费量的变化对我国能源结构的转型起着至关重要的作用,所以产业结构的升级可以通过直接影响煤炭和石油的消费来促进能源结构的转型,具体包括优化工业部门高耗能产业的布局、扶持低能耗产业,同时大力发展高新技术产业和现代服务业,可以有效地推动我国能源消费均衡发展,摆脱煤炭消费比例独大的局面,形成以煤炭为主、清洁能源为辅的多元化能源消费结构体系。

综上所述,无论是产业内部结构对能源消费结构的现期影响,还是产业内部结构对能源消费结构的时期影响,其影响程度都是很大的,说明要想促进能源结构的转型,必须利用产业内部结构的调整,其中工业对能源消费结构的影响一直是最大的,农业和建筑业对能源消费结构的影响变化一直不大,交通运输、仓储和邮政、批发零售、住宿和餐饮等第三产业对能源消费结构的影响在不断增大,因此促进能源结构转型,需要工业内部结构调整与第三产业内部调整并行。具体针对智慧城市产业内部结构升级促进能源结构转型应做到以下几点:第一,推动高新技术产业和现代服务业的发展,减少高能耗产业,增加低能耗产业,实现产业结构的优化,改变原有经济结构对煤炭过于依赖的局面。第二,优化能源结构,包括能源生产结构和能源消费结构,一是减少煤炭等化石能源的产量,发展水能、核能和太阳能等新型清洁能源,降低能源强度;二是推动产业结构的转型升级,实现产业结构和能源消费结构之间的良性互动发展。第三,注意协调三种关系:协调经济建设和能源建设,使经济建设和能源建设相互促进,而不是相互制约;协调经济结构与能源消费结构,经济结构与能源消费结构相互影响,两者协调发展才有利于能源效率的提高;协调我国各区域的经济和能源发展,区域间的产业结构不同,对能源需求类型也不相同,区域协调发展才能创造共赢局面。

## 第三节　产业产值与能源结构灰色关联分析

智慧城市通过产业升级(包括产业结构升级和产业自身的管理方式、生产技术等的升级)来促进能源结构的转型。第二节已经利用面板数据模型研究了产业结构与能源结构的关系,分析出了能够有效影响能源结构转型的产业结构的升级方式。本节继续深入研究产业升级与能源结构的关系,以产业产值代表产业自身升级的效果,运用灰色关联分析法,研究产业产值与能源结构的关系,找出能够促进能源结构转型的有效产业模式。

### 一、产业产值与能源结构灰色关联分析的基础

#### (一) 方法的选取

灰色关联分析是中国著名学者邓聚龙教授于 1982 年提出的灰色系统理论中的一种系统分析法。灰色系统理论是以"部分信息已知、部分信息未知"的"小样本""贫信息"不确定性系统为研究对象,它通过对"部分"已知信息的生成、开发,实现对现实世界的确切描述和认识。灰色系统理论的主要任务之一,就是根据社会、经济、生态等系统的行为特征数据,寻找不同系统变量之间或某些系统变量自身的数学关系和变化规律。其基本思想就是根据时间或空间序列数据进行曲线几何形状的相

似比较来判断因素联系是否紧密,即关联度的大小。曲线越接近,相应序列间的关联度越高,影响力越大;反之,两者关联度越低,影响力越小。通过关联度排序,可以判断影响关键变量发展的主要因素和次要因素。

灰色关联分析法主要是对态势发展变化的分析,也就是对系统动态发展过程的量化分析,它根据因素之间发展态势的相似或相异程度来衡量因素间接近的程度。由于灰色关联分析是按发展趋势作分析,因此对样本量的大小没有太高的要求,弥补了采用数理统计方法作系统分析所导致的缺憾,计算量较小,分析时也不需要典型的分布规律,而且分析的结果一般与定性分析相吻合,基于这个优点和现实中抽象系统都是多种因素共同作用的灰色系统,它较其他方法更能反映各产业产值与能源结构间的远近次序和空间分布规律。

目前,国内学者在研究能源消费结构与产业关系时,采用的实证方法往往是经典回归分析方法。但回归分析方法运用过程中,限定条件较多,往往要求有连续的数据、要求样本服从典型的概率分布,这些要求往往难以满足,如果强行直接进行回归分析可能出现伪回归,导致模型运算结果失去意义,也不能很好地解释宏观现象。灰色关联分析方法则可以不用考虑这些因素,通过关联系数的思维方式来量化变量之间的关系,关联度系数越大,关联程度越高。

(二) 数据的选取

为了研究不同产业的产值对能源结构转型的影响程度,本书将能源消费总量作为参考序列 $X_0$,比较数列为最具代表性的六大产业的产值,$X_1$ 为农业(林、牧、渔业)产值,$X_2$ 为工业产值,$X_3$ 为建筑业产值,$X_4$ 为交通运输、仓储和邮政业产值,$X_5$ 为批发零售、住宿和餐饮业产值,$X_6$ 为其他产业(金融、房地产业等)产值。灰色关联分析模型所选择的 2006—2016 年间的所有数据均来自《中国统计年鉴》。

## 二、产业产值与能源结构灰色关联分析

### (一) 建立原始数据表

能源消费总量用 $X_0$ 表示,单位为万吨标准煤,各产业产值用 $X_i$ 表示,单位为亿元,具体数据见表3-3。

表3-3　各产业产值与能源结构数据

| 年份 | 能源消费总量 $X_0$（万吨标准煤） | 各产业产值（亿元） | | | | | |
|---|---|---|---|---|---|---|---|
| | | $X_1$ | $X_2$ | $X_3$ | $X_4$ | $X_5$ | $X_6$ |
| 2006 | 286467 | 24036.4 | 92238.4 | 12450.1 | 12186.3 | 21323.3 | 57204 |
| 2007 | 311442 | 28623.7 | 111693.9 | 15348 | 14605.1 | 26485.9 | 73475.7 |
| 2008 | 320611 | 33699.1 | 131727.6 | 18807.6 | 16367.6 | 32798.4 | 86115.2 |
| 2009 | 336126 | 35223.3 | 138095.5 | 22681.5 | 16522.4 | 35958.5 | 100600.2 |
| 2010 | 360648 | 40530 | 165126.4 | 27259.3 | 18783.6 | 43616.4 | 117714.6 |
| 2011 | 387043 | 47483 | 195142.8 | 32926.5 | 21842 | 52295.9 | 139610.4 |
| 2012 | 402138 | 52368.7 | 208905.6 | 36896.1 | 23763.2 | 59367.9 | 159065.9 |
| 2013 | 416913 | 56973.6 | 222337.6 | 40896.8 | 26042.7 | 66512.4 | 182481.3 |
| 2014 | 425806 | 60165.7 | 233856.4 | 44880.5 | 28500.9 | 73582 | 202988.5 |
| 2015 | 429905 | 62911.8 | 236506.3 | 46626.7 | 30487.8 | 78340.4 | 234179.1 |
| 2016 | 436000 | 65964.4 | 247860.1 | 49522.2 | 33355.3 | 84394.2 | 263031 |

### (二) 原始数据无量纲化

以2016年数据为参考序列将原始数据进行无量纲处理,将各数据标准化成介于0—1之间的数据。经过处理后的数据详见表3-4。

### 表3-4　数据无量纲化结果

| 年份 | $X_0$ | $X_1$ | $X_2$ | $X_3$ | $X_4$ | $X_5$ | $X_6$ |
|------|------|------|------|------|------|------|------|
| 2016 | 1.00 | 1.00 | 1.00 | 1.00 | 1.00 | 1.00 | 1.00 |
| 2015 | 0.99 | 0.95 | 0.95 | 0.94 | 0.91 | 0.93 | 0.89 |
| 2014 | 0.98 | 0.91 | 0.94 | 0.91 | 0.85 | 0.87 | 0.77 |
| 2013 | 0.96 | 0.86 | 0.90 | 0.83 | 0.78 | 0.79 | 0.69 |
| 2012 | 0.92 | 0.79 | 0.84 | 0.75 | 0.71 | 0.70 | 0.60 |
| 2011 | 0.89 | 0.72 | 0.79 | 0.66 | 0.65 | 0.62 | 0.53 |
| 2010 | 0.83 | 0.61 | 0.67 | 0.55 | 0.56 | 0.52 | 0.45 |
| 2009 | 0.77 | 0.53 | 0.56 | 0.46 | 0.50 | 0.43 | 0.38 |
| 2008 | 0.74 | 0.51 | 0.53 | 0.38 | 0.49 | 0.39 | 0.33 |
| 2007 | 0.71 | 0.43 | 0.45 | 0.31 | 0.44 | 0.31 | 0.28 |
| 2006 | 0.66 | 0.36 | 0.37 | 0.25 | 0.37 | 0.25 | 0.22 |

### (三) 关联系数及关联度的计算

计算关联系数前,需要先求出各比较序列与参考序列之间的差数序列:

$$\Delta X_i = \left| X_0(k) - X_i(k) \right|$$

具体计算结果详见表3-5。

### 表3-5　差数序列

| 年份 | $\Delta X_1$ | $\Delta X_2$ | $\Delta X_3$ | $\Delta X_4$ | $\Delta X_5$ | $\Delta X_6$ |
|------|------|------|------|------|------|------|
| 2016 | 0.00 | 0.00 | 0.00 | 0.00 | 0.00 | 0.00 |
| 2015 | 0.03 | 0.03 | 0.04 | 0.07 | 0.06 | 0.10 |
| 2014 | 0.06 | 0.03 | 0.07 | 0.12 | 0.10 | 0.20 |
| 2013 | 0.09 | 0.06 | 0.13 | 0.18 | 0.17 | 0.26 |
| 年份 | $\Delta X_1$ | $\Delta X_2$ | $\Delta X_3$ | $\Delta X_4$ | $\Delta X_5$ | $\Delta X_6$ |
| 2012 | 0.13 | 0.08 | 0.18 | 0.21 | 0.22 | 0.32 |
| 2011 | 0.17 | 0.10 | 0.22 | 0.23 | 0.27 | 0.36 |
| 2010 | 0.21 | 0.16 | 0.28 | 0.26 | 0.31 | 0.38 |

续表

| 年份 | $\Delta X_1$ | $\Delta X_2$ | $\Delta X_3$ | $\Delta X_4$ | $\Delta X_5$ | $\Delta X_6$ |
|------|------|------|------|------|------|------|
| 2009 | 0.24 | 0.21 | 0.31 | 0.28 | 0.34 | 0.39 |
| 2008 | 0.22 | 0.20 | 0.36 | 0.24 | 0.35 | 0.41 |
| 2007 | 0.28 | 0.26 | 0.40 | 0.28 | 0.40 | 0.43 |
| 2006 | 0.29 | 0.28 | 0.41 | 0.29 | 0.40 | 0.44 |

从表 3-5 的数据中,比较这些绝对差,不难发现最大值为 0.44,最小值为 0,取 $\rho = 0.5$,代入下面公式:

$$\zeta_i(x) = \frac{\Delta(\min) + \rho\Delta(\max)}{\Delta X_i + \rho\Delta(\max)}$$

$$r_i = \frac{1}{n}\sum_{k=1}^{n}\zeta_i(k)$$

分别计算其关联系数与关联度,其结果如表 3-6 所示:

**表 3-6　产业产值与能源结构关联系数及关联度结果**

| 年份 | $\xi_1$ | $\xi_2$ | $\xi_3$ | $\xi_4$ | $\xi_5$ | $\xi_6$ |
|------|------|------|------|------|------|------|
| 2016 | 1.00 | 1.00 | 1.00 | 1.00 | 1.00 | 1.00 |
| 2015 | 0.87 | 0.87 | 0.83 | 0.75 | 0.79 | 0.70 |
| 2014 | 0.77 | 0.87 | 0.76 | 0.64 | 0.68 | 0.52 |
| 2013 | 0.70 | 0.35 | 0.20 | 0.20 | 0.30 | 0.18 |
| 2012 | 0.63 | 0.45 | 0.16 | 0.25 | 0.36 | 0.25 |
| 2011 | 0.57 | 0.48 | 0.21 | 0.36 | 0.40 | 0.32 |
| 2010 | 0.51 | 0.44 | 0.22 | 0.40 | 0.40 | 0.37 |
| 2009 | 0.48 | 0.44 | 0.24 | 0.45 | 0.40 | 0.41 |
| 2008 | 0.49 | 0.51 | 0.31 | 0.53 | 0.43 | 0.43 |
| 年份 | $\xi_1$ | $\xi_2$ | $\xi_3$ | $\xi_4$ | $\xi_5$ | $\xi_6$ |
| 2007 | 0.44 | 0.47 | 0.35 | 0.53 | 0.41 | 0.44 |
| 2006 | 0.43 | 0.44 | 0.33 | 0.55 | 0.38 | 0.44 |
| $r_i$ | 0.63 | 0.58 | 0.42 | 0.52 | 0.50 | 0.46 |

### 三、产业产值与能源结构灰色关联分析结论

根据关联度越接近于1，则相关性越好，从产业产值与能源结构关联系数与关联度的结果（表3-6）中可以看出，在六种产业中，建筑业产值与能源消费总量即能源结构的关联度最小为0.42，属于关联效果不显著，说明建筑业对能源结构的影响是最小的。农业产值、工业产值、交通运输、仓储和邮政业产值、批发、零售、住宿和餐饮业产值与能源消费总量的关联度均不低于0.5，属于关联效果显著，说明这四种产业产值对能源结构的影响较大。其中，农业产值与能源消费总量的关联度为0.63，是所有产业产值与能源消费总量中关联度最大的，这是因为我国农业生产和生活所消耗的能源主要是石油和煤炭，而煤炭和石油的消费量占能源消费总量的大部分，所以农业产值通过直接影响煤炭和石油的消耗量，影响到能源的消耗总量，间接影响到能源结构。工业产值与能源消费总量的关联度为仅次于农业产值与能源消耗总量关联度的0.58，说明工业产值对于能源结构具有重要影响，这与工业产值占产业生产总值的比重较大且我国处于后工业化阶段高能耗产业较多、工业产能过剩现象严重有关，而且工业生产单位产值所消耗的能源也是所有产业中最多的，这就导致了工业产值与能源消耗总量的高相关性。交通运输、仓储和邮政业、批发、零售、住宿和餐饮业作为主要的第三产业，其产值与能源消费总量的关联度分别为0.52和0.50，说明第三产业产值也是能源结构的主要影响因素，因为随着我国产业结构的优化升级，产业结构已经由"二三一"模式转变为"三二一"模式，第三产业得到了迅速发展，产值超过了第二产业产值，成为三次产业中的主导产业，与此同时，第三产业的能源消耗量也在不断增加，虽然第三产业生产主要消耗的是清洁能源且单位产值的能源消耗量也较低，但是由于第三产业的产值最大，所以其对能源结构

的影响也是很大的,因此,对第三产业继续进行优化升级有助于能源结构的转型。

　　分别比较每年的关联系数与关联度,因为对原始数据采用初值法进行的无量纲化处理,以2016年的能源消费总量和各产业产值为基础,即2016年的能源消费总量和各产业产值均为1.00,其余年度的数值为各年度的能源消费总量和各产业产值除以2016年的对应数值的结果,并利用原始数据的无量纲化结果计算得出各产业各年度的关联系数。从2006年的关联系数看起,可以发现,农业产值与能源消费总量的关联系数呈现出不断增加的趋势,这说明随着我国的经济快速发展,产业结构优化,虽然农业产值的变化不是很大,但是其对能源消费总量的影响确实在不断增加,因此调整农业生产和生活方式对能源结构转型具有积极影响。工业产值与能源消费总量的关联系数呈现出先增加后降低又增加的趋势,这说明工业产值对能源消费总量的影响在这一时期变化较大,具体表现为2013年工业产值与能源消费总量的关联系数达到最低的0.35,而后其又大幅增加,说明2013年对我国的工业和能源结构来说,是具有转折性意义的一年,因为2013年之后我国工业产值从高速增长逐渐转变为稳定增长,我国经济发展进入了“新常态”,工业产能过剩现象凸显出来,因此工业产值对能源消费总量的影响突然增加,所以进行供给侧结构性改革,消除我国工业的过剩产能,对于我国的工业结构调整与能源结构转型都具有重要意义。交通运输、仓储和邮政业、批发、零售、住宿和餐饮业等第三产业产值与能源消费总量的关联系数变化趋势与工业产值类似,这也是由于经济新常态的影响,第三产业产值在2013年之后飞速增长,逐渐取代第二产业成为三次产业中的主导产业,因此其对能源消费总量的影响也在这之后迅速增加,所以第三产业的优化升级将在未来的产业结构和能源结构转型中继续发挥着重要作用。

　　综上所述,智慧城市产业升级促进能源结构转型,应主要调整农业生产和生活方式,稳定其产值,降低其对煤炭和石油的直接使用,鼓励使用清洁能源替代化石能源;减少工业中的高能耗产业,增加低能耗产业,推动科技进步和技术创新在工业生产中的应用,促进先进工业生产方式的普及,尤其是清洁能源的替代,同时优化工业内部结构,进行供给侧结构性改革,去除工业过剩产能;大力发展高新技术产业和第三产业,开发清洁能源替代技术,提高第三产业产值,增加其在产业结构中所占的比重。

# 第四章　能源结构转型国际经验及启示

## 第一节　美国:先进的能源系统

### 一、美国能源发展历程及现状

作为世界最大的一次能源消费国之一,美国长期面临着能源安全的供应压力。为了实现"能源独立"、确保能源安全,美国政府自 20 世纪 50 年代始就通过政策干预,致力于寻求新式能源技术,大力发展核电;70 年代鼓励发展风能、太阳能、小水电和生物质能,力图能源供应类别的多样化和多元化,以满足本国庞大的能源消费需求。2009 年 1 月奥巴马总统执政后,实施了奥巴马能源新政,拥有世界上最先进的能源系统,它供应可靠、经济实惠,而且正变得日益清洁和高效,支撑着美国经济方方面面的发展创新。美国的能源及基础设施正处于升级状态,智能化趋势不断进步,它包括大约 260 万英里的州际公路和州内管道,超过 64 万英里的高压输电线路,414 个天然气存储设施,330 个处理原油和精炼石油产品的港口，以及超过 14 万英里处理原油、成品油、液化天然气和煤炭等的铁路网络。①

　　经过几十年的发展，2012 年美国能源自给率达到 83%。在自给的能源结构中，天然气占比为 31%，煤炭为 26%，石油（原油和天然气植物凝结油）为 21%，可再生能源（含水电）为 11%，核电为 10%。在天然气组成中，40% 的干气来自于页岩气。从电力比例来看，2012 年美国可再生能源大约提供了国内 12% 的电力（其中水电为 6.72%，风电为 3.36%，生物质能为 1.44%，地热为 0.36%，太阳能为 0.12%），核电份额为 19%，二者合计占到电力总额的 31%。如果扣除水电，新能源占到电力总额的 24.28%。2012 年之后风力和天然气发电成为美国新增发电量的主力。预计到 2030 年，风力发电可满足美国电力需求的 20%。目前太阳能发电已经成为美国家庭和小企业的友好选择，2012 年美国屋顶太阳能电池板的成本约为 35 年前的 1%。预计到 2030 年 LED 照明将为美国人节省超过 300 亿美元的电力成本，削减美国一半的照明能源消耗。

　　奥巴马能源新政使得美国在中国、美国和欧盟三大超级能源网络之中处于领先地位，美国能源革命是深刻的，它囊括了从基础研究到复杂产业生态建构的整体系统；美国能源革命是创新的，从电动车、燃气轮机、页岩气开发、高空风能、小型核堆到智能电网等方方面面；美国能源革命是综合的，美国企业处于全球能源商业和科技发明的火车头地位，美国能源革命的核心竞争力是激发美国能源产业的创新精神。


## 二、美国新能源产业发展政策分析

　　重视并发挥立法和法案的作用，是美国新能源产业发展政策制定和

① 《智慧能源创新》，中国科学技术出版社 2016 年版，第 134 页。

实施中最鲜明的特点。美国的新能源产业发展政策,主要通过联邦能源立法、联邦环境政策、州立法和农业立法等形式体现出来。通过立法,基本明确了新能源相关产业的发展战略、发展目标、财政扶持、技术研发和国际竞争等。本节主要对涉及新能源产业发展的联邦能源立法作一回顾与总结。

自 20 世纪 70 年代中东石油危机发生以来,美国产生了五部具有代表性的能源综合性法案。最早的一部,作为对中东石油危机的应对,是 1978 年 11 月由卡特总统签署的《1978 年国家能源法案》(National Energy Act of 1978,NEA)。该法目的在于增加美国国内能源供应,解决能源安全问题。这一法案下辖五个单一法案,对新能源均有涉及,可以说奠立了美国发展新能源的基本格调。(1)《公用事业管制政策法案》(Public Utility Regulatory Policies Act,PURPA)。该法案规定公用电力事业必须购买符合规格的小电力设施生产出的可再生能源电力,以此来鼓励可再生能源发电,尤其是扶持生物质能发电。(2)《1978 年能源税收法案》(Energy Tax Act of 1978)。该法案授权个人使用太阳能、风能和地热设备可以享有高达 200 美元的税收抵免。对这些可再生领域进行商业投资可以减免 10% 的能源税。对于汽车用乙醇混合燃料享有至少 10% 的免税,相当于每 1 加仑免征 0.4 美元的消费税。还允许可再生能源项目实行加速折旧。(3)《国家节能政策法案》(National Energy Conservation Policy Act,NECPA)。该法案的目的是减少在建筑、交通、设备和一般操作等领域的非可再生能源使用。它赋予了政府向那些购买太阳能加热或制冷设备的家庭提供贷款的权利。(4)《电厂和工业燃料使用法案》(Power Plant and Industrial Fuel Use Act)。该法案禁止新电厂使用石油和天然气,禁止不具备使用可替代燃料的电厂新建。(5)《天然气政策法案》(Natural Gas Policy Act)。该法案要求逐步放宽对非常规天然气如页岩气、煤层气等天然气的井口价格管控,对 1985 年 1 月 1 日以后新井的井口价格不再控制,激励了对美国页岩气的开发。

第二部综合性法案为 1980 年 6 月由卡特总统签署的《1980 年能源安全法案》(Energy Security Act of 1980)。这一法案主要由六个单一法案组成,在内容上突出了发展新能源的要求,引入贷款担保等资金融通机制,向年产量低于 100 万加仑的小乙醇生产厂提供贷款担保。(1)《美国合成燃料公司法案》(U.S.Syntic Fuels Corporation Act)。该法案授权美国合成燃料公司提供 880 亿美元推行合成燃料计划。由于 1985 年石油过剩,该法案于 1986 年被废除。(2)《生物质能和酒精燃料法案》(Biomass Energy and Alcohol Fuels Act)。(3)《可再生能源法案》(Renewable Energy Resources Act)。(4)《太阳能和节能法案》(Solar Energy and Energy Conservation Act)与《太阳能和节能银行法案》(Solar Energy and Energy Conservation Bank Act)。(5)《地热能法案》(Geormal Energy Act)。(6)《海洋热能转换法案》(Ocean Rmal Energy Conversion Act)。

第三部综合性法案为 1992 年 10 月由老布什总统签署的《1992 年能源安全法案》(Energy Policy Act of 1992),也是美国第一部大型能源政策法案。这一法案主题为提高能效,共由 27 章组成,细化了各种各样的措施,以减少对进口能源的依赖,为清洁可再生能源提供激励,增进建筑节能。这一法案把含 85% 以上比例乙醇的调和燃料确定为交通运输替代燃料(即 E85)。为鼓励生物燃料生产,这一法案拓展了燃料税收减免和混合燃料收入税减免,将两种乙醇低于 10% 的混合燃料纳入进来。要求联邦和州公务用车要购买一定比例的替代性燃烧汽车(AFV),并实行税收减免的优惠,还对生产 AFV 的厂家提供一定的资金支持。该法还对在 1994—1999 年之间投入发电的风能涡轮机和生物质发电厂给予为期 10 年的税收减免,减免额度为 1.5 美元/千瓦时。实行铀复兴,成立国家战略储备铀。

第四部综合性法案为 2005 年 8 月由小布什总统签署的《2005 年能源政策法案》(Energy Policy Act of 2005)。这一法案是对 1992 年能源政策法案和其他相关法案的部分修订,共由 18 个标题组成,第一章为"能效",第二章即"可再生能源",排在第三章"石油和天然气"之前。第六章为"核问题",第七章为"交通工具和燃料",第八章为"氢",第九章为"研究和开发",第十三章为"能源政策的税收激励",第十五章为"乙醇和发动机燃料",第十六章为"气候变化",第十七章为"对新技术的激励机制",均对新能源和可再生能源有涉及。这充分表明了对新能源和可再生能源的重视。该法案规定联邦政府消费新能源电力的比重,2007—2009 财年不低于 3%,2010—2011 财年不低于 5%,2013 及其以后财年不低于 7.5%。并提出,到 2015 年年底非水电可再生能源装机至少达到 10 吉瓦。为实现 1997 年美国联邦政府百万太阳能屋顶计划提出的到 2010 年在 2 万个联邦建筑上安装太阳能系统,规定 2006—2010 财年每年投入 5000 万美元推行光伏能源商业化项目,每年投入 1000 万美元进行光伏系统评估项目。甘蔗乙醇项目补助(grants)3600 万美元。规定 2006—2012 年农村和偏远社区电气化每年补助 2000 万美元。为增加森林生物质用作电力、加热、交通运输燃料和其他用途的商业价值,2006—2016 年每年补助 5000 万美元。修订《1970 年地热蒸汽法案》(Geormal Steam Act of 1970)。在增强海岛能源独立自主上,每财年拨款 50 万美元进行可行性研究,拨款 40 万美元进行项目执行。该法案基于通货膨胀因素的考虑,对《1954 年原子能法》(Atomic Energy Act of 1954)的一些数额进行调整。推行新一代核电站项目,要求不得迟于 2021 年 9 月 30 日完成核电站建设并运行原型反应堆,用于研发和建设活动的补助 2006—2015 财年达到 12.5 亿美元,这就为美国核电复兴设立了基本格调。2007、2008、2009 财年用于研发、示范和商业化应用活动的资金,可再生能源分别为 6.32 亿、7.43 亿和 8.52 亿美元,核能分别为 3.3 亿、3.55 亿和4.95亿美元；另外，核能公共建设与设施三年分别达到1.35亿、1.4亿和1.45亿美元。为深海和非常规天然气投资等设置了奖励，并作了详细说明。在个人住宅节能性能上，对纳税年度内光伏、太阳能热水和燃料电池支出均实行30%比例的税收免除，在金额上分别不超过2000美元、2000美元和500美元。在鼓励选择性使用交通工具和燃料上，对符合标准投入运行的载重不超过8500磅、8500—14000磅、14000—26000磅和26000磅的燃料电池汽车，在纳税年度内分别给予纳税人8000、1万、2万和4万美元的税收抵免。在可再生燃料生产目标上，要求2006—2012年年产量分别达到40亿、47亿、54亿、61亿、78亿、74亿和75亿加仑，而若不发布指令则2006年仅能完成目标的2.78%。对生产能力小于6000万加仑的小型燃料乙醇生产商和生产能力小于1500万加仑的小型生物柴油生产商，可以享受0.1美元/加仑的生产所得税减免。

第五部综合性法案为2007年12月由小布什总统签署的《2007年能源独立和安全法案》(Energy Independence and Security Act of 2007)。这部法案以节能和能效、促进可再生能源利用为立法重点，共分为16章，涉及三项条款：一是平均燃料经济性(Corporate Average Fuel Economy, CAFE)标准，确立了轿车和轻型卡车2020年平均油耗为35英里/加仑的目标。在改进汽车技术方面，制定以下相关政策：为先进电池发展建立贷款担保机制，资助插电式混合动力汽车，鼓励购买重型混合动力汽车，为各种电动汽车提供信贷。在政府购买方面，联邦机构被禁止购买不是低温室气体排放车辆的任何轻型机动车或中型客车。到2015年，联邦机构必须每年降低至少20%的石油消费，增加10%的替代燃料消费。二是可再生燃料标准(Renewable Fuel Standard, RFS)，要求可再生燃料生产从2008年的90亿加仑增加到2022年的360亿加仑。在后者中，有210亿加仑可再生燃料必须从纤维素乙醇或者其他高级生物燃料中获取。在可再生燃料生产技术方面，要求比汽油和柴油的生命周期温室气体(GHG)排放至少降低20%。使用生物燃料取代80%以上化石燃料的生物燃料生产运营设施将获得现金奖励。授权为在乙醇生产比例较低的州进行生物燃料研究、开发和示范(RD&D)以及商业应用提供2500万美元的补贴;为一个研发可再生能源技术的大学计划提供高达200万美元的补助。要求能源部直接创建一个补助计划,帮助建立或转换基础设施使用可再生燃料,包括E85燃料(85%乙醇)。三是电器和照明效率标准(Appliance and Lighting Efficiency Standards)。建立通用服务白炽灯能效标准和白炽反射器灯与荧光灯能效标准。另外,法案第十三章涉及智能电网,对其进行了界定。术语"智能电网"指的是一种允许流量分配系统,允许信息从客户的计电表在两个方向流动:从房子流向恒温器、电器和其他设备,又从这些应用设施流向房子。智能电网的定义包括各种操作和能源措施,包括智能电表、智能电器、可再生能源资源和能效资源。

此外,2009年2月,由奥巴马总统签署的《2009年美国复兴与再投资法案》(American Recovery and Reinvestment Act of 2009)是近几年美国关于新能源和可再生能源方面获得生效的最新一部法案(enrolled law)。该法案第四章为"能源和水发展"。其中能源部能源效率和可再生能源(Energy Efficiency and Renewable Energy,EERE)局获得168亿美元,是2008财年拨款(17亿美元)的近10倍。这项拨款除大部分用于支持直接补助和返款(有些是履行《2007年能源独立和安全法案》的相关规定)外,有25亿美元将用于支持EERE的应用研发与部署计划,包括8亿美元用于生物质项目,4亿美元用于地热技术项目,还有5000万美元用于提高信息与通信技术的能源效率。经济激励法案也包括投资50亿美元用于完成《节能和生产法案》规定的越冬御寒援助项目(Weatherization Assistance Program),拨款20亿美元支持在美国境内制造先进的电池系统和组件,同时发展支撑软件;并对先进的锂离子电池、混合动力电系统、组件制造商和软件设计师提供设施资金奖励。另外 3 亿美元将支持一项替代燃料汽车试点拨款项目（an Alternative Fueled Vehicles Pilot Grant Program）。法案中也保证拨款 32 亿美元用于"能效与节能专项"（Energy Efficiency and Conservation Block Grants），该项是在《2007 年能源独立与安全法案》中确定的，但是之前没有拨款。拨款将继续引导各州、当地政府和地区政府来支持能效与节能战略和项目，包括在政府大楼安装燃料电池、太阳能、风能和生物质发电设备计划的能源审计项目和计划。在减税方面，法案除扩大和替代可再生能源系统的税收减免外，为大部分可再生能源发电设施提供了三年生产税抵减（PTC）延长期。风能可延长到 2012 年，城市废弃物、水电、生物质和地热发电均可延长到 2013 年。法案中提出发行清洁能源债券，包括两种形式:一种是 16 亿美元的可再生能源债券（CERBs），另一种是 24 亿美元的合格节能债券。这些债券将分配给各州和地方政府为清洁能源项目融资。

除了这些综合性的能源法案外，美国还设有专门性的单一能源法案。例如早期为开发地热能，美国陆续通过了《1970 年地热蒸汽法案》、《1974 年地热能研究、开发和示范法案》（Geothermal Energy Research, Development and Demonstration Act of 1974）和《1980 年地热能法案》（Geothermal Energy Act of 1980）;为开发太阳能，美国陆续通过了《1974 年太阳能供热和制冷示范法案》（Solar Heating and Cooling Demonstration Act of 1974）、《1974 年太阳能研究、开发和示范法案》（Solar Energy Research, Development and Demonstration Act of 1974）、《1978 年太阳能光伏研究、开发和示范法案》（Solar Photovoltaic Energy Research, Development and Demonstration Act of 1978）、《1980 年太阳能和节能法案》（Solar Energy and Energy Conservation Act of 1980）、《1980 年太阳能和节能银行法案》（Solar Energy and Energy Conservation Bank Act of 1980）等。

### 三、美国能源产业发展的启示

从财政补贴执行情况来看,美国近几年来对新能源特别是可再生能源补贴力度加大,反映了美国政府对可再生能源的重视程度之高。2010财年美国联邦政府对能源行业的财政补贴总额高达371.60亿美元,约占当年联邦预算总额的8.3%,比2007年补贴总额增长107.66%。其中,可再生能源补贴146.74亿美元,占补贴总额的39.48%;核电为24.99亿美元,占补贴总额的6.72%。较之于2007年,可再生能源补贴比例提高了10.85个百分点,核电比例下降了2.86个百分点,而同期化石能源补贴占比则下降了22.2个百分点左右。美国国会预算办公室(CBO)报告显示,2011财年联邦政府对能源行业的补贴为240亿美元,其中可再生能源和提高能源效率补贴160亿美元,化石燃料行业税收优惠25亿美元。在补贴机制刺激下,2000—2010年美国可再生能源发电量年均增长速度超过了发电总产量增长速度,尤其是风电保持了31.8%的年均增长率。

从整体上来讲,美国新能源产业发展立法表现出政策的稳定性、连续性和强制性等特点。由于在内容制定上非常详细,从而政策工具在实施上具有很强的操作性和应用性。例如,单就补贴一项,就分为直接补贴、税收补贴、研发补贴、特殊优惠和贷款担保等多种形式。这表明美国在制定能源政策时,充分考虑了产业发展的特点和市场调控的作用,是非常严谨、认真、细致的。但总体来讲,美国新能源产业发展战略并不是很明朗。换句话说,美国新能源产业发展曾遭受了巨大的发展阻力。尽管奥巴马上台之后,抛出了绿色能源新政,极力推动新能源产业发展,但这并不意味着其发展过程是一帆风顺的。由于传统能源价格的不确定性、政党之争掩饰下的利益集团冲突和社会公众的认同程度变迁,美国能源政策改革进程具有典型的渐进主义特征。例如,20世纪80年代后期国际油价大幅回落，里根政府上台后就大幅度削减各类可再生能源研发开支，实施新能源"退出"战略。克林顿政府起初严格履行《1992年能源安全法案》的要求，后来在面临联邦预算和共和党国会双重压力下，实际上放弃了能源政策革新的目标。在2013年10月1日美国联邦政府的"关门"事件中，能源部等部门有超过50%的雇员被迫休假。这些均影响到美国新能源发展战略的实施。迄今为止，美国民主党和共和党并没有为气候变化、节能减排达成共识，就难以为新能源产业发展扫清障碍。2009年美国众议院通过的《美国清洁能源与安全法案》在参议院遭拒，即是一个很好的说明。这决定了美国的新能源产业在国际竞争中并不必然处于优势地位，欧盟和日本在一些领域超过了美国。尽管如此，新能源产业发展依然是美国能源独立和安全的未来与方向之一。

历经奥巴马政府能源革命的改革之后，美国已经建立了智慧清洁能源占统治地位的能源结构，美国能源达到了工业革命以来的最高水准，前所未有的页岩气革命、风能、能效管理和智能电网等得到空前发展。经过长期的努力，美国已经建立了能源革命的整体架构和领导能力，这也是美国在新的文明变革中的主导力，美国跻身到了世界未来可以依靠无碳、零碳能源体系，这为美国实施更加深入的能源产业革命提供了强大支撑，值得中国借鉴。[①]

## 第二节　欧盟：可持续的和安全的能源战略

### 一、欧盟能源发展现状

欧盟在世界新能源产业发展中处于领先地位。截至目前，欧盟仍然

---

[①] 《智慧能源创新》，中国科学技术出版社2016年版，第134页。

是世界核能发电比例最高的地区之一,是风电(尤其是海上风电)和光伏发电的领头羊,是世界可再生能源发展实力最强和成效最好的地区之一。在应对气候变化方面,欧盟是发起者、倡导者、推动者和践行者。2011 年欧盟 27 国(EU-27)生产能源总量为 807Mtoe,其中核电比重为 29%,可再生能源比重为 20%,按照本文的新能源定义,扣除水电外的二者比重的和在全球仍然属于居高者。根据 EurObserv'ER 2012 年 12 月发布的数据,2011 年 EU-27 可再生能源消费在最终能源消费总量的比重达到13.4%,比 2010 年提高了 0.9 个百分点;可再生能源发电在电力消费总量的比重达到 20.6%,比 2010 年提高了 0.8 个百分点;从事可再生能源就业人数高达 119 万人,经济产值超过 1370 亿欧元。欧盟新能源产业发展打下了良好的基础,发展速度也是比较可观的。2012 年,EU-27 累计风电装机容量达到 105.6 吉瓦,同比增长 12.3%,占到全球的 37.57%;电力生产 200.2 亿千瓦时,同比增长 11.91%。累计海上风电装机容量达到4.7 吉瓦,同比增长 34.29%。累计光伏装机容量达到 68.6 吉瓦,发电量为 68.1 亿千瓦时。在交通运输中生物燃料消费总量达到 14.4Mtoe,生物燃料掺入比率为 4.7%。

尽管如此,欧盟的能源发展也存在着一定的问题,目前欧盟成员国能源的一半依赖进口,每年成本大约 3500 亿欧元。化石能源在欧洲的持续使用,导致了严重的污染危害和全球变暖压力。此外,截至 2015 年,欧盟范围内还有 15 个成员国实施能源价格管制制度,这个局面不利于欧盟能源市场的自由化进程。[①]

## 二、欧盟新能源产业发展政策分析

根据欧盟的能源发展现状和未来的能源发展规划,其能源政策的目

---

① 《智慧能源创新》,中国科学技术出版社 2016 年版,第 143 页。

标主要有三部分:(1)确保能源供应,无论何时何地都能确保能源可靠供应;(2)保障能源供应商在激烈的竞争环境中运作,以确保能源价格能让家庭、企业和行业负担得起;(3)推动建立可持续的能源消费政策和市场机制。

在资源禀赋上,欧盟除了英国、德国等国拥有较为丰富的煤炭储量和油气资源外,大部分国家缺乏化石燃料,这就需要通过进口燃料来满足欧盟内部的能源需要。最新数据显示,2011年EU-27消耗的化石燃料(石油和天然气)比重仍然高达58%以上,若加上固体燃料,则高达75.465%。其中,净进口燃料高达939.7Mtoe,净进口依存度高达55.35%,比1995年的44.11%提高了11.24个百分点。其中石油及其制成品、天然气和固体燃料净进口依存度分别为91.74%、88.49%和50.44%。因此,能源供应安全问题不仅过去是,现在仍然是欧盟经济社会发展面临的严峻挑战。化石燃料的资源困境,迫使欧盟较早地采取政策和措施以开辟新的能源渠道,向新能源和可再生能源进军。从1985年开始,欧盟就一直鼓励新能源尤其是生物燃料的发展。欧盟委员会在85/536/EEC指令中,明确要求各成员国通过使用替代燃料组件(分子包含5个或更多的碳原子的有机含氧化合物),以降低对原油进口的依赖。具体内容是按容积比例计算,在汽油中加入3%的甲醇、5%的乙醇和其他替代燃料。在之后的近三十年里,欧盟采取各种政策措施来推动新能源发展。1997年11月欧盟在1996年11月绿皮书的基础上,经过多次征集意见和公开讨论制定发布了《未来能源:可再生能源共同体战略和行动计划白皮书》(Energy for the Future:Renewable Sources of Energy,a White Paper for a Community Strategy and Action Plan)。该书认为发展可再生能源可以减少能源进口依赖、提高供应安全,增加岗位就业,减少温室效应;如果不采取措施鼓励其发展,欧盟能源进口依存度预期从目前的50%增加到2010年的70%。该书提出了欧盟可再生能源发展的目标,要求到

2010 年可再生能源比重达到 12%,比 1997 年提高一倍;可再生能源电力比重达到 23.5%。其中,风电、光伏发电、地热发电装机分别达到 40 吉瓦、3 吉瓦、1 吉瓦;生物质能作为可再生能源主要的增加来源,产量将达到 135Mtoe。在此基础上,各成员国分别确立到 2005 年和 2010 年各自的目标和战略。为实现上述目标,可再生能源行动计划总投资达 1650 亿欧元(ECU),这将避免(1997—2010 年)210 亿欧元的总燃料成本,相对于1994 年减少 17.4% 的能源进口和 4.02 亿吨 $CO_2$ 排放。为此,将实施建立公平的新能源进入电力市场制度、重组共同体能源产品税收框架、为新设生产厂启动补贴、开发或协调有关"金色"或"绿色"基金、增加液体生物燃料市场份额等具体的内部市场措施,在未来不断强化共同体政策,加强各成员国之间的合作,等等。

2000 年发布的《欧洲能源供应安全战略绿皮书》,重申了 1997 年白皮书规定的目标,强调了核电在增加能源供应安全方面的重要作用(供应欧盟当时 35% 的电力),澄清了对核电发展问题存在的一些质疑,强化了推动可再生能源大力发展的认识,要求对其电力生产给予优先权等。这表现了欧盟在新能源和可再生能源政策制定的连续性、稳定性和一贯性。2001 年 9 月,欧盟出台了《在内部市场增进可再生能源电力生产的指令》(又称《可再生能源指令》)(Directive 2001/77/EC)。该指令强调各成员国确保绿色证书、投资援助、免税、退税或削减和直接的价格支持等支持可再生能源电力生产机制的正常运转,以维护投资者信心。在内容上,调整 2010 年欧盟可再生能源电力生产目标为 21%,对各成员国可再生能源电力发展指标、支持机制、来源保证、行政程序、网络系统等方面做出了明确的指示性要求和原则性规定。其中,进一步要求各成员国在制定目标时,应按照《联合国气候变化框架公约》和《京都议定书》的要求,符合欧盟和各成员国关于国际气候变化的承诺。2003 年 5 月,欧盟出台了《增进生物燃料和其他可再生燃料在交通中使用的指令》(又称

《生物燃料指令》)(Directive 2003/30/EC)。这一指令在 Article 3 中对成员国使用生物燃料和其他可再生燃料明确提出了最低份额要求,即各成员国生物燃料和其他可再生燃料占其国内交通燃料市场的份额,到 2005年年底不低于 2%,到 2010 年年底不低于 5.75%。从执行情况来看,并不理想,只有少数成员国,即丹麦、德国、匈牙利、爱尔兰、立陶宛、波兰和葡萄牙预计达到 2010 年可再生能源电力目标;同样,只有奥地利、芬兰、德国、马耳他、荷兰、波兰、罗马尼亚、西班牙和瑞典希望实现可再生能源在交通运输部门的消费目标。这迫切需要并采取一个覆盖可再生能源消费领域的综合性政策来改变这种局面。同时,欧盟开始酝酿下一个十年的发展计划。2007 年 EU-27 峰会通过了欧洲可再生能源工业到 2020 年可再生能源占最终能源消费 20% 的目标。2008 年 1 月,欧盟委员会提出了三个 20% 的发展目标,即到 2020 年温室气体排放比 1990 年减少 20%,能源效率提高 20%,可再生能源占全部能源消费的 20%。这就为后来2008 年 11 月欧洲可再生能源委员会(EREC)发布的欧洲可再生能源技术路线图、2010 年 3 月欧盟委员会公布指引欧盟发展的"欧洲 2020 战略"奠定了 21 世纪第二个十年关于可再生能源发展总量的基调。其中,欧洲可再生能源技术路线图预计到 2020 年可再生能源装机容量将达到521.5 吉瓦,占总发电量的 33%—40%,如果欧盟提出的能效行动目标得以实现,这一比例将超过 40%;可再生能源供热份额将达到 22.9%—25.7%;生物燃料将占到能源需求的 10%。

2009 年 4 月,欧盟委员会发布了《可再生能源指令》(Directive 2009/28/EC)。这一指令起到承上启下的作用,既是对 2001/77/EC、2003/30/EC 指令的修改乃至撤销,也是为实现未来三个 20% 目标而专门制定的强制性政策。从内容上看,该指令篇幅较长,共 29 条,确立了各成员国可再生能源强制性的 20% 的最终能源消费总量份额、10% 的交通运输份额和行动计划;制定成员国之间数量转让、与第三国合作项目、来源担保、行政程序、信息和培训、可再生能源电力入网等相关规则;建立液体、气体生物燃料可持续性标准、相关温室气体减排计算体系和网上公开透明平台。欧盟统计局数据显示,2010 年 EU-27 可再生能源消费比重上升至 12.4%。其中,可再生能源消费比重最高的成员国是瑞典,达到了47.9%,拉脱维亚、芬兰、奥地利和葡萄牙分别以 32.6%、32.2%、30.1%和 24.6%列居第 2—5 位。从整体来看,欧盟关于 2010 年的可再生能源总量目标已经实现。这说明欧盟制定的政策是比较有效的,尽管这一政策由于成员国实际情况的不同,进行了多次调整。但从成员国来看,则存在担忧。2010 年,有 15 个成员国没有达到可再生能源电力指标;有 22个成员国没有实现交通部门 5.75%的生物燃料消费指标。这需要很多成员国采取进一步的措施确保未来目标的实现。

2011 年 12 月,欧盟委员会正式发布了 2050 能源路线图,确立了2050 年欧盟的碳排放量比 1990 年减少 80%—95%的目标。这一目标最早在 2009 年 10 月由欧洲理事会提出。这意味着欧盟比较着重在全球气候变化框架下,大力倡导节能减排,发展新能源,这是区别于美国新能源发展政策立足点的一个重要方面。2050 能源路线图认为,在 2050 年建立一个安全的、有竞争力的、去碳化的能源系统是可能的。为此,描绘了7 种不同的情景(scenarios)。无论处于哪一种情景,可再生能源都将处于核心地位,其占最终能源消费比重将由目前的 10%提升至 2050 年的55%。在高能效情境下,2050 年可再生能源电力消费比重达到 64%;若处在高可再生能源场景下,这一比重将达到 97%。同时,由于节能效率的提高,2030 年、2050 年欧盟的能源消费将比 2005 年、2006 年的峰值分别降低 16%—20%、32%—41%。该路线图认为,核能有助于降低系统成本和电力价格,仍然是一个主要的低碳电力来源。在碳捕获和存储(CCS)延迟与多样化的供应技术场景(显示最低的能源总成本)下,到2050 年欧盟核能仍将占一次能源需求的 15%—18%。CCS 在能源系统转变过程中发挥重要的作用。在核电生产受限的大多数情景下，CCS 将有效减少 32% 的碳排放；在除了高可再生能源的其他情景下，也能减排 19%—24%。2012 年 6 月，欧盟发布了关于《可再生能源：欧洲能源市场的主要参与者》的通报。该通报一方面预测了可再生能源发展的美好前景，如强劲的可再生能源增长到 2030 年将产生超过 300 万个工作岗位，另一方面强调可再生能源发展依赖于私人部门投资，而后者又取决于可再生能源政策的稳定性。因此，明确长期的政策非常重要。为之，提出要整合可再生能源进入内部市场，开放电力市场改革，改造基础设施（配电网、传输基础设施和智能电网），赋予消费者微生产者地位，驱动技术创新，确保可再生能源可持续性等。无论采取什么样的行动计划，其目的除了实现能源供应目标之外，还要确保维持可再生能源研发和产业的全球领导地位。

## 三、欧盟能源产业发展历程

### （一）法国能源产业发展历程

法国在新能源产业发展上最显著的特点，当属核电。法国是世界上发展核电最坚定、核电依赖程度最高、运行最为安全的国家。核电在该国发电总量的比重曾经高达 85% 以上，并且未发生过一次重大核事故。这得益于法国发展核电的基本方针和长期坚持，对核电技术的重视，以及核运行安全的有效监管。早在 1954 年，就开始在 Marcoule 建设国内首批三座石墨气冷堆，并逐步形成了自己的一套成熟技术。从 1970 年开始从美国西屋公司购买并学习压水堆技术。中东石油危机之后，法国政府逐步调整能源战略，确立发展核电的主导地位。在引进美国核电技术基础上进行消化、吸收并创新，经过几十年的发展，开发了新一代安全性能和经济性能更先进的 EPR 压水堆（与德国合作）。由于在生产上具有批量化和标准化特点,从而节省了设计建造时间和管理成本,赋予了法国核电更多的经济性。2005 年 7 月 13 日,法国颁布的《确定能源政策定位的能源政策法》进一步确立了核电在能源供应中的重要地位,表明法国发展核能的一贯立场。2011 年福岛核事故的发生对法国核安全提出了更多的要求。出于安全的考虑,2012 年 10 月,法国总统奥朗德宣布,到 2025 年核能发电占法国发电总量的比例将从当前的 75% 降至 50%。其中的差额将由逐步增加的可再生能源补充。在贯彻欧盟可再生能源政策的前提下,2009 年 8 月颁布的《格纳勒格法案一》(Grenelle 1)规定了环境变化和可再生能源发展目标,即到 2050 年将温室气体排放量降低到当时的 1/4,到 2020 年实现 23% 的可再生能源利用比例。

(二) 德国能源产业发展

德国在风电、光伏发电和生物燃料产业发展方面非常成功。以风电为例,德国在 2001—2007 年保持风电装机容量世界第一,2008 年、2009 年才分别被美国和中国超越,到 2010 年年底累计超过 25 吉瓦。相关的产业发展政策也比较成熟。在并网定价和发电目标方面,1991 年 1 月 1 日生效的《电力输送法》(StrEG),引入美国首创的固定电价制(Feed-in Tariffs,简称 FITs)。该法案规定,电网运营商不仅有义务接纳新能源和可再生能源电力并网,而且按照固定电价收购这一电力。可再生能源上网价格与常规发电技术的成本差价由当地电网承担。为了形成更精确的定价机制,2000 年颁布了《可再生能源优先法》(EEG),并分别于 2004 年、2008 年、2011 年进行了修订。2008 年修订的《可再生能源优先法》规定了德国到 2020 年的可再生能源电力发展目标,在总电力供应的份额至少达到 30%。为了弥补到 2022 年结束核电产业所产生的电力缺口,德国 2011 年 7 月通过的《可再生能源法》的修改,提高了可再生能源发展的未来目标,要求到 2020 年、2030 年、2040 年和 2050 年的可再生能源发电份额分别达到 35%、50%、65% 和 80%。为了减少电网运营商的征税损失,该法案提高了可再生能源的征税标准,2012 年增至 3.592 欧分/千瓦时。在税收激励方面,一是通过采取提高石油、天然气等传统能源的生态税,免征生物燃料生态税的办法,改变二者的相对价格,从反向激励生物燃料的发展;二是对生物燃料进行补贴,从正面鼓励生物燃料技术进步。并随着技术的进步,逐步削减补贴,实行比例配额制(2007 年 1 月 1 日《生物燃料配额法》正式生效)。

通过激进的能源革新计划,德国成为能源革命的发动机。实施位居世界第一的能效强国战略,致使德国将成为国际新兴物联网和人工智能变革的支柱。推进可再生能源占电力供应 80%的跨越计划,更使德国鹤立鸡群,打造一个世界级的新型能源网络,使得人类终于可以摆脱化石能源的桎梏。德国吸收了欧洲能源革命的精华,正在驱逐化石能源的主力角色,正在加冕能效第一强国的王者地位。德国实际上在能源革命的缝隙中获得了领袖地位和无限商机。超越德国能源革命的地位将不可能再靠规模和力量来实现,而要依靠智慧资源和更强大的战略创新覆盖力。在世界主要经济体的一个大国内,第一个建成以可再生能源为主力的能源网络,这个创新应该列入世界史册,它说明人类可以实现低碳甚至零碳社会建设的壮举。

(三) 英国能源产业发展

英国可能是最早实行配额制的国家。所谓配额制(Renewable Portfolio Standard,RPS),简单来说,就是要求电力公司在收购的电力中含有一定比例的可再生能源发电。1989 年 7 月英国颁布《电力法》,规定了一个类似 RPS 的非化石能源电力义务。1990 年实施的《非化石燃料义务》(Non Fuel Obligation,简称 NFO),也含有类似的要求,建立了投标和补贴制度。这一机制通过投标,促使电力供应商之间展开竞争,从而降低上网价格。以风电为例,1990—1997 年,英国风电上网电价从 10.0 便士/千瓦时降低到 3.8—4.95 便士/千瓦时,年均下降 10.57%—14.81%。

1999 年 7 月,在非化石燃料义务基础上,制定并通过了《可再生能源义务法令》(Renewables Obligation Order),2002 年 4 月正式生效。这一法令确立了可再生能源电力义务制度,其实质是对可再生能源的开发利用实行配额制,例如,规定 2003 年可再生能源电力比例达到 3%,2010—2011 年达到 11.1%,2013—2014 年达到 20.6%。这一制度的主要内容还包括,建立可交易绿色证书机制、惩罚制度和工商企业用电征收大气影响税制度,对于完不成任务的供电商将要交纳最高达其营业额 10% 的罚款。在这一配额制度影响下,尽管英国实际可再生能源发电份额目标并没有如愿以偿,但也出现了大的增长,由 2002 年的 1.8% 增加到 2010 年的 7%。英国还是最早提出低碳经济的国家,设定了 2020 年在 1990 年基础上减排 34%、2050 年减排 80% 的目标,也是福岛核事故出现后坚持发展核电的国家。2012 年 5 月,英国围绕"电力市场改革",公布了被称为"20 年来最大变革"的能源改革法案(草案),提出投资 1100 亿英镑扶植包括核电、可再生能源和普及碳捕获与封存技术(CCS)在内的低碳电力,并引入"差价合约"(CfDs)和"碳底价保证机制"来调动低碳电力供应商的生产积极性,增强政府干预电力市场的权利。

(四) 丹麦能源产业发展

放眼全球,主要绿色城市都在大力调整城市自身的能源结构。世界上最绿色的城市之一哥本哈根市政府一直努力减少二氧化碳排放量,2009 年哥本哈根提出的《哥本哈根气候规划 2009》中提出 15 项交通改造措施降低碳排放。

其中包括,建设更多的自行车道路、桥梁、停放点;建设更加快捷的城市公交系统;说服立法机构征收交通拥挤税;某些城市区域实行车辆限行政策,只允许低排放车辆通行;商业区机动车辆禁行政策;通过减少机动车停车位迫使人们放弃驾驶私家汽车;强制实行拼车和采用降低排放的驾驶技术;迫使出租车公司购买环境友好型汽车;鼓励私人和公交系统购买电池和氢动力汽车,由政府提供便利的充电设施,并免费提供停车位;改造交通指挥系统,使之更加便利于自行车和公交车行驶,并通过 GPS定位系统指示空闲停车位,减少机动车寻找停车位的时间和里程;要求所有市政办公单位的人员无论是办公还是上下班出行,都要采取环境友好型的交通方式;政府机构的车辆一律采用氢能和电动汽车;对城市垃圾运输车辆进行改造,使其达到节能 1/3 以上等。

到 2025 年,哥本哈根要成为世界上第一个二氧化碳零排放城市和全球气候之都。为此,哥本哈根开始了发电、取暖和交通运输三大挑战。提出六个领域的 50 项行动方案,实现每年减少 50 万吨二氧化碳排放的任务。这六个行动领域是:改造能源供应、绿色交通、节能建筑、市民行动、城市发展和未来气候适应。其中前三个领域是实现减排的重点。

能源改造是当地减排规划的重头戏,75% 的减排任务要通过能源改造来完成。走进哥本哈根,在空旷的海滨和绿地,到处可以见到高大的风力发电机。丹麦是世界上风力发电比例最高的国家。人们在城里城外还可以看到很多垃圾焚化发电厂。城市垃圾经过 24 道分类筛选程序之后,65% 回收,8% 掩埋,其他全部燃烧发电。在过去的十年中,哥本哈根的电力生产已经减少了 20% 的二氧化碳排放,但仍有 73% 的能源来自于产生碳排放的石油、天然气和煤炭。①

## 四、欧盟能源产业发展的启示

整体上讲,欧盟新能源产业发展政策是比较成功的。其原因在于,首先,形成了明确的新能源产业发展战略。这种战略从一开始就是在能源供应安全的背景下,坚持把新能源作为替代能源进行长期发展。而美国

---

① 《优化能源结构,发展循环经济》,《南方日报》(广州),2017 年 8 月 31 日,见 http://news.163.com/17/0831/07/CT5CIFF100018AOP.html。

的能源供应安全,起初更多的是依靠传统能源的本国自给和国外供应安全,新能源只是一种补充选择。同时,欧盟赋予了新能源产业发展环境保护与气候变化的时代特色,并以此为依据,希冀走在世界的前沿,充当新能源产业发展的领袖角色。与美国相同的是,这一战略都是通过立法或指令体现的。

其次,在于新能源产业发展政策的多样性、灵活性和不断的适时调整。例如,在固定电价制和配额制应用选择上,二者具有明显的区别。欧盟虽然整体倾向于采用市场化的配额制,但也允许固定电价制在德国等继续实施。实际上,现实中二者并不是一个完全替代关系,也可以进行互补。在发展目标的制定上,根据整体状况和各成员国实际情况,尽可能制定可以实现的未来目标。各国也可以按照自己的情况适度加快发展。在激励措施上,形式多样,既有正向的直接有利于新能源发展的技术研发扶持、税收补贴或减免,又有反向的抑制传统能源发展的直接限制、征收传统燃料税、大气税,等等。

再次,在配套措施上,相应的能源市场化改革为新能源产业创造了可持续发展的制度环境,社会宣传、民众参与全面推进,使新能源概念与节能环保、低碳智能联结起来,并深入人心。

2015年2月,欧盟正式宣布启动欧洲能源联盟,其基本原则为:保障能源供应安全,建立完全一体化、具有竞争力的欧盟内部能源市场;降低能源需求,提高能源使用效率;加强利用可再生资源;加强研究、创新以发展绿色技术。但是由于欧盟各国的经济压力和利益诉求不同,因此对于欧洲能源联盟来说,将面临协调和统一各国之间政策的挑战。

推动智慧清洁能源挽救了欧盟经济,去碳化也如同工业革命无数科技发现一样成为新的文明基础。实际上,高碳工业文明是欧洲人创造的,现在的欧洲人正在创造一个去碳化产业文明,前者是欧洲领导世界变革;后者则是欧洲跟随中美协进改革,欧洲已经失去领导力和主导权,但是打造一个统一的欧洲先进能源网络成为欧盟存在的最大价值和核心竞争力。实现创新能效又成为欧洲产业的热忱追求和真实力量,能源革命与低碳经济是欧洲返老还童的新催化剂。①

## 第三节　日本:柔性能源结构

### 一、日本的新能源产业发展概况

1973 年第一次石油危机爆发时,日本 76%的一次能源来自进口,石油危机显示了日本能源供需链的脆弱。此后,日本开始推进能源结构调整,重点开发核电,积极进口煤和天然气以部分取代石油进口。同时,鼓励开发和利用新能源技术,在耗能大的领域开展节能运动。2009 年日本政府提出,到 2020 年温室气体排放量比 1990 年减少 25%。但是 2011 年的东日本大地震,对日本的能源结构产生了较大影响,化石能源进口大幅增加,实际超过了 1973 年第一次石油危机时的比例,而核能的比例却由 2010 年的 28.6%剧减到 2012 年的 1.7%。

日本是较早重视并开发新能源产业技术的国家之一,也是新能源产业发展相对成功的国家之一。自 20 世纪 50 年代以来,日本就注重发展核电技术。2011 年 3 月福岛核事故发生之前,日本共有 55 台现役核电机组(含文殊〈Monju〉原型快堆),总净装机容量达 47.3GWe,位居世界第三,仅次于美国、法国。根据世界核协会和国际原子能机构提供的相关数据,2010 年日本核电发电量达到 280.3 亿千瓦时,国内份额为 29.2%,约

①《智慧能源创新》,中国科学技术出版社 2016 年版,第 143 页。

占全球的 10.65%。受 2011 年 3 月福岛核事故影响,日本核电连续两年负增长,2012 年为 17.07 亿千瓦时,仅占国内份额的 2.07%。在可再生能源产业发展上,光伏产业曾经一度辉煌。2000—2006 年,日本光伏发电累计装机容量连续多年位居世界首位,直到 2007 年才被德国超过。日本经济产业省的数据显示,2008 年日本的光伏电池产量仍然高于德国,仅低于中国,位居世界第二。EPIA 发布的"Global Market Outlook for Photovoltaic 2013-2017"显示,2012 年日本新增光伏装机容量达 2 吉瓦,占全球新增装机容量的 6.3%;累计容积容量达 6.914 吉瓦,占全球累计装机容量的 7% 左右,位居全球第 5 位。日本风力发电协会 2013 年 1 月公布的数据显示,2012 年日本新增风电装机容量预计为 92 兆瓦,同比增长8%;累计装机容量约为 2.649 吉瓦。日本新能源的一大特色是地热利用。日本地热资源丰富,早在 1966 年就建立了日本第一座商业化运作的(松川)地热发电站,形成了较为成熟的地热发电技术,并积极进行出口。但地热发电比较微弱,2010 年仅占总电力的 0.2%。

从日本国内电力构成来看,新能源整体比重依然比较低。2009 年核电份额为 29%,不含水电的可再生能源发电仅为 1%,水电为 7%,天然气、煤炭、石油分别为 29%、25%、7%。福岛核事故发生后,大部分核反应堆停运检修,由此产生的电力缺口暂时主要依靠火力发电。福岛核事故的发生,也对日本的能源多元化供应政策产生了重要影响。这主要表现为,迫使日本政府宣布"去核化"(确切地讲,是"降核")的政策,从而打乱了先前大力发展核电的能源计划,不得不采取有效措施,加快可再生能源的开发利用进程。

## 二、日本能源产业发展历程

日本国内的化石燃料很少,能源高度依赖进口。因此,日本能源结构容易受到国内外各种经济环境的影响。为了应对这种情况,日本在长期、全面、系统的远景基础上制定了可行的能源政策体系。日本能源政策的基本观点是 3E+S,即:能源政策的重点是确保稳定供应(能源安全),并通过提高效率(经济效益)来实现低成本的能源供应。在"安全"的前提下,日本能源最大限度地追求环境适用性。日本能源政策的关键要点:构建多层次、多样化、灵活的能源供需结构的能源政策,包括:(1)创建由各种能源构成多层次供应体系的供应结构。(2)保持柔性能源结构运行。(3)推动不同主体积极参加能源供应链。(4)推动能源需求侧革新,积极为终端用户提供优良选择。(5)通过发展和引进本土能源等方式提高自给自足能力,防止海外政策不当影响。(6)为实现温室气体减排和全球变暖贡献力量。①

(一) 日本核电产业发展历程

由于日本本国能源资源极度匮乏,能源自给率仅为 4% 左右,日本政府极度重视一切可以开发利用的本国资源,以满足国内庞大的能源需求。日本确立了优先发展核电的国家战略。1955 年,日本就颁布了《原子能基本法》。1956 年,成立五人的日本原子能委员会,负责推进核能开发相关政策。同年,日本制定《原子能研究、开发及利用长期计划》,确立了日本国家原子能利用的基本方针。这一计划几乎每五年修改一次,2005 年更名为《原子能政策大纲》。1966 年,日本的第一座核电站即东海核电站正式运营。

中东石油危机发生之后,日本更加重视核电的作用。1974 年,日本国会通过"电源三法",即《电源开发促进税法》《电源开发促进对策特别会计法》《发电用设施周边地域整备法》,规定政府可以对建设核电的地方公共团体给予高于火电和水电 2 倍的补助金,加快了核电站的建设步

---

① 《智慧能源创新》,中国科学技术出版社 2016 年版,第 153 页。

伐。1975 年,日本核电机组由 1972 年的 5 台发展到 10 台,装机容量由 1.823 吉瓦扩大到 5.30 吉瓦。这一发展势头即使在美国三里岛核事故发生之后也没有减弱。尽管日本国内一些地方不符合核电站选址条件,比如地震、海啸等自然灾害频发,在建的过程中遭到了反核运动人士的抵触,到 20 世纪 90 年代末,日本还是陆续建成了 51 座核电站。

2006 年 7 月,日本经济产业省编制的《新国家能源战略》提出核能立国计划,要求以确保安全为前提,继续推进供应稳定、基本不产生温室气体的核电建设,2030 年核电比例从目前的 29% 提高到 30%—40%,争取更高。在政策措施上,把核电作为未来基础电源,在电力消费需求增长低迷情况下,建设新核电站替代退役核电站,维持核电比例稳中有升。积极推进核燃料循环利用,促进快中子增殖反应堆恢复运作,培育核能人才,推进核能技术开发。2006 年 8 月,日本经济产业省资源能源厅出台《原子能立国计划》,强调核能是最能保证稳定供应的替代能源,并且是一种低碳排放的清洁能源。2007 年 4 月,日本政府提出原子能立国战略,要求加大核电开发建设力度,在现有反应堆基础上,在 2020 年以前将增加 16—18 个新型轻水核反应堆。2008 年 3 月,日本经济产业省资源能源厅制定了《原子能政策的课题和对应——原子能立国计划》,计划重点开发下一代核技术,提高核能发电在日本能源利用中的比重。

2010 年 6 月,日本经济产业省第二次修订的《日本战略能源计划》,提出到 2030 年,能源自给率和化石燃料自给率将达到目前的一倍,分别为 36%、52% 左右;能源自主率,将由当前的 38% 提升至 70% 左右。为此,该计划决定到 2012 年新建 9 座核电站,到 2030 年新建 14 座。这意味着,日本 2030 年的核电份额,由 2010 年的 30% 左右将提升至 54%。同月,在日本经济产业省再度推出的重振日本经济和国内产业的白皮书中,核电被列为重点发展和出口企业。福岛核事故的发生,引起了日本大规模的反核行动。迫于这一压力,2012 年 5 月,野田佳彦内阁暂时关停了国内全部 54 座核电站，在两个月内实现了"零核电"运营状态（7 月重启关西电力公司大阪核电站 3、4 号机组）。同年 9 月，日本民主党推出了到 2030 年实现日本无核化的"零核电"计划。2012 年 9 月，日本吸取核监管的经验教训，专门成立了独立的原子能规制委员会机构（the Nuclear Regulation Authority），统一负责日本核能安全监管工作。2012 年 12 月自民党人安倍晋三担任首相后，采取了一些与"零核电"计划不同的做法，比如容许建立新的核电站，积极准备重启核电，并不遗余力地为日本核电产业出口展开游说。这与他的拥核立场有关，也与日本的实际情况相关。客观地讲，"去核"所带来的庞大电力缺口一方面增大了经济成本，使安倍晋三 2013 年 6 月抛出的日本产业重振计划难以实现；另一方面，也给在短时间内通过培育可再生能源替代核电带来了巨大压力。因此，"去核"在日本短期内是不现实的，在长期也将是困难的。如果一次核事故的发生，就要逆转核电发展的整个历程。这说明最初的决策者在发展核电的时候，对发生核事故的情形和其后果没有做好充分的预计和考虑。这也意味着日本过去的核电发展"战略"是站不住脚的，经受不起考验。

（二）日本非水电可再生能源产业发展历程

日本在大力发展核电的同时，也积极发展节能和可再生能源技术。早在 1951 年就实施了《热管理法》。1979 年，该法被《节约能源法》（又称《合理使用能源法》）取代。1974 年 6 月，通产省工业技术院制定了日本第一个综合新能源技术开发长期规划——"阳光计划"。该计划由政府投资一万亿日元以上，主要开发太阳能、地热能、煤的液化与气化技术和氢能，目标期限为 2000 年。1978 年，制订并实施了以节能为主要内容的"月光计划"。1980 年，日本颁布《替代石油能源法》，成立新能源综合开发机构（NEDO），大规模推进核能、太阳能、海洋热能、生物质能、燃料电池等替代能源。1989 年，日本又出台了"环境保护技术开发计划"，主要控制温室气体排放。1993 年，日本将上述计划有机融为一体，推出到

2030 年的"能源与环境领域综合技术开发计划",即"新阳光计划"。其中研究经费高达 1.6 万亿日元。财政补贴不仅包括生产者的投资补贴,还包括消费者补贴。1994 年,日本政府公布了到 2000 年的"新能源发展大纲",确定了太阳能发电等八大重点项目。1996 年日本政府在"新能源大纲"中,规定到 2000 年太阳能发电必须达到 400 兆瓦,2010 年将达到 4.6 吉瓦,分别为 1996 年的 100 倍、1000 倍。焚烧废弃物发电,2000 年必须达到 2 吉瓦,2010 年将达到 4 吉瓦,分别为 1996 年的 4 倍、8 倍。大纲还要求积极开发利用天然气、酒精和电力的"洁净能源汽车",大力推广集中供暖系统、燃料电池等。日本政府的执行力是比较强的,这些规定的目标基本上得到了实现。

1997 年 4 月,为了大力推进新能源开发利用,从新能源技术和资金支持等方面进行政策引导,日本制定了《促进新能源利用特别措施法》,又称《新能源法》。2001 年 4 月,为了减少、再使用废弃物,发展循环经济,日本实施了《促进资源有效利用法》,也称《再利用法》。2002 年 6 月,日本引入新能源发电的配额制(RPS),即颁布了《日本电力事业者新能源利用特别措施法》,又称《RPS 法令》,规定每年销售的电力中新能源所占的比例。为了配合这一法律实施,2002 年 11 月、12 月又分别颁布了施行令和施行法则。RPS 法令于 2003 年 4 月正式生效,在这一制度的作用下,2009 年可再生能源发电量实现了翻番。

2004 年 6 月,日本通产省公布了新能源产业化远景构想的远期战略计划。该计划要求在 2030 年以前,把光伏、风能发电等新能源技术扶植成为生产规模达 3 万亿日元的基干产业之一,新能源在能源消耗的比重提升至 20% 左右,相关就业规模将达到 31 万人左右;2010 年燃料电池的市场规模,将达到 8 万亿日元,发展壮大成为日本的支柱产业之一。2006 年 5 月,日本政府再次提出《新国家能源战略》,要求通过大力发展新能源产业,降低对石油的依赖程度,由当前的 50% 降低到 2030 年的 40%;

运输部门石油依存度要降低到 2030 年的 80%。2009 年 2 月,日本针对住宅用太阳能发电引入剩余电力收购制度(the surplus electricity purchase system),这实际上是固定上网电价制度(FIT)的一种表现。从此,住宅用太阳能发电便被排除在 RPS 法适用对象之外。2009 年 11 月,推行家庭、学校等安装的光伏设备发电剩余电力收购新制度,电力公司收购价格为原来的 2 倍,达到 48 日元/千瓦时。新制度把原先的收购价格翻番,还规定电力公司有在 10 年内收购剩余电力的义务。2010 年 6 月,日本经济产业省第二次修订的《日本战略能源计划》,提出扩大可再生能源固定电价收购制度的施用范围。福岛核事故的发生,推动了日本政府实施加速可再生能源发展的决心。

2011 年 8 月 26 日,日本召开的第 177 届例行国会通过了《电力运营商开展可再生能源电力调度的特别措施法案》,将用于居民的光伏发电和用于产业的光伏、风能、低于 3000 千瓦的中小水电、地热能和不会对纸浆等现有用途带来影响的生物质能发电纳入固定电价收购制度。并对不同可再生能源和不同的装机容量设立了不同的定价、不同的优惠措施和收购年限。该制度于 2012 年 7 月 1 日正式生效。该制度通过经济激励,加大了日本光伏产业的繁荣。以一户家庭安装当时价格为 200 万日元的 4 千瓦太阳能光伏电池板为例,根据经济产业省的计算,月电费会从 7000 日元下降到 3660 日元(含 80 元的附加费,该附加费为固定上网电价制度下的消费者分摊费用,为 0.5 日元/千瓦时);另外,通过出售光伏电池板产生的多余电力,还可以获得 9000 日元的收入。2012 年 7—12 月期间,约有 4 吉瓦的光伏项目获得这一制度审批。

由于日本国内光伏需求量增速超出预期,日本政府开始削减这一激励标准。2013 年 4 月,日本政府正式批准了将光伏上网电价削减 10% 的提议,从 2013 年 4 月 1 日起,光伏上网含税电价降至 37.8 日元/千瓦时,电价收购年限没有改变,其他相关可再生能源标准未发生变化。

### 三、日本能源产业发展的启示

作为能源资源最为匮乏的国家之一,日本在节能和开发利用新能源、减少对外能源依赖方面,可谓不遗余力,努力将政策措施的作用发挥到极致。日本的国土面积、地理环境、气候条件,对核电、光伏和陆地风电的发展均为不利。但日本政府对新能源发展的重视程度、推进新能源发展的决心、制定政策措施的有效性和执行力,足以让世界其他国家为之刮目相看。日本在发展新能源的过程中,立足于本国实际,逐渐调整能源政策目标,由以前的"3E"发展到 2010 年的"5E",即能源安全(energy security)、环境保护(environmental protection)、高效供给(efficient supply)、基于能源之上的经济增长(energy-based economic growth)和能源产业结构改革(reform of the energy industrial structure),从而表现了能源政策与经济发展、环境保护的一致性。这意味着日本在包括新能源在内的能源政策决策和制定上,经验愈加成熟,机制更加完善。当然,日本的新能源政策在制定和调整上,也遵循着《联合国气候变化框架公约》的规定和要求。日本是《京都议定书》最早的支持国之一。在 1997 年京都召开的联合国气候变化框架公约参加国环境会议上,日本政府签署了《京都议定书》,承诺在 2008—2012 年期间,温室气体排放量比 1990 年减少 6%。2002 年 6月,日本政府正式批准了《京都议定书》。2010 年 6 月,在出台的《日本战略能源计划》中,制定了 $CO_2$ 减排的长期路径,规定在 1990 年的基础上,到 2030 年减排 30%或更多,到 2050 年减排 80%。减排长期任务的存在和带来的压力,更能促进日本节能技术的世界领先地位和新能源技术的长期发展。

20 世纪 70 年代石油危机后,日本成为世界级的节能领导国,甚至可以说日本工业创造了节能的世界潮流,但是日本的节能创新并未形成类似互联网、物联网和人工智能等颠覆性的网络应用,暴露了日本智能网络创新的天生缺陷,而彰显了德国能源智能网络的能力。日本也希望创造油气等化石能源以外的主力能源,例如核能开发,但是由于并未拥有世界上最先进的全产业链核能技术,致使日本未能拥有核能第一领导国地位。诚然,日本不懈追求能源革新的精神和务实行动是值得学习和借鉴的。①

## 第四节　能源结构状况的分析及对中国的启示

部分发达国家新能源产业发展政策的演变历程表明,在新能源产业发展的早期阶段,相对于市场配置作用的无力,政府干预的烙印非常显著和深刻。也就是说,在这一阶段,一国新能源产业的发展离不开政府政策的有力支持。一国重视新能源产业发展的程度,直接影响着该国新能源技术和新能源产业国际市场地位的高低。一国政府干预强度的大小,直接决定着短期内该国新能源产业的兴衰更迭。因此,选择、制定一套有效、可持续的政策体系就成为世界各国当前或未来发展新能源产业的重中之重。

尽管,不同国别和地区的新能源产业发展政策演变历程,在政策体系制定或调整上具体表现的形式、特征甚至阶段上是有所不同、存在差异的,但是透过这些"障眼"的现象之下,经过综合分析,会发现蕴藏着相通或相似的称之为"规律"的一般性。这表现为以下几个方面。

---

① 《智慧能源创新》,中国科学技术出版社2016年版,第150页。

## 一、为新能源产业发展做好充分准备

这是由新能源的战略属性决定的。如果说,早期的新能源发展,大多是由于发达国家受中东石油危机带动油价持续攀高而不得以为之的临时之举,反映在政策表现上,就是新能源政策工具的不稳定性。例如,20世纪八九十年代,美国新能源产业发展的部分政策就出现了时断时续。那么,进入21世纪之后,尤其是经历次贷危机、金融危机之后,生产并应用新能源不仅成为各国保障能源供应安全的组成部分,还成为引领第三次产业技术革命、带动一国经济增长和提升国际市场竞争力的重要体现,更是各国环境保护、节能减排、建设生态文明的必要选择,新能源的战略属性日趋明显。美国、欧盟和日本普遍建立并实施了新能源产业发展战略。另外,相比较而言,新能源相对于传统能源发展的成本优势尚不明显,存在克服自然条件、技术攻关等大型难题,决定了新能源从补充能源到扮演替代能源、主流能源、主导能源角色,具有长期性、艰巨性的特点。只有确立新能源产业发展的战略地位,制定能源产业发展目标,实施有力的技术政策、财税政策、融资政策等相关扶植工具,才能更好更快的推进新能源产业发展。

## 二、保障能源产业发展政策平稳运行

这是由新能源产业发展的战略地位决定的。何以为战略?据《辞海》解释,战略指"政党、国家作出的一定历史时期内具有全局性的谋划……在一定历史时期内具有相对稳定性,在达到这一历史时期所规定的主要目标以前基本上是不变的……战略任务必须通过策略手段来完成。"进一步来讲,战略是基于对某种存在状态及未来走势的总体把握、系统考量和综合选择而得出的具有全局指导性、长远决定性的判断。战略一旦确立，就不能在短期内因为出现的困难、遇到的挫折，而轻易改变甚至废立，改弦易张。在新能源产业发展的过程中，必须保持政策运行的稳定性、持续性和连贯性，权衡利弊，正视并解决其存在的问题。比如核电的发展，仅有半个多世纪的历史。从整体上来讲，核聚变利用尚处于开发尝试的试验阶段，核裂变在应用领域尚不成熟。在特大的极端型自然灾害面前，核运行安全仍然缺乏充足的经验，相关标准有待进一步评估和提升。核运行日常操作和管理的人因错误率，还有待进一步降低。日本福岛核事故的发生，尽管其危害较大，代价较高，但也从反面给发展核电提供了有益的经验教训。法国核电政策的成功运行，激励着人类在发展核电上应该继续前行。保持政策运行的稳定性、持续性和连贯性，还要注意政策工具内部及之间的衔接和过渡，尽量减轻由于政策波动带来的外部影响。

### 三、借鉴国外能源产业发展经验，求同存异

发达国家新能源产业发展政策的演变表明，新能源产业发展在政策制定和实施上，既注重发挥政府的整体调控作用，又强调市场的基础配置功能，还善于调动全社会人员的积极性和主动性。这意味着在资源的调动与配置方面，除了政府与市场的关系及作用之外，还必须把社会协调机制纳入整个体系、框架内。在政策工具选择上，不仅具有全面性、系统性，还具有灵活多样性的特点，涉及技术研发支持、财税补贴和税收优惠激励、融资倾斜、立法倾向和社会宣传等诸多方面。由于各国国情的不同，对新能源的需求程度存在差异。在同一时期，发达国家间技术研发的支持力度、财税补贴和税收优惠的激励大小、融资倾斜的程度是不一样的。早在 20 世纪 90 年代，日本大量的政府资金进入了光

伏发电研发、生产和应用推广领域,从而奠立了日本光伏发电的世界领先技术;而美国虽然也有类似的补贴,但相对规模较小。不仅如此,在同一国家不同的时期,扶植力度也是不一样的。比如,2012 年 7 月以来,日本实行的光伏固定上网电价,不仅高于日本历史上的平均电价水平,也远远高于包括欧盟在内的世界其他地区。因此,在借鉴国外新能源产业发展政策工具时,应从本国实际情况出发,因时因地制宜,结合本国财力和经济发展的接受程度以及新能源产业发展的进度或阶段,来确定扶植的力度。

## 四、建立能源产业发展政策评估机制

经济学理论表明,市场不是万能的,政府制定的政策也不是尽善尽美的,甚至存在失灵的情形。关于新能源产业发展两大制度——比例配额制和固定电价制的争论,由来已久。笔者认为,二者各自具有适用的特定范围,其实没有必要分清孰优孰劣,二者完全可以统一到新能源产业发展的实践中去。例如,德国的主要模式是固定电价制度,但从 2007 年开始也对比例配额制进行积极的尝试。日本可再生能源发展政策在 2012 年 7 月以前主要实施的是比例配额制,在这之后转向固定电价制度。任何一种制度抑或是政策,都是实践的产物,是否适合一国实际,必须经过该国的实践来检验。因此,在新能源产业发展政策调整演变过程中,要形成建立有效的评估制度。既可以选择对发展成就进行纵向的动态比较分析和横向的静态比较分析,检验政策的执行力和实施效果;还可以选择确立一套关于政策决策、制定和实施的流程体系和标准,从政策本身的角度检验政策形成的科学性、准确性和完整性。基于新能源的战略属性,中国在未来新能源产业的技术取向和市场大战中绝不能仅仅是次要的追随者,也不能是拾遗补缺的参与者,而是要发挥主导角色,成为国际新能源市场规则的制定者和铸造者,担负起引领全世界生产、推广并使用新能源的使命。因此,在新能源产业发展政策工具选择上必须有创新、有特色,形成一套适合本国国情的政策体系和标准。

# 第五章　智慧城市产业升级视角下
# 能源结构总体设计

## 第一节　智慧城市产业升级视角下
## 能源结构优化原则

### 一、坚持能源发展智慧化、系统化

加快推进能源全领域、全环节智慧化发展,坚持系统化优化原则,提高能源与城市建设协调发展。实施能源生产和利用设施智能化改造,推进能源监测、能量计量、调度运行和管理智能化体系建设,提高能源发展可持续自适应能力。加快智能电网发展,积极推进智能变电站、智能调度系统建设,扩大智能电表等智能计量设施、智能信息系统、智能用能设施应用范围,提高电网与发电侧、需求侧交互响应能力。

同时,推进能源与信息、材料、生物等领域新技术深度融合,统筹能源与通信、交通等基础设施建设,构建能源生产、输送、使用和储能体系协调发展、集成互补的能源互联网。结合区域战略的实施，优化高耗能产业和能源开发布局，西部地区提高能源就地消纳比例，东中部地区加快高耗能产业转移，降低对远距离能源输送的依赖。同时，要推动能源协同发展和互补利用，大幅减少弃水弃风弃光限电问题的发生。

## 二、促进能源发展与产业发展相协调

"互联网+"智慧能源将数以万计的设备、终端、系统连接起来，通过对能源生产、传输、交易、使用各环节数据的实时感知、采集、监控和利用，促进能源行业全价值链的信息交互和集成协作，实现能源利用更清洁高效、生产运营更精细智能、消费服务更创新多元，构建全新的能源生产与消费模式。"互联网+"智慧能源与智慧产业融合已经进入可应用阶段。智慧能源行业在一些领域的发展已经相对成熟，应充分借鉴成功的商业模式推动产业融合不断发展。

充分利用大数据技术、物联网等产业的发展，带动智慧能源的发展。智慧能源的大数据应用，能基于物联网、移动互联网、海量实时数据的动态分析模型，结合设备数据、电网数据、气象数据、交易数据、使用数据等，实现设备的无人值守、远程监测、远程诊断和智能预警。因此，应充分利用大数据技术的不断突破、物联网等相关产业的快速发展，不断推动智慧能源的发展。

## 三、提高能源效率与可持续发展并重

城镇化加速经济的发展，但也强化了对能源的需求。当务之急，开源节流是城市应对能源匮乏的主要解决之道。一方面需要对能源进行储备，积极开发新能源；另一方面也要在利用现有资源的方式上更加可持续,即加强对传统能源的高效利用和节约控制。在新能源技术尚未完全成熟时,尽可能提高现有能源使用效率是最有效的途径。坚持绿色低碳,推动能源消费革命。大规模、不合理、粗放利用煤炭是影响生态环境的重要原因之一。要实施能源消费总量和消费强度双控制,严格控制煤炭消费,推进重点地区煤炭减量替代,加快重点领域用能变革,提高天然气和非化石能源消费比重。充分发挥市场机制作用,统筹兼顾,标本兼治,加快推进重点领域和关键环节改革,理顺价格机制,构建有利于促进能源可持续发展的体制机制。

## 四、加强能源创新与智慧城市产业结合

充分发挥智慧产业在促进产业升级以及信息化和工业化深度融合中的平台作用,引导要素资源向能源实体经济集聚,推动中国能源生产方式和发展模式变革,创新智慧服务模式。坚持把握历史周期,实现整体跨越的原则。巩固提升我国智慧发展优势,加强关键领域前瞻性布局,以智慧能源融合创新为突破口,培育壮大能源新兴产业,引领新一轮科技革命和产业变革,实现跨越式发展。着力提高清洁低排放的化石能源和非化石能源比重,大力推进煤炭高效清洁利用,科学实施传统能源替代,加快优化能源生产和消费结构。

## 五、加大对智慧能源的扶持、保障力度

完善发展智慧能源的标准规范和法律法规,增强安全意识,强化安全管理和防护,保障能源网络安全。建立科学有效的市场监管方式,防止形成行政垄断和市场壁垒。树立生态发展理念,统筹能源开发利用、气候减排和生态环境保护关系,积极培育符合生态文明要求的能源发展模式。

充分运用多种经济尤其是价格手段,大力促进我国新能源产业发展。配合能源发展目标出台重点任务和保障举措,加大财政对智慧能源产业发展和科技创新的投入力度,制定终端补贴政策等,降低消费者使用智慧能源的成本。建立健全政府引导、企业为主、社会参与的多元化投入体系。

## 第二节　智慧城市产业升级视角下<br>能源结构优化目标

能源结构优化需对能源消费强度和消费总量进行双控制,实现以智慧清洁能源为主的能源体系变迁,提高能源效率、应对气候变化、控制温室气体排放三位一体的规划思维,提出构建智慧城市,能源采取共同以及有区别大国的整体规划、政策,逐步推动中国成为智慧城市,成为全球的智慧领先的生态文明大国或生态先锋城市国和节约型文明社会。

2015 年 6 月 5 日,联合国(UN)发布了题为《新的征程和行动——面向 2030》(Transforming our world by 2030:A new agenda for global action)的报告,此次报告是在 2015 年联合国首脑会议的成果文件基础上,对于 2015 年后全球发展的一次展望和规划。2015 年 9 月 25 日到 27 日,全球 193 个联合国会员国在纽约庆祝联合国成立 70 周年,一致认为在面临新的世界形势和发展阶段,各个国际组织和国家应进一步深化可持续发展,落实可持续发展目标。

在可持续目标中,与能源发展紧密相关的包括:

1. 确保清洁能源的可持续发展

到 2030 年,加强国际合作,促进清洁能源研究和技术的提高,包括可再生能源以及可再生能源效率的提高和更为清洁的化石燃料技术的研发,促进能源基础设施的投入和清洁能源技术的投资;到 2030 年,扩大对发展中国家和欠发达国家在可持续性能源技术设施和技术升级方面的投资。

2. 建立可持续性的工业化发展

通过对欠发达国家和发展中国家的金融、技术等支持,提高欠发达国家和发展中国家的基础设施水平;支持发展中国家的技术开发、研究和工业创新。并且建立有利于创新的政策支持,实现其工业化的多元化发展;到 2020 年,在欠发达国家建立起当地可负担得起的互联网系统。

3. 构建包容性、安全性、弹性和可持续的城市发展

各个国家制定科学合理的区域发展规划,构建适合经济、社会和环境耦合、和谐发展的城市发展,加强城市和城郊与农村地区的合作和交流;构建应对气候变化和极端自然灾害的城市防控预警体系。

4. 构建可持续的消费和生产模式

支持发展中国科学技术能力,使之走向更可持续性的消费和生产模式;制定可持续的旅游模式,以创造就业,促进当地产品的大范围流通和文化的交流;鼓励对于化石燃料进行补贴,使用清洁能源,充分考虑发展中国的具体需求,使之在危害影响最小化的条件下适当开采当地资源。

5. 采取行动应对气候变化带来的影响

到 2020 年,发达国家按照《联合国气候变化框架公约》的约定,每年筹集 1000 亿美元来支持发展中国家在减排和发展方面带来的困难;提高欠发达国家在应对气候变化方面的管理能力和运行机制。

6. 保护和可持续性利用海洋资源

提高对于海洋和海洋资源的研发投入和研发能力,在保护海洋健康和加强海洋生物多样性等方面,要加强与发展中国家,特别是小岛屿类型的欠发达国家和发展中国家的合作;切实履行《国际法》和《海洋法公约》相关法则和约定,加强对各区域海域的海洋资源进行保护,实现其可持续

发展。

可持续发展的目标对于世界能源开发、配置、消费变革产生积极作用,促进清洁能源大规模开发利用,构建更可持续的工商业系统,推动基础设施建设、增加就业、消减贫困、遏制温室气体排放。帮助世界各国应对其面临的经济、社会和环境等方面的挑战,支持和促进可持续发展方面的国际合作,尤其是在能源政策、经济、技术、研究及援助项目等领域开展合作,共同推动全球能源可持续发展。

中国在能源发展可持续方面,以实际行动和成效推动全球能源互联网发展,尤其是在特高压电网、全球能源互联网以及能源、信息、交通"三网融合"发展方面。在能源结构优化方面,以《中华人民共和国国民经济和社会发展第十三个五年规划纲要》中建设现代能源体系部分为能源结构优化的主要指南,坚持多元发展,推动能源供给革命。

## 一、能源结构优化目标

坚持多元发展,推动能源供给革命。着眼于优化我国能源供应结构,大力提高清洁能源供应比例。坚持创新驱动,推动能源技术革命。聚焦推动能源重大变革的技术,积聚优势力量,超前部署加大科技攻关,提高自主创新能力。深入推进能源革命,着力推动能源生产利用方式变革,优化能源供给结构,提高能源利用效率,建设清洁低碳、安全高效的现代能源体系,维护国家能源安全。

加快水电发展:通过改造现有小水电及加快新水电的发展,可以降低实现可再生能源新目标的总成本。加快水电的发展可以在不增加整个可再生能源开发方案的总成本的同时,实现可再生能源发展的新目标。

尽快改善风电的开发质量:中国目前的风电发展速度很快,但也存在一些质量方面的问题——风电运营及入网方面存在的问题严重影响了风电开发的效果。如果不能有效解决这些问题,风电开发的代价将因为低效率而变得很高,可能使得风电发展的新目标得不到实现。

鼓励省及区域之间的可再生能源交易:在实现全国总的可再生能源发展新目标的前提下,如果允许各省交易其可再生能源,可再生能源交易量可以达到3600亿千瓦时,占新目标的42%。更重要的是,这一交易可以将实现全国总可再生能源新目标的成本降低56%—72%(与不允许交易方案相比)。

推广绿色电力认购机制:中国已经对绿色电力认购机制进行了深入的研究并在上海市进行了试点。可以考虑在国家或者省级层面推广绿色电力认购机制,弥补可再生能源发展的部分增量成本。①

## 二、能源消费结构优化目标

统筹国内国际两个大局,坚持立足国内。立足国内资源优势和发展基础,着力增强能源供给保障能力,完善能源储备应急体系,合理控制对外依存度,提高能源安全保障水平。发展能源国际合作范围、渠道和方式,推动建立国际能源新秩序,努力实现合作共赢。提高智慧能源技术,提升研发投入,加大对高效率能源技术研发的补贴力度,政府及民间相关科研机构促进与欧、美、日等发达国家在能源技术利用方面积极进行交流与合作,引进吸收国际先进的能源技术,促进国内智慧能源技术的研发与推广。

加快能源消费结构调整,提高清洁能源消费占比。实现节能减排目标,加大对煤炭、石油消费的控制力度,降低其在能源消费总量中的份额,同时增加对新能源和可再生能源的资助,侧重开发利用天然气、一次电力

① 世界银行:《中国可再生能源发展的新目标——迈向绿色未来》。

及其他清洁能源,提高清洁能源在消费结构中的占比。

### 三、能源生产结构优化目标

营造开放包容的智慧能源发展环境,将智慧能源作为生产生活要素共享的基础,优化资源配置,加快形成以开放、共享为特征的经济社会运行新模式。根据《国家能源局关于建立可再生能源开发利用目标引导制度的指导意见》,建立明确的可再生能源开发利用目标,制定科学的可再生能源开发利用规划,明确可再生能源开发利用的责任和义务,研究完善促进可再生能源开发利用的体制机制,国家能源局根据各地区可再生能源资源状况和能源消费水平,依据全国可再生能源开发利用中长期总量目标,制定各省(自治区、直辖市)能源消费总量中的可再生能源比重目标和全社会用电量中的非水电可再生能源电量比重指标,并予以公布。鼓励各省(自治区、直辖市)能源主管部门制定本地区更高的可再生能源利用目标。根据国家能源局制定的本行政区域的全社会用电量中非水电可再生能源电量比重指标,对本行政区域各级电网企业和其他供电主体(含售电企业以及直供电发电企业)的供电量(售电量)规定非水电可再生能源电量最低比重指标,明确可再生能源电力接入、输送和消纳责任,建立确保可再生能源电力消纳的激励机制。各主要发电投资企业应积极开展可再生能源电力建设和生产,国家能源局对权益火电发电装机容量超过500万千瓦的发电投资企业的可再生能源电力投资和生产情况按年度进行监测评价。国家能源局会同其他有关部门依托全国可再生能源信息管理系统组织建立可再生能源电力绿色证书登记及交易平台,对可再生能源电力的经营者(含个人)按照非水电可再生能源发电量核发可再生能源电力证书,作为对可再生能源发电量的确认以及所发电量来源于可再生能源的属性证明。可再生能源电力绿色证书可通过证书交易平台按照市场机制进行交易。根据全国 2020 年非化石能源占一次能源消费总量比重达到 15% 的要求,2020 年,除专门的非化石能源生产企业外,各发电企业非水电可再生能源发电量应达到全部发电量的 9% 以上。各发电企业可以通过证书交易完成非水可再生能源占比目标的要求。鼓励可再生能源电力绿色证书持有人按照相关规定参与碳减排交易和节能量交易。①

## 第三节　智慧城市产业升级视角下
## 能源结构整体框架

### 一、能源结构整体框架建设概要

智慧城市产业升级视角下能源结构整体框架建设以国情建设实际为核心,对照性研究,注重创新建设,注重能源关键技术分析,注重开展长期性和系统性政策研究。按技术和细分行业等对能源结构框架进行整体构建。主要研究方式包括分析法、类比法、导效法、实地调研、数据和模型分析、会议研讨、城市规划、集成研究等。参考了国家已经发布实施的政策,包括这些预期数据中可能涉及的能源效率改善。

1833 年在巴黎,1861 年在伦敦,1890 年在德国,1926 年在日本,1960 年在美国,都纷纷开始研究或建设综合管廊,世界城市的发展和变革进程有着共同的规律,发达国家的成功也为我国带来了最好的范例。目前,我国地下管线密布,而且情况复杂,地下空间浪费巨大,综合管廊的建设,将

① 国家能源局:《国家能源局关于建立可再生能源开发利用目标引导制度的指导意见》。

会拉动我国经济增长。如果每年建设 1 万千米的管廊,每千米 1.2 亿元,那就是 12 万亿的投资。这还没包括大量拉动钢材、水泥、机械设备、人力等方面的间接投资和投入;将会实现管线全部入廊,同时解决污水的排放问题;将会充分利用地下空间;尽管管廊建设初期的一次性投资较大,但使用周期较长,根据全生命周期综合考虑,比管线直埋投资要节省数倍,而且可以有效避免跑、漏、滴、渗带来的资源浪费,目前全国自来水的平均漏失率是 16%,北方城市经常高达 30% 以上;智能管廊将有效改变城市面貌,保障城市的安全。

具体建议如下:①加强实施基础设施普查,建立基础综合管理信息系统和专业管线信息系统,编制城市基础设施规划;②果断实施城市基础设施总体改革,解决基础设施多头管理和权属不清现状;③建立以智慧能源基础设施为基础的重大示范工程,设计全国基础设施改革路线图;④建立包括众筹方式在内的基础设施资本投资优惠政策;⑤推进各种城镇与农村基础设施的改革试验;⑥实施世界最先进的管网漏失率控制标准,彻底解决应急防灾能力不足被动局面;⑦创建世界上最具科技含量的城镇基础设施管理体系,实施重大科技创新,发展管网智能化管理,全面应用集成计算、大数据、人工智能、纳米材料、无人机等技术;⑧开发智慧能源设施盈利的全新局面,实现用户设施与城市设施、国家设施的生态互动,创造世界一流的能效应用体系。

建设全国连接的电力网、燃气网尤为重要,目前我国发展天然气管网还有巨大空间,形成全国城市基础设施多网互动同样关键,也是提高能效的理想途径。到 2020 年,应该全力建设与国家电网同等重要的全国燃气网络。自 2004 年以来,天然气管网建设一直处于高速建设阶段,截至2014 年建成投产管道长度达到 8.3 万千米,新增管道长度 5013 千米,天然气管道、地下储气库以及 LNG 建设全面提速,地下储气库建设和投产尤为喜人。投产的 LNG 接收站 11 座,总接收能力 3740 万吨/年。地下储气库已达20座,设计工作气量总计达151亿立方米,有效工作气量42亿立方米,调峰气量为28亿立方米。已初步形成了西气东输、海气登录、就近供应格局。目前需要加快天然气管道及储气设施建设,形成主要生产区、进口通道和消费区相连接的全国天然气智能燃气主干管网。到2020年,天然气主干管道里程达到15万—18万千米较为合适。

## 二、能源结构整体框架建设流程

1. 在充分调研的基础上,全面而系统地剖析国内外能源发展现状、节能减排技术进展以及应对气候变化政策等,交叉类比各国的能源报告,改善各国因采用不同的假设及系统边界造成的兼容性问题。进一步展望未来与能源发展息息相关的领域,提高能效、应对气候变化、降低碳排放等方面的发展趋势。

2. 面对国际能源及能效、气候变化、碳排放等领域的现状和重大问题,坚持"智能、包容、清洁、可持续"的战略方针,加快构建现代能源结构,有针对性地提出中国智慧能源的整体框架。

3. 针对我国发展智慧能源所面临的共性问题,提出战略部署、关键技术以及战略性产业,以期结合中国能源发展特点,以生态、清洁、减排为重点,通过智慧能源确保能源安全供应,转变能源发展方式,调整优化能源结构,创新能源体制机制,在新兴技术领域开展商业化开发的预研究,尤其为终端使用行业提供新型能源解决方案,切实提高能源产业核心竞争力,解决中国能源需求主要问题,为中国能源技术发展提供思路,引导中国能源走上"智慧"之路。

4. 通过实施方案和实践行动,推动中国能源利用方式实现从高碳、低碳到无碳的历史进化;推动中国能源生产方式实现从集中式能源、分布式能源到智能生态能源的历史见证;智能分布式能源定会取代集中式能源居于历史主导地位;推动中国能源效率实现从低效、高效到人工智能的提升。

## 三、能源结构整体框架设计

### (一) 开发利用可持续新能源

包括开发更多的风力发电厂、使用垃圾发电等;提高能源效率,包括为有效使用新能源,可对电网进行改造,使其能够将来自不同地区和不同渠道的新能源并网和储存。尤其是要使电网适应风力发电季节性强、发电量不稳定的特点,将发电高峰季节多余的发电量储存起来,实现全年的均衡稳定供电。发展水电、风电、光伏、光热。统筹水电开发与生态保护,坚持生态优先,以重要的流域龙头水电站建设为重点,科学开发西南水电资源。继续推进风电、光伏发电发展,积极支持光热发电。以及生物质能、地热能、沿海潮汐能。加快发展生物质能、地热能,积极开发沿海潮汐能资源。完善风能、太阳能、生物质能发电扶持政策。

### (二) 创新技术清洁利用传统能源

大力推进煤炭清洁高效利用。限制东部,控制中部和东北,优化西部地区煤炭资源开发,推进大型煤炭基地绿色化开采和改造,鼓励采用新技术发展煤电。加强陆上和海上油气勘探开发,有序开放矿业权,积极开发天然气、煤层气、页岩油(气)。推进炼油产业转型升级,开展成品油质量升级行动计划,拓展生物燃料等新的清洁油品来源。实施煤电节能减排升级与改造行动计划,对燃煤机组全面实施超低排放和节能改造,使所有现役电厂每千瓦时平均煤耗低于 310 克、新建电厂平均煤耗低于 300 克,鼓励用背压式热电机组解决供暖,发展热电冷多联供,提高煤炭用于发电消费比重。

（三）构建能源储运系统化网络

统筹推进煤、电、油、气多种能源输送方式发展,加强能源储备和调峰设施建设,加快构建多能互补、外通内畅、安全可靠的现代能源储运网络。加强跨区域骨干能源输送网络建设,建成蒙西—华中北煤南运战略通道,优化建设电网主网架和跨区域输电通道。加快建设陆路进口油气战略通道。推进油气储备设施建设,提高油气储备和调峰能力。

（四）积极构建智慧能源系统

加快推进能源全领域、全环节智慧化发展,提高可持续自适应能力。适应分布式能源发展、用户多元化需求,优化电力需求侧管理,加快智能电网建设,提高电网与发电侧、需求侧交互响应能力。推进能源与信息等领域新技术深度融合,统筹能源与通信、交通等基础设施网络建设,建设"源—网—荷—储"协调发展、集成互补的能源互联网。加快高效智能电力系统,建设抽水蓄能电站、龙头水电站、天然气调峰电站等优质调峰电源,推动储能电站、能效电厂示范工程建设,加强多种电源和储能设施集成互补,提高电力系统的调节能力及运行效率。

（五）建立健全市场化调节机制

实施能源和水资源消耗、建设用地等总量和强度双控行动,强化目标责任,完善市场调节、标准控制和考核监管。建立健全用能权、用水权、碳排放权初始分配制度,创新有偿使用、预算管理、投融资机制,培育和发展交易市场。健全节能、节水、节地、节材、节矿标准体系,提高建筑节能标准,实现重点行业、设备节能标准全覆盖。强化节能评估审查和节能监察。建立健全中央对地方节能环保考核和奖励机制,进一步扩大节能减排财政政策综合示范。建立统一规范的国有自然资源资产出让平台。组织实施能效、水效领跑者引领行动。

（六）发展新能源汽车产业

出台相应政策,引进和培育能源创新型新能源汽车整车制造企业。

扶持新能源汽车产业,鼓励使用新能源汽车,布局新能源汽车产业及充电基础设施。通过鼓励对新能源车的使用大大激励人们购买和使用新能源车,也能有效促进新能源汽车产业的发展。

（七）平衡能源与产业发展的关系

有效控制电力、钢铁、建材、化工等重点行业碳排放,推进工业、能源、建筑、交通等重点领域低碳发展。支持优化开发区域率先实现碳排放达到峰值。深化各类低碳试点,实施近零碳排放区示范工程。控制非二氧化碳温室气体排放。推动建设全国统一的碳排放交易市场,实行重点单位碳排放报告、核查、核证和配额管理制度。健全统计核算、评价考核和责任追究制度,完善碳排放标准体系。加大低碳技术和产品推广应用力度。

# 第四节　智慧城市产业升级视角下<br>能源结构优化重点及任务

## 一、严控化石能源规模,大力推进"两个替代"

化石能源排放是造成雾霾的元凶之一,但化石能源又是目前我国能源体系的坚强支撑。严控煤电发展规模,有效解决能源结构和环境污染问题;加快建设我国智慧能源互联网建设,充分发挥市场的决定性作用;优化投资方向和结构,提高能源行业发展质量和效率效益;大力推进清洁替代和电能替代"两个替代",实现我国能源清洁和可持续发展。

全面实施散煤综合治理。更多运用市场化、法治化手段推进过剩产能化解,避免行政化操作"一刀切"造成的资源浪费;实施调控的同时,出台相应的对冲性、补偿性、固本性政策;加快实施发电企业与煤炭企业,特别是地方煤炭企业的重组整合,实现一体化运营。控制散煤燃烧。散煤消费主要是居民生活用煤,农村塑料大棚也使用散煤取暖,这部分用煤大多是未经洗选的原煤,污染排放严重。控制散煤应由政府牵头组织实施,综合推广使用生物质成型燃料、沼气、太阳能等清洁能源,减少散煤使用。

通过电力排污许可等管理制度淘汰高排放、高污染电力产能,加强供给侧改革治理雾霾,严格控制火电电源新开工规模,合理压缩投产规模,优先开工新能源发电项目,促进电力结构绿色转型和低碳发展,从源头上治理雾霾。

## 二、创新清洁能源技术,提升化石能源清洁利用率

从我国的资源禀赋、能源结构来看,煤炭在未来很长一段时期内仍将是我国的主力能源。走清洁低碳的能源转型之路,化石能源的清洁利用非常关键。煤电还远远没有进入夕阳时代,煤电的主体地位不会改变,要走向更加高效清洁的道路,超低排放、近零排放等技术已经在大面积推广。灵活性改造使煤电更加可控可调。一方面要积极推进低碳和新能源的替代,另一方面高效清洁利用煤炭也是能源转型的一部分。建立混合能源时代,以积极的态度推进能源转型。

大力发展清洁能源中很重要的一部分就是发展天然气。中国页岩气资源量非常丰富,唯一的不足就是开发成本太高,企业要在技术进步上加大投资研发,降低页岩气成本,增加市场价值。希望国家出台激励政策,对那些掌握核心技术、示范区建设通过验收的建设单位给予同等规模新的勘探开采矿权区块,并下达新的任务要求,承担新的示范建设任务,发挥已形成的勘探开发优势,推动页岩气产业快速发展。加快对大型燃机国产化的研发投入,尽快掌握核心技术,降低设备成本和维护费用。

气价方面落实国家天然气输配价格机制,授予省、市、县域生物质燃气建设和经营权,突破气源垄断,气源供应要市场化、多源化。目前,国家对可再生能源有多项补贴,对天然气分布式项目也应赋予同等待遇,对沼气设施和沼气发电项目可参照光伏扶贫给予政策扶持。

### 三、推进储能发展,促进清洁能源消纳

"十三五"时期是我国实现非化石能源消费比重达到15%目标的决胜期,也是为2030年前后碳排放达到峰值奠定基础的关键期。发展储能产业已写入我国能源发展"十三五"规划,但从总体上来看,仍处于发展初期。建议进一步研究制定促进储能产业发展的财税金融支持政策,建立适宜储能发展的电价机制,加大储能技术装备研发工作力度,推进重点储能技术的试验示范。

对于清洁能源消纳问题,要把各种各样的有效机制结合在一起,市场与政策综合作用,必要时还应采取特定的经济手段。比如从财税角度来说,要引导所有的市场主体千方百计开发有利于节能降耗的工艺技术和产品,就要有资源税、消费税、环境税这方面的制度建设,要调动市场主体内生的节能降耗意愿。以经济手段为主调动市场潜力,激发千千万万分散市场主体创新、低碳、绿色发展的创造力。

### 四、推动清洁能源应用范围,发挥市场调节作用

要实现光伏的进一步普及,应尽早实现光伏发电用户侧平价上网;加快推进技术进步,建立光伏产业技术创新体系,形成国际竞争优势;完善光伏产业服务体系,为产业健康发展提供良好市场环境。此外,竞价机制的推行也展现了光伏能源的竞争力,同时倒逼了行业技术进步,降低了度

电成本。竞价机制将是我国光伏产业发展的必然选择，通过竞价挤压利润空间，反映真实的成本，刺激行业竞争力，逐渐降低补贴缺口，加快实现"平价上网"这一目标。

明确核电按基本负荷运行，把核电列为一类优先发电电源，按实际发电能力核定年度计划电量。借鉴国际经验，在电力市场改革进程中，研究实施相关配套机制，实现核电满发。加强政府的统筹协调，强化督导检查，确保"暂行办法"落实到位，同时加强跨省区电网通道建设和利用，推动核电集中跨区送电，保障核电消纳。

# 第六章 能源结构转型下应用技术产业研究

根据我国工业化和城镇化进程的规模和速度，根据维持长期就业增长和维持社会稳定所需的经济增速，预计到 2020 年我国一次能源消费总量需要 53 亿—54 亿吨标准煤，这个总量已经超出了我国对国际社会减排承诺的底线，迫切需要我国节能战略从分散化、项目型、强制性、孤岛性的发展模式转型为体系性、网络化、积极性、互动型的创新战略，有效推进智慧能源的建设。2015 年我国一次能源消费总量可实现 40 亿吨标准煤的目标，推进智慧能源网建设大约可节约 4 亿多吨标准煤。[①] 因此，发展智慧能源建设是有效重组我国能源结构、建立现代能源产业体系和新型能源管理组织的战略通道。我国能源结构转型背景下，推动产业不断创新应用，发展智慧能源，建立面向 21 世纪领先的能源体系，并力争在处于城镇化和居民消费上升阶段，以较低的能源消费增长支持智慧城市产业的稳步发展。

研究能源结构转型下的应用技术产业，有助于推动我国经济结构实现战略性重组，确保我国实现 2020 年的节能减排目标，建立低污排放经

---

① 《加快发展我国智能能源网的重大意义》，《科学时报》2011 年 3 月 7 日。

济的先进技术路线。是大幅提高我国能源基础设施资产利用率的根本途径;是实现我国能源安全、高效、互动运转的可靠保证;是建立领先世界的新型能源结构,体现我国科技竞争力,建造新的国际能源标准的坚强保障;是实现市场化能源改革的有效途径;是推动我国农村能源实现跨越式转型的必然途径;是实现新型城市基础设施智能化的不可逾越的阶段;是打造高端能源产业集群的最理想的通道。发展智慧能源技术产业将重建我国的能源结构和创新能源的来源,可以推动我国能源产业立足标准层面竞争,将我国的能源潜力淋漓尽致地发挥出来。

智慧能源将带动智能电网产业、智能水网产业等新兴产业的发展,可以有效地形成我国国民经济重要的增长热点。发展智慧能源的十大重点战略性产业包括以下十个方面:

1. 智能电网产业

智能电网既是现代能源产业的支柱产业,也是先导性产业,需要在以下关键技术方面取得战略性突破,即建立基于 IPv6 的电网信息架构、信息化基础设施、信息高级应用系统;实现智能电网与智能燃气、智能供热、智能水务等其他能源网络互操作体系的架构和互联建设;初步建立智能主干网、智能微网、城市智能配电网、智能农网、智能国际电力交易网络协调发展的设施体系;初步建立全国气象—电力—储能—报价—需求—交易超级数字系统;试点建立公共电力调度管理系统的模拟体系,建立提高电力资产利用效率的数据模型;建立电网双向通讯和电网设施的安全体系;建设高压直流/柔性输电系统;智能调度;断电保护/能量管理系统;高级配电管理系统;智能变电站;高级计量体系;需求响应/负荷管理;智能家庭;智能用电设施;电动车充放电设施;清洁能源并网接入工程;并网/离网技术等多个产业。

2. 智能水网产业

中国城镇化向智慧城市转型时期,完全依靠地表径流、地下水和江河调水等传统手段获取水资源已捉襟见肘,迫切需要实现从自然取水向工厂化制造用水的方向转型。而这个问题就将水资源问题实质上演化为能源问题,这就需要加快实现智能水网与智能燃气、智能供热、智能电网、可再生能源发电等其他能源网络互操作体系的架构和互联建设。

应在以下关键技术方面取得战略性突破,包括大力发展海水淡化产业;大力发展现有的世界上最大规模的中国管道水网能力建设;大力发展村镇水网;按照智能配置的原理实现城市水电热气、河湖资源、管网水源等合理组配。

建议到2020年,建成日处理量8000万吨到9000万吨的海水淡化工程,使工业化供水量达到总供水的4%到6%,消纳1020万千瓦到1530万千瓦新能源电力,力争每年实现整体效益3000亿元,拉动国民经济增长0.3—0.5个百分点。未来大力发展小城镇和乡村智能水务建设,为村镇人口提供最基本的水务设施。

3. 智能油气网产业

智能燃气网是现代能源产业的战略基础性产业,具有成为稳定的分布式第二电源供应的前景。应在以下关键技术方面取得战略性突破:充分实现智能燃气网与智能水气、智能供热、智能电网、可再生能源发电等其他能源网络互操作体系的架构和互联建设、有效实现燃气资源与其他能源形式的能量转换体系建设、燃气调峰发电、直燃式空调制冷、燃气供暖、混合能源汽车加气、燃气管网信息化改造、气源智能加工、高中压智能燃气管网制造、智能调压站和罐站、智能调峰储气设施、燃气安全检测、直燃式空调、煤炭气化、联合循环发电等产业,充分发挥油气资源调峰、气电热互补的作用。

4. 先进储能产业

根据智慧能源的思想,储能产业将成为与能源输送网络并列的现代能源产业。目前需要在以下关键技术方面取得战略性突破:直接储能;缓冲系统储能;实现不同能量的智能配置储能;建立公共的虚拟储能网架;推进以城市为主的储能系统建设;推进以市场化为主的储能系统建设。"十二五"期间储能的技术发展重点包括:海水淡化、煤炭气化、抽水储能、液流电池、锂金属电池组群、飞轮储能站、筑坝泵水、天然气储气、泵水储能、水蓄热、热电转换、钠硫电池、流体钒电池、汽车电池为主的移动储能基站、相变储能等。理论上中国电力的 15% 可储备;水力的 10% 可储备(海水淡化储备、再生水储备);热力 30% 可储备;油气 10%—15% 可储备;建筑物可承担 10% 储备;交通可提高储备能效 10%;工业可储备 5% 能量;农业可提高储备能效 10%。倘若将发电环节和远程输电环节的投资向储能环节投资,有望将我国电力资产总体利用效率从 20% 提高到 50% 以上,拉近与发达国家的距离。

5. 发展基于 IPv6 的智能网络产业

随着能源网络互动化提升,目前互联网采用 IPv4 协议难以满足未来的巨大需求,必须增加新 IP 地址。IPv4 升级到 IPv6 后,将可轻松地为全球 15 亿所居屋、600 亿个各种电源、20 亿个以上的表计系统、1000 亿个能源设施组件提供唯一 IP 地址,实现互联互通。为此,中国应建立智能能源网的信息处理中枢,这个核心架构就是采用基于 IPv6 的网络,这是世界上第一个设计的以 IPv6 为基础的能源网络。

取得战略性突破的关键技术包括:建立与实体物理网络并行运转的大容量数据系统和双向即时交互系统;建立全国气象—能量管理—储能—报价—需求—交易超级智能网系统,实现海量能源数据管理和远程气象监测,处理海量气象变化、人流物流及能源供需信息的高级管理;大力发展远程气象监测系统、管理系统;发展 IPv6 核心技术;发展 PLC、UWB、WiFi、Zigbee、蓝牙等有线无线融合的家庭联网技术;家庭多媒体和应用数据分享互联技术;大型计算机、超级计算机集群;光纤复合电力电缆技术及产品、智能能源网的 ICT 技术等。

## 6. 现代能源传感技术产业

先进传感器技术是建设智慧能源非常重要的技术,它由各种先进传感器、软件、光纤复合电缆和管理系统等组构,结合双向通信的智能表计、各发电站、输电线路、燃气站及传输管道、热力站、水务及其他基础设施一起搭接成智能化能源网监测管理系统,实现信息实时提取、适时判断、快速反应、智能监测、预防故障。

应在以下关键技术方面取得战略性突破。发电领域:基于涡轮机、发电机以及其他旋转设备的在线健康状态监测、新型传感器与发电设备的集成化,以及碳排放监测和降低碳排放等技术;输、变电领域:基于无线网络的先进传感器技术的输电线路的状态监测以及智能变电站等正成为研究热点,其中涉及的关键技术就包括以无线网络和通信技术以及以微纳技术、光纤技术为代表的先进传感器技术等;配电网领域:基于数字通信技术的高级传感和计量技术、无线传感网络、光学或电子互感器、架空线路与电缆温度测量、电力设备状态在线监测、电能质量测量等技术;智能燃气网:压力传感器、温度传感器、湿度传感器、流量传感器、CO 传感器、燃气浓度传感器、气质分析仪器、先进的燃气计量表等;智能水务网:智能生化传感器、气体传感器、智能压力传感器、流量传感器、智能水表等;智能热力网:智能热力计量表计、先进温度传感技术等。涉及 RFID、MEMS、智能芯片、智能综合表具、光纤温度传感器、新型显示、光纤和无线数据传输、路由设备和软件的综合开发。

## 7. 建筑智能能源管理系统

低碳经济的发展催生了国际上独立的建筑能源管理产业。应在以下关键技术方面取得战略性突破:智能综合布线系统、智能建筑结构、智能给水、智能排水、智能热力、空气调节、智能电气、智能燃气、智能消防和防火、智能楼宇自动化控制管理、智能建筑声学、智能建筑光学系统、智能热工、智能园林绿化、保温系统、综合监控性系统、集中抄表系统、小区储能管理系统等。涉及设备自动化系统(BAS);房屋通信自动化系统(CAS);社区综合布线系统;家庭生活智能系统;消防报警系统;电器(设备)控制管理系统;厨房智能化;家庭保健护理系统(家庭远程医院)等。

8. 智能交通能源管理

2009 年年底全国汽车保有量为 7619 余万辆,"十二五"期末我国汽车保有量将超过 1.5 亿辆;"十一五"期间中国交通能耗约占社会总能耗比例突破了 20%,"十二五"期间将超过工业能耗突破 30%,成为我国消耗能源最多的领域。

战略性突破关键技术包括:交通终端用能利用效率管理模型;纯电动汽车、混合动力车和燃料电池车等使用的车用高性能蓄电池;开发和普及废气性能低的清洁能源车;开发汽油发动机、柴油发动机、电力机车能源利用效率提高技术;利用 IT 智能技术解决交通拥堵和交通基础设施的改进;先进的交通管理系统(ATMS);先进的公共交通系统(APTS);先进的车辆控制系统(AVCS);以及数据通信传输技术、电子传感技术、电子控制技术等;开发先进的汽车节能技术;提高节油车辆的比重;合理调整汽车的吨位构成,实现降低油耗的目标;加速公路建设,提高路面质量,实现节能;开发利用清洁能源的车机船;提高铁路节能车辆的比重;推进船舶节能制造和航行;提高飞机维修和材料技术;推进柴油机、汽油机的余热利用;充分利用其他能源终端的节能支持系统等。

9. 智能微网

我国东西部地区间经济发展不平衡的格局造就了西部能源集中区向东部负荷中心大规模、长距离输送的基本网架,这个构架天然缺陷就是存在着能耗大、电力资产利用效率低、土地占用面积多等问题,建立与之配套的集成水、电、燃气、供热、制冷、清新空气等能源的智能微网是修补这个结构缺陷的必然途径,它不但提高能效水平,而且可以合理解决本地能源资源的优化利用,这是中国高效能源的战略出路之一。它可以实现多种能源转换、缓解骨干能源网输送压力、构建区域智慧能源产业集群、在微网内部实现削峰填谷、提高能源资产利用效率,活跃地方经济,带动煤层气、油层气开发和风电、光伏发电、生物质能等多种新能源开发,实现多种能源形式互补。

应在以下关键技术方面取得战略性突破:为未来的工业、建筑物和机动车创建可智能和安全的能源网、智能端点间加密用电数据系统、用户界面管理、电能传感器、蓄电和纳米技术集成、建筑物内的载荷与配电的智能闭环控制、分布式发电、能效合同管理、热电冷联产、智能能源管理终端等集群。

10. 能源新材料

当代国际能源变革的核心之一就是推动能源设施从使用金属材料过渡到非金属材料,也可以说能源变革从某种意义上而言就是新材料的变革。应在以下关键技术方面取得战略性突破:高端反渗透膜、离子膜材料技术;超导、磁性新型材料;流体钒、钠硫、磷酸铁锂等储能材料;光降解水制氢材料、电解水制氢材料等高端材料产业;高性能的碳化硅材料;非晶材料;碳纤维及其复合材料等,这些材料行业在世界范围内也处于起步阶段。

# 第一节　基础设施建设与改造

我国幅员辽阔、人口众多,拥有世界上体量最庞大的传统能源基础设施,发展智慧能源,不但是我国能源结构实现跨越式转型的唯一道路,也是实现我国节能减排和清洁能源发展国际承诺的可靠保障,更是建立国际领先的能源结构和先进产业集群的重大战略抉择,我国迫切需要在能源关键技术和能源组织管理方面实现与主要经济体并驾齐驱甚至领先的创新。

我国能源基础设施资产利用率较低。资料显示,美国现实电网资产利用率为55%,日本为60%以上,瑞典等北欧国家正力争达到70%左右,而我国电网资产利用率还不到35%。智慧能源将实现百年工业史上从未有过的生产者和消费者的有效互动,通过系统性调峰、平移负荷、增加现有输送网的能力和效率、提高已有能源网的资产利用率等措施,2020年提高综合智能能源网利用效率15%—20%。

基础设施发展模式主要分为超前型、同步型和滞后型三类。目前,基础设施的主要代表性理论有罗森斯坦·罗丹提出来的"大推动理论"、美国经济学家赫希曼提出的"压力论"及武建东教授提出的"智慧建设论"。基础设施是指为社会生产和生活系统提供公共服务的工程设施,包括能源、交通、通信、商业、园林生态等市政工程设施和公共生活服务设施等,一般划分为城镇和农村基础设施两个部分。基础设施具有基础性、先行性、准公共服务特性。

基础设施资本形成投资主体应该实现多元化,可以包括公用性资金、用户众筹、商业款项等要素,先进的能源基础设施应该推动用户成为产消者,基础设施应该成为产消者与公用机构集成契约平台,众筹能够推动能源消费的低费、免费功能形成。

2015年9月25日,习近平主席在美国与奥巴马总统共同发表《中美元首气候变化联合声明》,重申各自落实国内气候政策,加强双边协调与合作,推进可持续发展及向绿色、低碳和气候适应型经济转型。巴黎协定生效后,预计未来15年全球基础设施建设投资大约为90万亿美元,鉴于大约50%的温室气体排放量来自基础设施,如果低碳基础设施建设取得成功,整个世界将从高碳通道切换到低碳通道。为此,习近平主席和奥巴马总统达成协议,将巴黎协定的执行体系打造成一个支持全球经济低碳转型的有效平台。中国向发展中国家提供31亿美元气候融资的承诺,美国声明提供 30 亿美元绿色气候基金。

基础设施应该建设成为有智能化能力的生态系统,包括发展硬件和软件两个系统。以用户为中心的基础设施应该具有信息处理、学习、思维功能,它们应该通过学习和进化增加发展机会,而已经形成的基础设施需要实现二次进化转变为学习型基础设施的一部分。[①]

## 一、我国地下基础设施现状

我国城市地下管线种类繁多,包括供水、排水、燃气、热力、电力、通信、广播电视、工业 8 大类 20 余种管线,管理体制和权属复杂,涉及中央和地方两个层面 30 多个职能和权属部门。目前,绝大多数城市不能完全掌握地下管网的情况。根据《中国城市建设统计年鉴》等资料,中国城市仅供水、排水、燃气、供热 4 类市政地下管线长度已超过近 200 万千米,形成综合管廊的发展模式,管廊可以整合为 50 万千米左右,所需资金近 8 万亿元。这是解决中国经济增长的最大需求。

解决基础设施现代化是一项重大攻坚战,目前已经开始了首次地下管线现状的普查工作,这是深化基础设施改革第一步,后续发展将决定这个被前期中国城镇化冷落的平台的能力和前景。2015 年 4 月,住房和城乡建设部的陈政高部长在城市地下综合管廊规划建设培训班座谈会上也指出,中国应该大力建设城市地下综合管廊。

## 二、海水淡化与海洋能源设施建设

### (一)智慧能源时代的海水淡化

根据《2015 年国民经济和社会发展统计公报》,我国全年水资源总量

---

① 《智慧能源创新》,中国科学技术出版社 2016 年版,第 181 页。

28306 亿立方米,全年平均降水量 644 毫米。年末全国监测的 614 座大型水库蓄水总量 3645 亿立方米,与上年末蓄水量基本持平。全年总用水量 6180 亿立方米,比上年增长 1.4%。其中,生活用水增长 3.1%,工业用水增长 1.8%,农业用水增长 0.9%,生态补水增长 1.7%。国内生产总值用水量 104 立方米,比上年下降 5.1%。工业增加值用水量 58 立方米,比上年下降 3.9%。人均用水量 450 立方米,比上年增长 0.9%。其中大部分来自地下水和江河水,伴随着工业化和城镇化,中国用水规模太大而水资源在减少,但是中国又是一个有大洋大海的国家,如果利用多联产的形式,通过海水淡化的方式可以重构中国的水利来源。

中国未来 5 年争取建立日处理量 3000 万吨的海水量化处理体系,未来 10 年日处理量可达到 6000 万吨。中国有丰富的海咸水资源,它的处理成本比较低,三四元钱左右,这对国内未来资源需求价格来说还是可以接受的。

因此可以设计战略备案,未来中国 1/3 的淡水,尤其是工业用水应该来自海咸水淡化。基于此,应该及时依据新能源发展,调整南水北调以及其他跨江、跨河调水的计划,使国内水资源和其他资源形成优化配置,推进构建中国的智能水务系统。中国处在高速城镇化、工业化时期,完全依靠地表径流、地下水和江河调水等传统手段获取水资源捉襟见肘,迫切需要实现从自然取水向工厂化制造用水的方向转型,而这就将水资源问题实质上演化为能源问题,这就需要加快实现智能水网与智能燃气、智能供热、智能电网、可再生能源发电等其他能源网络互操作体系的架构和互联建设。

"十三五"期间应在以下关键技术方面取得战略性突破,包括:大力发展海水淡化产业;大力发展现有的世界上最大规模的中国管道水网能力建设;大力发展村镇水网;按照智能配置的原理实现城市水电热气、河湖资源、管网水源等合理组配;发展高性能水处理絮凝剂、混凝剂、杀菌剂及生物填料等生物技术产品；鼓励废水处理、垃圾处理、生态修复生物技术产品的产业化。

建议"十三五"期间在沿海地区建成日处理3000万吨海水淡化能力的工厂化、多联产海水淡化工程，总投资2100亿元，实现年产110亿立方米淡水，力争实现整体效益每年1000亿元，拉动国民经济增长0.1—0.3个百分点。这个造水量仅占全国水消费量的2%，可以消纳510万千瓦海上风电、滩涂光伏发电等新能源电力。

建议到2020年，中国建成日处理量8000万吨到9000万吨的海水淡化工程，使工业化供水量达到总供水的4%—6%，消纳1020万千瓦到1530万千瓦新能源电力，力争每年实现整体效益3000亿元，拉动国民经济增长0.3—0.5个百分点。

建议"十三五"期间大力发展小城镇和乡村智能水务建设，为7亿村镇人口提供最基本的水务设施，即每年可带动1000亿元的各方投资，力争每年实现整体效益2000亿元，拉动国民经济增长0.2—0.3个百分点。

此外，需要加快编制海水淡化产业发展规划，建立海水淡化专项资金及海水淡化财政补助机制，对海水淡化企业减免税费，鼓励发展水电热联产。

（二）智慧能源时代的海洋能源设施建设

海洋能包括海流能、海水温差能、海水盐差能、潮汐能、波浪能等，其蕴藏丰富，是世界上分布最为广泛和清洁的能源，能够发出连续稳定的电力。与太阳能发电相比，基本上不需要蓄系统；与并网的风力发电相比，不会增加电网调峰的负担。发展海洋能是真正的低碳、无碳经济，可与大陆能源有效互动，有效减少化石能源的过度使用，全面发展海洋能可以创造中国文明的奇迹。

海水的密度比空气大832倍，所以5节海流动能更超过350千米/小时的风力。洋流具有很高的能量密度和更大的转换发电能力。

海洋存在着许多天然能量有待开发,例如:利用海水动能(包括海流能、波浪能等)可以建立全球洋流发电网络,科学部署对全球洋流系统的计算;利用表层海水与深层海水之间的温差所含能量,可以建立全球海洋温差发电网络;利用潮汐的能量,可以建立国际潮汐发电网络(法国拉朗斯河电站,装机容量约为 240 兆瓦,为世界最大的潮汐能发电厂之一)。这些大的海洋能源网络,具有可以成套化、工厂化的商业模式,必将成为人类的主要来源。

在上述能量之中,中国尤其需重视海底发电,如果能够建立有效的海洋洋流监测和预报系统,科学掌握洋流规律,大力发展海底无人驾驶潜艇发电机,构建全球海洋智能电力网络,以每艘潜艇可装机 0.5—1 兆瓦来计算,10 万—30 万艘潜艇海底发电机就可以取代目前中国所有的发电装机容量,同样的规模,对于美国、欧盟也都适用,海底发电具有远大前景,理应高度关注。美国 Crowd Energy 公司设计了海洋能源涡轮 Ocean Energy Turbine,这是一种低速、高扭矩的洋流发电机,可以持续与稳定的洋流互动,获得无可限量的能量,在海床上实现洋流到电能的转化。其他海洋发电系统也正在推出。

目前,中国拥有近 200 个海湾、河口具有开发潮汐能的条件,海洋能发展空间巨大。中国潮汐能总储量超过 2 亿千瓦,其中可开发量达 4000 万千瓦左右,年发电量可达 1000 亿千瓦时。根据中国海洋能资源区划结果,我国沿海潮汐能可开发的潮汐电站坝址为 424 个,仅长江口北支就能建 80 万千瓦潮汐电站,年发电量为 23 亿千瓦时,接近新安江和富春江水电站的发电总量;钱塘江口可建 500 万千瓦潮汐电站,年发电量约 180 多亿千瓦时,约相当于 10 个新安江水电站的发电能力。[①]

———————

① 《智慧能源创新》,中国科学技术出版社 2016 年版,第 187—191 页。

## 三、智能电网建设与电力设备研发

以能源互联网与智能电网为核心的电力设备研发与建设,正成为世界各国在电力领域竞争的制高点。智能电网是电网的智能化,它以集成的、高速双向通信网络为基础,通过应用先进的传感和测量技术、设备技术、控制方法等,实现电网可靠、安全、经济、高效、环境友好和使用安全等多重目标。发展能源互联网,将促进能源生产从集中式供应转向分布式小供应,能源供给将呈现扁平模式。同时,以太阳能、风能为代表的可再生能源将大量地接入,其比重将大幅提高。此外,由于可再生能源的间歇性,这给电网的安全性、可靠性带来较大的挑战,对用电设施和电网的智能化提出了更高要求。能源互联网主要具有以下三个特点:一是双向互动性,相当一部分市场主体既是能源生产者,也是消费者。一定数量的参与者形成一个个小型的智能微网,微网既可以与外部电网并网运行,也可以孤立运行。每一个能源生产者与其他生产者或消费者不断进行能源的相互交换。二是分布式,鼓励能源就地生产、就地消纳,减少能源远距离输送。三是可再生性,支持稳定性较差的可再生能源接入,从而促进节能减排。

美国、欧洲等发达国家和地区也积极推动能源互联网和智能电网建设。美国总统奥巴马在任时提出的能源计划就包括发展智能电网,其目的在于最大限度地提升美国国家电网的效率和环保性,逐步推动太阳能、风能、地热能等可再生能源的统一入网管理,全面推进分布式能源管理。围绕智能电网建设,美国重点推进了核心技术的研发,着手制定相关规划。为吸引各方力量共同参与,美国政府制定了《2010—2014 年智能电网研发跨年度项目规划》,促进该领域技术的研发和应用。2013 年 6 月,第一个大规模智能电网在佛罗里达州投入运行。美国正采取先进的测量基础设施,包括智能电表、通信网络和信息管理系统,为用户提供信息以控制其能源消费。据估计,截至 2015 年,美国共安装了 6500 万个智能仪表,占比超过电力客户总数的 1/3。目前,欧洲各国也结合各自优势和电力行业特点,开展了智能电网研究和试点,各国各有侧重点。英、法、德等国家重点发展泛欧洲电网互联,意大利着重发展智能电表及智能配电网,风力资源丰富的丹麦则重点发展风力发电及其控制技术。英国已制定了"2050 年智能电网线路图",支持智能电网技术的研究和示范应用。2013年丹麦启动新的智能电网战略,在全国大力推广以小时计数的新型电表,采取多阶电价和建立数据中心等措施,鼓励消费者在用电低谷用电,从而让消费者更自主地管理能源消费。目前,丹麦在智能电网的研发与应用方面在欧盟处于领先地位。

美国、日本发电量同比下降,2015 年中国全社会用电量增速也大幅放缓。2015 年,中国全社会用电量为 55500 亿千瓦时,同比仅增长0.5%,为 1974 年以来的最低增速(见图 6-1)。其中,第一产业用电量1020 亿千瓦时,比上年增长 2.5%;第三产业用电量 7158 亿千瓦时,比上年增长 7.5%,增幅明显高于第一、二产业,显示出我国产业结构在明显优化;城乡居民生活用电量 7276 亿千瓦时,同比增长 5.0%;2015 年,第二产业用电量 40046 亿千瓦时,同比下降 1.4%,出现 40 年来首次下降。工业和固定资产投资增速下降,是第二产业用电量增速大幅放缓的主要原因。

我国全社会用电量下降的同时,电力投资过热导致的电力过剩局面进一步凸显。我国发电装机容量连续三年大幅增长,而发电设备平均利用小时数逐年下降。2015 年,全国 6000 千瓦及以上电厂发电设备累计平均利用小时数仅 3969 小时,比上年减少 349 小时。其中,火电设备平均利用小时数 4329 小时,同比减少 410 小时;水电设备平均利用小时数3621 小时,同比减少 48 小时。发电设备投资速度远超电力有效需求增

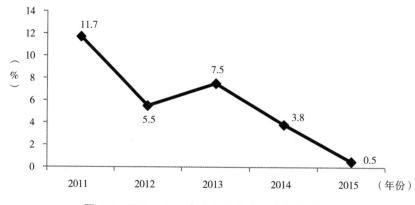

**图 6-1　2011—2015 年中国全社会用电量同比增速**

资料来源:《国家能源局统计公报》。

速,电力投资过热的问题值得警惕。此外,当前弃风、弃光、弃水现象日益恶化。2015 年,国家电网调度范围内的统计显示,累计弃光电量 46.5 亿千瓦时,弃光率达到 12.62%。其中,甘肃弃光率达 30.7%,新疆达 22%。可再生能源并网问题尤其值得关注。[1]

## 四、风电装机容量及配套设备

我国风电场建设始于 20 世纪 80 年代,在其后的十余年中,经历了初期示范阶段和产业化建立阶段,装机容量平稳、缓慢增长。自 2003 年起,随着国家发改委首期风电特许权项目的招标,风电场建设进入规模化及国产化阶段,装机容量增长迅速。特别是 2006 年开始,连续四年装机容量翻番,形成了爆发式的增长。近年来我国风电的快速发展,得益于明确的规划和不断更新升级的发展目标,使得地方政府、电网企业、运营企业和制造企业坚定了对风电发展的信心,并且有了一个努力的方向和目标;

---

[1]　黄晓勇、崔民选等:《世界能源蓝皮书:〈世界能源发展报告(2017)〉》,社会科学文献出版社 2017 年版。

风电的快速发展,也促使规划目标不断修正和完善。

为满足"十二五"规划1亿千瓦的风电装机目标,我国确定了三条具体的风电规划路径,分别为陆上大型基地建设、陆上分散式并网开发、海上风电基地建设,具体如下:

进行陆上分散式并网开发。山西、辽宁、黑龙江、宁夏等部分地区,风能资源品质和建设条件较好,适宜开发建设中小型风电场。河南、江西、湖南、湖北、安徽、云南、四川、贵州以及其他内陆省份,也有一些资源条件和建设条件较好、适宜进行分散式并网开发的场址。"十二五"期间,我国将在上述地区因地制宜开发建设中小型风电项目。

建设海上风电基地。在江苏、山东、河北、上海、浙江、福建、广东、广西和海南等沿海区域开发建设海上风电场。到2015年年底,实现海上风电场装机容量500万千瓦。

国家发改委部署开展全国大型风电场建设前期工作,要求各地开展风能资源详查、风电场规划选址和大型风电场预可行性研究工作。通过此项工作,各省(自治区、直辖市)基本摸清了风能资源储量,结合风电场选址,提出了各自的规划目标,为风电的快速发展打下了良好的基础。

2009年对于全球风能市场来说是困难的一年,信贷投放和投资者的信心均下降。但由于风电是减少二氧化碳排放的主要方式之一,多国政府都已表明将在政策上继续支持本国的风力发电产业。对能源安全问题和气候变暖问题的关注,以及发展中国家对电力需求的增加和日具竞争力的风电场建造成本,都决定了全球风电市场将会稳步增长。政策支持等因素将使风能产业顺利度过金融危机。

在国家政策的大力推动下,我国风电产业蓬勃发展。数据显示,2017年全国(除港、澳、台地区外)新增装机容量1966万千瓦,同比下降15.9%;累计装机容量达到1.88亿千瓦,同比增长11.7%,增速放缓。增速放缓的主要原因在于陆上风电现有产能利用率低,导致2017年中国陆上风电装机容量下滑 19% 至 18.5 亿千瓦。

尽管增速放缓,但不管是风电新增装机容量还是累计装机容量,中国均稳居世界第一。其中 2017 年新增装机容量占全球比重 37.40%,较排名第二的美国(新增装机容量 7017 兆瓦)高 12643 兆瓦;累计装机容量占全球比重 34.88%,是排名第二的美国的 2.11 倍。

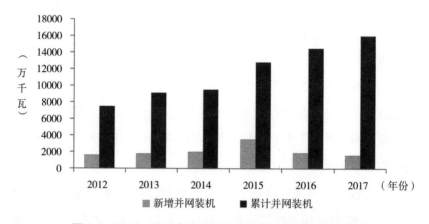

图 6-2　2012—2017 年中国风电市场新增和累计装机容量

2017 年全国弃风限电问题得到明显改善,全国弃风电量同比减少 78 亿千瓦时,弃风率同比下降 5.2 个百分点。其中,2017 年被列为"红六省"的甘肃、吉林、新疆、宁夏、内蒙古、黑龙江弃风率分别下降至 33%、21%、29%、5%、15%、14%,同比下降在 5—10 个百分点。

2018 年 3 月 7 日,国家能源局发布 2018 年度风电投资监测预警结果:甘肃、新疆、吉林为红色预警区域;内蒙古、黑龙江为橙色预警区域;山西北部忻州市、朔州市、大同市,陕西北部榆林市以及河北省张家口市和承德市按照橙色预警管理。红色预警区域由之前的 6 个减少至 3 个。内蒙古、黑龙江、宁夏具有丰富的风资源,曾是全国风电新增装机的主要贡献区域,3 个地区从"红六省"中解禁,将利于全国新增装机规模的恢复;另外,弃风限电改善将有助于增强当地风场的盈利能力,并提升运营商的投资积极性。

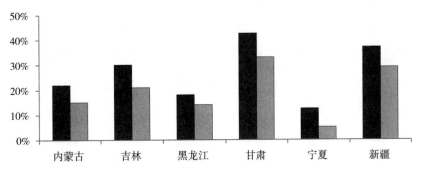

**图 6-3 2016 年和 2017 年"红六省"弃风率对比图**

2017 年,中国六大区域的风电新增装机容量所占比例分别为华北(25%)、中南(23%)、华东(23%)、西北(17%)、西南(9%)、东北(3%)。"三北"地区新增装机容量占比为 45%,中东南部地区新增装机容量占比达到 55%。与 2016 年相比,2017 年中国中南地区出现增长,同比增长 44%,新增装机容量占比增长至 23%;中南地区主要增长的省份有:湖南、河南、广西、广东。另外,西北、西南、东北、华北、华东装机容量同比均出现下降,西北、西南同比下降均超过 40%,东北同比下降 32%,华北同比下降 9%,华东同比下降 5%。

与陆上风电新增装机容量下滑形成对比的是,我国海上风电取得突破进展。数据显示,2017 年海上风电新增装机共 319 台,新增装机容量达到 116 万千瓦,同比增长 96.61%;累计装机达到 279 万千瓦。近年来,中国海上风电容量增长加速,反映了海上风电项目与陆上风电项目相比成本更低、电价有所改善的现状。而从中国海上风电项目的建设速度来看,政府有望实现"2020 年海上风电容量增至 5 亿兆"的目标。

风电上网电价再次下降,调整幅度较大。根据 2016 年年底国家发展改革委发布的《关于调整光伏发电陆上风电标杆上网电价的通知》规定,下调各资源区的风电上网电价,Ⅰ类资源区由之前的 0.47 元 G 千瓦时直接调整到 0.40 元 G 千瓦时,下降幅度近 15%,Ⅱ、Ⅲ、Ⅳ类资源区下降幅度分别为 10%、9.3% 和 5.0%。

在上网电价下调幅度较大影响下,风电行业或将再现抢装潮。本次上网电价的应用范围为 2018 年 1 月 1 日以后核准并纳入财政补贴年度规模管理的陆上风电项目、2018 年以前核准并纳入以前年份财政补贴规模管理的陆上风电项目但于 2019 年年底前仍未开工建设的、2018 年以前核准但纳入 2018 年 1 月 1 日之后财政补贴年度规模管理的陆上风电项目。为享受调整之前的电价,2018 年以前核准并纳入以前年份财政补贴规模管理的陆上风电项目需在 2019 年年底前开工。①

中国的风电行业长期发展前景看好,但与前几年相比增速会放缓。中国风电装机容量从 2001 年的 40.2 万千瓦上升到 2008 年的 1215 万千瓦,自 2004 年起中国风电装机增长率持续高于全球平均水平。Frost&Sullivan 预计 2020 年中国风电装机将突破 1 亿千瓦,累计装机的复合增长率将在 20%—30% 之间,远低于前几年来接近 100% 的装机增长率。

国家将重点建设以下 6 个千万千瓦级风电基地:甘肃酒泉千万千瓦级风电基地建设规划总装机容量为 3565 万千瓦,已经完成一期工程的风力发电机组招标工作。其他地区的千万千瓦级风电基地的规划如下:新疆哈密规划 2000 万千瓦;内蒙古规划建设 5000 万千瓦,其中蒙西 2000 万千瓦,蒙东 3000 万千瓦;河北规划在沿海和北部地区共建设 1000 万千瓦;江苏规划建设 1000 万千瓦,其中近海 700 万千瓦。

中国现在风电场的投资开发商主要是中央和地方国有发电企业及国有能源企业,民营企业和外资企业较少。2008 年新增装机容量中,五大发电集团和能源集团的项目约占 76%。风力发电运营商的集中度在

① 《2018 年中国风电行业发展现状及市场前景预测》,中国产业信息网,2018 年 4 月 2 日,见 http://www.chyxx.com/GindustryG201806G648552.html。

提高。

目前,中国国内风电制造业已形成涵盖叶片、齿轮箱、发电机、塔架等主要零部件的生产体系。根据风电整机的供需情况来看,叶片和整机近两年投产的产能超过了未来 2 年预计的市场需求,即将出现产能过剩。国内的叶片生产企业近几年快速增加。同时,由于在整机中所占的价值较高,风电整机企业也倾向于自己生产叶片。国内的叶片产能增长很快,超过了未来市场的需求。但轴承的供应仍然存在一定的缺口,有市场投资机会。风电机组主轴承目前几乎全部依赖进口,其他部位的轴承,如偏航轴承和变桨轴承,国内少数公司可以生产。风电轴承的技术壁垒较高,从目前的情况来看,由于机床等关键设备的订购需要一定的周期,因此,风电轴承达到供需平衡的时间会比较晚,预计轴承的高毛利率能够在较长的时间内得以维持。

风力发电配套产业中的储能电池市场蕴藏着巨大的投资机会。储能电池可以解决风力发电的间歇性对电网的冲击问题,保证电网输电的连续性和稳定性。当并网式大型风能发电场装机容量占所在电网系统总容量比例达 10% 以上时,需要储能电池来稳定电压。风电本地消纳能力受当地电源结构状况影响。衡量本地消纳风电的能力指标主要是风电穿透功率极限,即电网系统中风电场装机容量占系统装机容量的比例,也就是电网调峰能力裕度来容纳风电装机,不同发电装机结构的地区,其消纳风电的能力有所不同。按各地风电建设和规划水平来看,2010 年内蒙古、甘肃和东北地区风电装机容量将达到当地电网总装机容量的 10% 以上,已经超过地区电网消纳风电能力的极限。另外,风电并网会引起电网电能质量下降、谐波污染,大型风电场并网时会引起电网电压、频率的不稳定,为保证电网安全稳定运行,电网需要配套储能电池。

大型风电场储能电池的容量在兆瓦以上。储能电池在电网中可以有效利用峰谷差价、提高输配电设备效率、解决局部电压控制问题、提高用电可靠性和改善电能质量。随着风力发电的快速发展,储能电池将成为电网安全、稳定和高效运行重要的配套设备。风力发电储能电池可以选用铅酸蓄电池、镍氢电池、锂电池、钠流电池和超级电容。在现阶段铅酸电池和钠流电池的技术已经成熟,镍氢电池、锂电池和超级电容还处于研发阶段。

## 五、可再生能源发电发展建设

在可再生能源发电方面,2014 年,中国可再生能源发电量增长了593%。而在 2015 年,我国可再生能源尤其是风电和光伏发电有了更大的增长。据中国光伏行业协会统计,2015 年我国光伏发电新增装机量为 15 亿千瓦,累计装机量已达 43 亿千瓦,这一规模也超越了德国,从而使我国成为世界上光伏累计装机量最大的国家。而在风电方面,据中国可再生能源学会风能专业委员会的统计,2015 年我国新增风电装机容量为 3050 万千瓦,比 2014 年上升31.5%。图6-4 反映了我国可再生能源发电量占总发电量的比例,水电发电量在我国发电量中所占比例一直较高,因此从图中可以看出,我国可再生能源发电量占总发电量比例一直保持稳定,而近年来风电和光伏发电的迅速发展使这一比例又有了较大幅度的提升。

在可再生能源占一次能源供给总量比例方面,从图 6-4 中可以看出,近几十年来,随着我国工业化进程的加快,传统可再生能源在一次能源中所占比例不断下降。但近年来随着传统化石能源在能源结构中的调整以及风电和光伏发电的迅速发展,可再生能源占一次能源供给总量的比例也开始有了一定程度的提高。可以说,近年来我国可再生能源的迅速发展主要有两方面的原因:一是我国能源结构调整带来的机遇;二是环境因素带来的动力。

能源结构调整为可再生能源发展带来了机遇。据国家能源局统计数

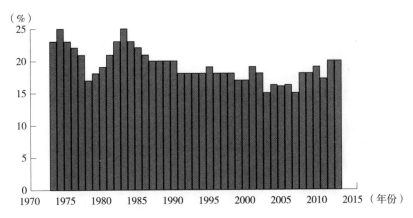

**图6-4 可再生能源发电量占总发电量比例**

资料来源:国际能源署(IEA),http://energyatlas.iea.org/? subject=-1076250891。

据显示,2015 年我国电力消费总量为 55500 亿千瓦时,比上年增长 0.5%,增长额仅为 267 亿千瓦时。在电力生产方面,2015 年我国风电和光伏发电的上网电量分别为 1863 亿千瓦时和 400 亿千瓦时,与上年相比有了较大幅度的增长,而煤电发电量与上年相比减少了 1500 亿千瓦时。这说明我国可再生能源已经开始存量替代煤电。图 6-4 反映了我国 2010—2015 年风电、光伏发电累计装机容量占总电力装机容量的比例,从图 6-5 中可以看出我国可再生能源发电领域的巨大进步和发展(如果算上水电,这一比例可达 30%)。

事实上,自 2010 年开始,我国风电和光伏发电无论在装机容量方面还是在发电量方面都有较快的增长,如图 6-6 所示。而随着我国能源结构的调整,风电和光伏发电量迅速增长的同时,已经开始存量替代煤电,这无疑是我国能源结构转型的重要成果。今后随着对传统化石能源存量替代比例的不断提升,可再生能源将成为我国能源结构的主体,这期间我国可再生能源市场也将有更大的发展。①

---

① 黄晓勇、崔民选等:《世界能源蓝皮书:〈世界能源发展报告(2017)〉》,社会科学文献出版社 2017 年版。

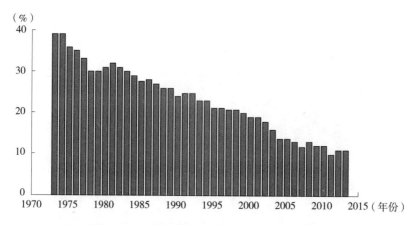

**图6-5　可再生能源占一次能源供给总量比例**

资料来源:国际能源署(IEA),http://energyatlas.iea.org/? subject=-1076250891。

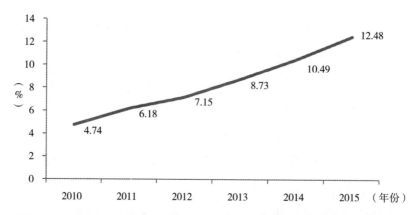

**图6-6　2010—2015年中国风电、光伏累计装机容量占总电力装机容量比例**

资料来源:严菁:《突破性进步:中国可再生能源开始存量替代传统化石能源》,http://toutian.com/news/6252808475340964353。

## 六、天然气基础设施建设

### (一)中国天然气发展概况

在经历了10年年均两位数的增长后,2015年,由于中国整体经济增速放缓,天然气下游消费市场需求增长动力不足;加之国际油价持续处于低位,替代能源价格走低,天然气经济性消退,中国天然气市场告别了高速发展时期,进入平稳增长时期。市场需求延续低迷态势,生产企业压减产量,进口增速大幅放缓。天然气价格改革加快推进,存量气、增量气价格基本并轨,非居民天然气门槛价格大幅下调。

1.供给能力不断提高

近年来,我国已经形成国产常规气、非常规气、煤制气、进口 LNG、进口管道气的多元化供应格局,保供能力不断提高,供应量稳步增长。但是,2015 年,国际市场天然气供应过剩和需求的萎缩影响了国内供应潜力的发掘。受天然气需求增速放缓影响,中国的天然气生产企业在消费淡季压减了上游产量。根据中石油经济技术研究院的统计和估计,2015年全年国内天然气产量为 1318 亿立方米,同比增长 3.5%,低于上年同期的 8.0%。同时,天然气进口增速大幅放缓,LNG 进口甚至出现负增长。2015 年天然气进口量为 624 亿立方米,同比增长 4.7%,比 2014 年大幅下降 8.6 个百分点,对外依存度升至 32.7%。其中,管道气占进口总量的56.7%,占比略有上升;LNG 进口量占 43.3%。图 6-7 显示了 2010—2015 年管道天然气进口量。

思亚能源(SIA)的统计结果略高于中石油经济技术研究院。2015年,中国天然气供给总量达 1958 亿立方米(含出口至港澳的 32 亿立方米),同比增加 3.2%,低于上年同期的 8%。其中,国内天然气产量为1346 亿立方米,占 69%;进口管道气为 340 亿立方米,占比 17%;进口LNG 为 272 亿立方米(1970 万吨),占比 14%。国内天然气产量和管道气进口同比分别增长 3.1% 和 7.2%,LNG 进口量同比下降 0.8%。在国内天然气产量中,国产陆上天然气为 1089 亿立方米,国产海上天然气为128 亿立方米,页岩气为 44 亿立方米,其他国产陆上非常规气为 85 亿立方米。国内天然气产量仅增长 40 亿立方米,主要来自海上深水气田和陆

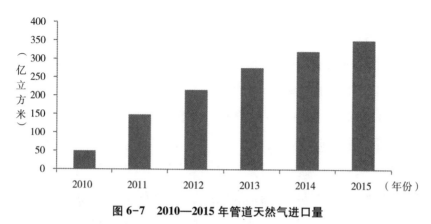

**图 6-7 2010—2015 年管道天然气进口量**

资料来源:孙贤胜、钱兴坤、姜学峰主编:《2015 年国内外油气行业发展报告》,石油工业出版社 2016 年版。

上页岩气项目。

非常规气生产取得较大进展,但在产量构成中所占份额仍较低。根据中石油经济技术研究院的统计,2015 年煤制气供应量约为 14 亿立方米,同比增长 74%,主要来自新疆庆华、大唐克旗、内蒙古汇能煤制气项目;煤层气利用量约为 80 亿立方米,主要来自中石油煤层气有限责任公司、中联煤层气有限责任公司,以及以山西晋煤集团、河南省煤层气开发利用有限公司为代表的省管能源企业等;页岩气生产取得重要突破,产量约为 50 亿立方米。

2015 年,随着中亚 C 线逐步达产,中缅管道的管道气进口量快速增长,中国管道气进口量稳定增加。根据思亚能源的统计,土库曼斯坦以 281 亿立方米出口量在 2015 年继续保持中国最大天然气进口来源国的地位,排在第二至第五位的中国天然气进口国分别是澳大利亚(76 亿立方米)、卡塔尔(66 亿立方米)、马来西亚(45 亿立方米)、印度尼西亚(40 亿立方米)。同比进口增长量方面,澳大利亚凭借昆士兰柯蒂斯 LNG 项目的投产运行成为对中国天然气出口增长最快的国家,土库曼斯坦和巴布亚新几内亚紧随其后,而最大降幅则来自价格最高的卡塔尔 LNG。

2015 年,经济增速和能源需求增速放缓使连续多年供求紧平衡的国内天然气市场也出现了相对过剩,估计全年资源供应能力过剩超过 100 亿立方米。供应过剩和价格低迷对天然气生产和进口企业产生了巨大的冲击,一些供气企业不得不通过压产、转售长贸 LNG 资源,按照"照付不议"最低量进口资源等措施适应市场变化。但是,区域性、季节性的"气荒"仍没有完全消失。冬季采暖用气量大幅攀升和 2015 年 11 月 20 日起国家大幅下调非居民用气门站价格,拉动了用气需求增加。尽管中国持续加快储气库建设、储气库工作气量和调峰气量增长较快,但难以满足调峰用气需求,中国冬季供气仍面临较大压力。

2. 需求增速大幅放缓

2004 年我国天然气市场进入了快速发展阶段;2010 年天然气消费量首次突破千亿立方米大关,成为美国、俄罗斯、伊朗之后的世界第四大天然气消费国;2011 年,天然气消费量增长首次超过 200 亿立方米;2013 年消费 1640 亿立方米,超过伊朗成为世界第三大天然气消费市场;2014 年,受我国宏观经济下行、国际油价下跌以及国内天然气价格调整等因素的影响,天然气消费呈现疲软态势。2004—2014 年,我国天然气消费量年均增长 142 亿立方米,年均增长 17%。近年来由于清洁能源的大力发展,天然气越来越成为上述行业的主要燃料和原料。2014 年我国天然气消费具体构成为:工业燃料占 38.2%、城市燃气占 32.5%、天然气发电占14.7%、天然气化工占 14.6%。[1]

2015 年,城市燃气和发电用气快速增长,成为拉动天然气需求增长的主要动力;交通用气增速放缓;工业用气需求低迷;化工用气同比下降。中国城市燃气管网覆盖面积继续扩大,居民和商业用户数量稳定增加,同时环保政策进一步推动了重点地区采暖锅炉煤改气项目。国家统计局估

---

[1]　郭焦锋、高世楫:《2015 中国气体清洁能源发展报告》,石油工业出版社 2015 年版。

计 2015 年中国用气人口达到 2.8 亿人，城市气化率达到 38%，比 2014 年增加近 3 个百分点。估计 2015 年中国城市燃气天然气消费量为 758 亿立方米，占比为 39.7%，同比增长 13.1%。而在交通用气领域，受油价大幅下跌影响，天然气相对汽柴油经济性明显减弱，加上经济不景气、物流市场低迷等利空因素影响，交通用气发展缓慢。在发电领域，2015 年全国电力供需宽松，发电设备累计平均利用时间下降，燃气发电也受到影响。但下半年受降价促销和国家下调非居民用气门站价格政策影响，江苏等地燃气电厂用气量同比有较大增幅。全年发电用气为 294 亿立方米，占比为 15.4%，同比增长 12.2%。工业用气方面，因主要工业用气行业产能过剩，工业用气需求疲软。同时，受煤炭、燃料油、LPG 等竞争能源价格大幅走低影响，部分工业用户煤改气缺乏积极性，甚至利用煤炭、燃料油等逆向替代天然气。全年工业用气为 576 亿立方米，占比为 30.2%，同比下降 5.4%。化工用气领域，2015 年受煤炭价格大幅走低和国际油价下跌的双重影响，化肥化工用气均出现了不同程度的下降。全年化工用气为 282 亿立方米，占比为 14.8%，同比下降 6.5%。[①] 总体而言，工业燃料和城市燃气用气仍保持前列。

从地域看，随着天然气管网等基础设施建设不断完善，我国天然气消费区域继续由以西南、西北、华北、东北为主的油气田周边地区向环渤海地区、长三角地区和东南沿海地区等天然气负荷中心转移。2015 年，东部地区用气量继续保持较快增长，而其他地区增减不一。中石油经济技术研究院估计，长三角地区因天然气发电需求出现回暖，天然气消费量达到 328 亿立方米，同比增长 13%，占全国天然气消费总量的 17.2%；东南沿海地区天然气消费量为 266 亿立方米，同比增长 6.3%，占比为 13.9%；中南地区天然气消费量为 198 亿立方米，同比增长 5.7%，占比为 10.4%；

---

① 孙贤胜、钱兴坤、姜学峰：《2015 年国内外油气行业发展报告》，石油工业出版社 2016 年版。

中西部地区小幅增长 4.0%；环渤海地区有升有降，北京、天津天然气消费量快速增加，河北天然气消费量大幅下降，地区天然气消费量为 295 亿立方米，同比增长 3.3%，占全国天然气消费总量的 15.4%；西南和东北地区天然气消费量小幅增长；西北地区天然气消费量受 LNG 工厂和化工用气减少的影响大幅下降 8.6%。

3. 价格市场化改革取得实质性进展

2015 年，在全球经济增长放缓、国际油气价格大幅下跌的背景下，中国进口天然气价格也出现了下跌。据中石油经济技术研究院统计，1—11 月 LNG 进口均价降至 2.02 元/立方米，完税价格为 2.29 元/立方米，同比下降 24.5%；进口管道气到岸均价降至 1.79 元/立方米，完税价格为 2.02 元/立方米，同比下降 18.8%。尽管进口价格大幅下跌，但进口天然气成本仍高于调价后的门站销售价格。同时，由于石油、煤炭等替代能源价格下降，天然气需求仍然低迷。在需求增速放缓、市场开发困难的大环境下，以"三桶油"为代表的进口企业天然气业务均亏损严重。

2015 年 2 月，国家发改委发布《关于理顺非居民用天然气价格的通知》，规定自 4 月 1 日起非居民用增量气最高门站价格下调 0.44 元/立方米，存量气最高门站价格上调 0.04 元/立方米；放开直供用户（化肥企业除外）用气门站价格，由供需双方协商定价。增量气价格平均降幅超过 15%，增量气用户成本明显下降，存量气升幅不足 2%。

4. 天然气管道、LNG 接收站等基础设施建设稳步推进

截至 2014 年年底，中国已经建成天然气管道 8.5 万千米，以陕京一线、陕京二线、陕京三线、西气东输一线、西气东输二线、川气东送等为主干线，以冀宁线、淮武线、兰银线、中贵线等为联络线的国家基干管网基本形成，干线管网总输气能力超过 2000 亿立方米/年。2015 年，天然气管道建设仍保持快速发展势头。

2015 年 1 月，陕京三线天然气管道工程全线建成投产。该工程全

长 1066 千米，设计输气量为 300 亿立方米/年。2015 年 2 月，陕京四线北京军都山隧道全线贯通。陕京四线全长 1274.5 千米，输气能力为 250 亿立方米/年。2015 年 3 月，鄂尔多斯—安平—沧州输气管道工程（鄂安沧管道）环境影响评价公众参与调查第一次公示。该项目总长 2422 千米，输气能力为 300 亿立方米/年。新粤浙管道工程环境影响评价文件于 2015 年 4 月 8 日受理，并于 4 月 10 日至 23 日完成了公示。该项目即中国石化新疆煤制天然气外输管道工程，全长 8280 千米，输气能力为 300 亿立方米/年。2015 年 4 月 25 日，西三线东段隧道主体工程全面完工。西三线工程全长 7378 千米，设计输气量为 300 亿立方米/年。2014 年 8 月西段全线贯通，中段预计将于 2016 年年底建成投产。2015 年 6 月，中俄东线天然气管道中国境内段正式开工。该工程包括干线和长岭—长春支线，全长 923 千米，设计输气量为 380 亿立方米/年。根据 2014 年 5 月中俄两国签署的协定，俄罗斯将从 2018 年起通过中俄东线向中国供气，输气量逐年增长，最终达到每年 380 亿立方米的水平，累计 30 年。

截至 2015 年年底，全国投产 LNG 接收站 11 座，累计接收能力达到 4080 万吨/年；在建 LNG 接收站 6 座，加上大连、如东、宁波等二期在建项目，在建能力超过 2100 万吨。2015 年，在需求萎缩、价格低迷的市场环境下，中国 LNG 接收站利用负荷从 2014 年的 48.7% 降至 47.7%，LNG 接收站利用效率低、接收能力过剩问题显现。此外，LNG 接收站建设和运营主体多元化趋势明显。广汇能源、新奥能源、哈纳斯新能源集团等民营企业纷纷布局 LNG 业务，分别在江苏启东、浙江舟山、福建莆田规划建设 LNG 项目。国内已建成储气库（群）11 座，预计形成工作气量 53 亿立方米，约占全国天然气消费总量的 2.8%。其中，中石油 10 座，中石化 1 座。

# 第二节　能源效率:分布式能源

## 一、分布式能源概况

工业社会最重要的发明就是建造了人工能量系统,这种系统划分为集中型和分布式两种模式,其中集中型能源系统是一种实惠、安全、可靠、稳定的用能体系,但是无论是上游产业链,还是终端能源用户都可以使用更加高效、更加生态、更加通用、更加智慧的分布型能源体系。而且,分布式能源至少具有一定比例,能源体系才能成为智慧型体系。

在一个能源系统的投入产出过程中,处理好集中型和分布式能源的体系上的不可分性能够增加收益,而集中型能源资金投资系数值越小,则收益越大。几乎可以肯定的是,倘若以众筹和众包的形式处理集中型能源的公用设施的产权和物权运转,智慧能源可以得到高速度发展。

就集中式能源与分布式能源的关系,主张它们之间是多螺旋的互补结构关系。如果以集中式能源为横轴,以分布式能源为纵轴,分布式能源与集中式能源智慧互动之比越高能效越高;30%之比为临界点,也就是达到30%为适当比例。从历史进程的角度看,可以把能源管理组织形态的进化路线划分为集中式能源、分布式能源、智能生态能源三个阶段的变迁。

第一阶段是近期阶段,从现在到 2020 年,推动新型能源消费方式,发展能源创新市场,大力鼓励支持发展分布式能源,创建新型智慧清洁能源结构。

第二阶段是中期阶段,从 2020 年到 2030 年,整体实现清洁能源利用时期,分布式、智能生态型能源体系将取代集中式能源管理体系及其代表的生产生活方式。

第三阶段是远期阶段,至 2050 年,这个时期是世界展开无碳经济的竞赛、转型和运行新的无碳经济体系时代,智能生态型能源形态将居于主导地位。[①]

能源工业是国民经济的重要基础,安全、高效、低碳是现代能源技术特点的集中体现,也是抢占能源技术制高点的核心方向。当前,我国能源结构中,清洁能源消费比例过低,雾霾等环境问题突出,治理难度大;原有大电源、大电网的单一运营模式难以应对影响供电安全的突发事件,能源系统亟须进一步转型升级。在此背景下,能源供给由集中式向分布式转型、多能互补融合发展成为解决问题的新途径。以分布式能源、可再生能源为代表的新型能源系统,与常规集中式供能系统的有机结合,将成为未来能源系统的发展方向。

长期以来,我国能源的集中式开发模式在实现资源优化配置、提高能源利用效率方面具有独特优势,对于推动我国能源系统和经济社会发展发挥了重要作用。然而,随着资源环境约束和气候变化的挑战不断加强,能源集中式开发在传输损耗、利用效率、环境污染等方面已经不能满足要求,分布式能源近用户、高能效的优势开始显现。分布式能源的优势主要体现在以下几个方面:

能源利用效率高。分布式能源可以进行冷、热、电联供,实现能源的梯级利用,显著提高能源利用效率。

能源传输损耗低。分布式能源靠近用户,可就近消纳,减少了传输距离,降低了能源在传输过程中的损耗。

利于可再生能源的发展。风能、光伏等可再生能源发电具有间歇性和波动性,大容量集中接入电网将对主网产生强烈冲击,分布式发电为可再生能源发电接入电网提供了新的途径。

---

① 《智慧能源创新》,中国科学技术出版社 2016 年版,第 177—178 页。

环境污染小。分布式能源系统通常采用天然气、风能、太阳能、氢气或生物质能作为能源,可有效减少污染物的排放。

解决边远地区的供能问题。边远地区集中供能代价高昂,根据当地资源禀赋,因地制宜地发展分布式能源,可有效解决边远地区的用能问题。

## 二、我国分布式能源发展的政策环境

我国分布式能源发展至今,与政府对分布式能源发展规划的布局和产业政策的支持引导密不可分。

### 表6-1　分布式能源发展规划的布局和产业政策

| | 标题 | 发文单位 | 主要内容 | 时间 |
|---|---|---|---|---|
| 1 | 能源发展"十一五"规划 | 国务院 | 将分布式功能系统列为重点发展的前沿技术 | 2007年 |
| 2 | 关于发展天然气分布式能源的指导意见 | 国家发改委、国家能源局、住房城乡建设部、财政部 | 加强规划指导,健全财税扶持政策,完善并网及上网运行管理体系,发挥示范项目带动作用 | 2011年 |
| 3 | 关于下达首批国家天然气分布式能源示范项目的通知 | 国家发改委、国家能源局、住房城乡建设部、财政部 | 抓紧做好首批示范项目前期准备工作,尽快完成各项工作,中央财政给予适当支持 | 2012年 |
| 4 | 天然气利用政策 | 国家发改委 | 天然气分布式能源项目、天然气热电联产项目等列为优先类供气 | 2012年 |
| 5 | 分布式发电管理暂行办法 | 国家发改委 | 鼓励企业、专业化能源服务公司和包括个人在内的各类电力用户投资、建设、经营分布式发电项目,并给予一定补贴 | 2013年 |
| 6 | 关于印发分布式光伏发电项目管理暂行办法的通知 | 国家能源局 | 定义了分布式光伏发电,并对其规模管理、项目备案、建设条件、电网接入和运行、计量和结算、产业信息监测、违规责任等相关内容进行了规定 | 2013年 |

续表

| | 标题 | 发文单位 | 主要内容 | 时间 |
|---|---|---|---|---|
| 7 | 关于分布式光伏发电实行按照电量补贴政策等有关问题的通知 | 财政部 | 发布了分布式光伏发电项目按电量补贴实施办法;改进光伏电站、大型风力发电等补贴资金管理 | 2013 年 |
| 8 | 能源发展"十二五"规划 | 国务院 | 大力发展分布式能源,统筹传统能源、新能源和可再生能源的综合利用,积极发展分布式能源,实现分布式能源与集中供能协调发展 | 2013 年 |
| 9 | 天然气分布式能源示范项目实施细则 | 国家发改委、国家能源局、住房城乡建设部 | 发布了天然气分布式能源示范项目的申报条件、评选原则与要求、实施验收后评估、激励政策 | 2014 年 |
| 10 | 关于进一步落实分布式光伏发电有关政策的通知 | 国家能源局 | 加强分布式光伏发电应用规划工作;鼓励开展多种形式分布式光伏发电应用;完善光伏发电工程标准和质量管理等 | 2014 年 |
| 11 | 关于推进分布式光伏发电应用示范区建设的通知 | 国家能源局 | | 2014 年 |
| 12 | 能源发展"十三五"规划 | 国务院 | 坚持集中开发和分散利用并举,高度重视分布式能源发展;加快建设分布式能源项目和天然气调峰电站;优化太阳能开发格局,优先发展分布式光伏发电 | 2016 年 |
| 13 | | 国家发改委、国家能源局 | 鼓励天然气分布式能源等高效利用项目 | 2016 年 |
| 14 | 天然气发展"十三五"规划 | 国家能源局 | 推动风电的分布式发展和应用,探索微电网形式的风电资源利用方式,推进风光储互补的新能源微电网建设 | 2016 年 |
| 15 | | 国家能源局 | 综合电力体制改革,推进中东部地区分布式光伏发电;优先分布式光伏发电发展 | 2016 年 |
| 16 | 能源生产和消费革命战略(2016—2030) | 国家发改委 | 推动能源集中式和分布式开发并举,以分布式利用为主,推动可再生能源高比例发展 | 2016 年 |

在发展规划方面,早在 2007 年,《能源发展"十一五"规划》首次将分布式供能系统列为重点发展的前沿技术。2013 年,《能源发展"十二五"规划》提出大力发展分布式能源;统筹传统能源、新能源和可再生能源的综合利用,积极发展分布式能源,实现分布式能源与集中供能协调发展;并首次对分布式能源发展提出明确的建设目标。2016 年,《能源发展"十三五"规划》提出坚持集中开发和分散利用并举,高度重视分布式能源发展;加快建设分布式能源项目和天然气调峰电站;优化太阳能开发格局,优先发展分布式光伏发电。到 2020 年中国分布式天然气发电和分布式光伏装机将分别达到 1500 万千瓦和 6000 万千瓦。

在产业政策方面,"十二五"时期,以分布式天然气和分布式光伏为代表的分布式能源产业政策密集出台。

2011 年国家发展改革委、财政部、住房城乡建设部、国家能源局联合发布《关于发展天然气分布式能源的指导意见》,首次提出了天然气分布式能源的发展目标和具体的政策措施。"十二五"期间建设 1000 个左右天然气分布式能源项目,拟建设 10 个左右各类典型特征的分布式能源示范区域。加强规划指导,健全财税扶持政策,完善并网及上网运行管理体系,发挥示范项目带动作用。

2012 年国家发展改革委、财政部、住房城乡建设部、国家能源局联合发布《关于下达首批国家天然气分布式能源示范项目的通知》,部署了首批国家天然气分布式能源示范项目,中央财政对首批示范项目给予适当支持。

2013 年国家发展改革委印发了《分布式发电管理暂行办法》,首次对分布式发电进行了定义,并对分布式发电项目建设、电网接入、运行管理等提出要求。并鼓励企业、专业化能源服务公司和包括个人在内的各类电力用户投资、建设、经营分布式发电项目,并对用户给予一定补贴。

此外,国家发展改革委等部门还印发了关于分布式光伏、分散式风电、新能源微电网等一系列政策措施，有关地方政府也发布了相关配套文件。

分布式能源从"十一五"期间的一项前沿技术，发展成为能源转型的重要方向，再到现阶段设定具体发展指标，充分体现了政府和能源主管部门对发展分布式能源的重视，分布式能源在我国新型能源系统转型过程中扮演着越来越重要的角色。

## 三、我国分布式能源的发展现状

分布式能源是以分布式为特征的能源利用方式，在我国主要包括天然气分布式、分布式光伏、分散式风电和多能互补等形式。

天然气分布式。以天然气为燃料，通过热、电、冷三联供等方式实现能源的梯级利用，综合能源利用效率在 70% 以上，并在负荷中心就近实现能源供应的现代能源供应方式。

分布式光伏。在用户所在场地或附近建设运行，以用户侧自发自用为主、多余电量上网且在配电网系统平衡调节为特征的光伏发电设施。

分散式风电。位于用电负荷中心附近，不以大规模远距离输送电力为目的，所产生的电力就近接入电网，并在当地消纳的风电项目。

多能互补。一是面向终端用户电、热、冷、气等多种用能需求，因地制宜、统筹开发、互补利用传统能源和新能源，优化布局建设一体化集成供能基础设施，通过天然气热、电、冷三联供，分布式可再生能源和能源智能微网等方式，实现多能协同供应和能源综合梯级利用；二是利用大型综合能源基地风能、太阳能、水能、煤炭、天然气等资源组合优势，推进风光水火储多能互补系统建设运行。

（一）天然气分布式能源

在 2000 年之后，中国开始建设真正意义上的分布式能源项目，陆续

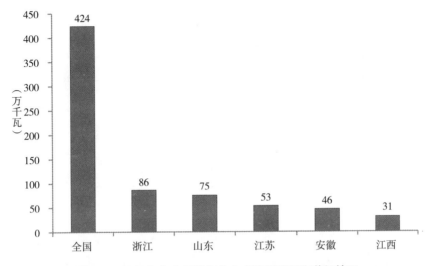

**图 6-8　2015 年年底天然气分布式能源项目和装机情况**

建成了以北京燃气大厦调度中心、广州大学城、上海浦东机场、上海黄浦区中心医院等天然气分布式能源示范项目。进入"十二五"时期,天然气分布式能源发展明显加快,在上海、北京、广州等大中型城市建设了一批分布式能源项目。

有关数据显示,截至 2015 年年底,天然气分布式能源已建和在建项目约 288 个,装机规模约 1112 万千瓦。其中,楼宇式 133 项,装机约 23 万千瓦;区域式 155 项,装机约 1089 万千瓦。主要用户为工业园区、生态园区、综合商业体、数据中心、学校、交通枢纽、办公楼等,其中工业园区装机规模占比最高,约占行业总装机规模的 76.3%。

从全国各区域来看,长三角、川渝地区、京津冀鲁、珠三角装机容量占比较大,四个地区装机容量占比之和约占全国总装机容量的 75.9%。

（二）分布式光伏

截至 2016 年年底,中国光伏发电新增装机容量 3454 万千瓦,累计装机容量 7742 万千瓦,新增和累计装机容量均为全球第一。其中,光伏电站累计装机容量6710万千瓦,分布式累计装机容量1032万千瓦。全年发电量662亿千瓦时,占中国全年总发电量的1%。预计2017年年底中国光伏累计装机容量将达8930万千瓦,新增装机容量约3564.5万千瓦。

光伏发电向中东部转移。全国新增光伏发电装机中,西北地区为974万千瓦,占全国的28%;西北以外地区为2480万千瓦,占全国的72%;中东部地区新增装机容量超过100万千瓦的省份达9个,分别是山东322万千瓦、河南244万千瓦、安徽225万千瓦、河北203万千瓦、江西185万千瓦、山西183万千瓦、浙江175万千瓦、湖北138万千瓦、江苏123万千瓦。

分布式光伏发电装机规模发展提速。2016年新增装机容量424万千瓦,比2015年新增装机容量增长200%。中东部地区分布式光伏有较大增长,新增装机排名前5位的省份是浙江(86万千瓦)、山东(75万千瓦)、江苏(53万千瓦)和安徽(46万千瓦)和江西(31万千瓦)。

(三) 分散式风电

2016年中国风电新增装机容量1930万千瓦,累计装机容量达到1.49亿千瓦。其中,海上风电建设有序推进,2016年海上风电新增装机154台,新增容量59万千瓦,同比增长64%。

虽然我国风电装机容量发展迅速,但分散式风电发展相对缓慢,分散式风电并网量只占全国风电并网总量的1%左右,其发展水平总体滞后于我国分布式光伏。究其原因,一是国内风电投资主体单一,绝大部分是国有资本,对投资少、规模小的分散式接入风电投资积极性不足,影响了分散式风电的发展进程。二是分散式风电的推动没有和县域经济的发展结合起来,尤其是和广大农村、农户的利益没有切实结合起来,未得到地方政府支持。

发展分散式风电的核心是要转变观念和转变思路,要从提高风能利用率、优化风电布局、推动产业发展需要的角度去发展分散式风电,采取就近接入、就地消纳的方式减少输送成本。

在当前风电发展的新环境下,中东南部多个地区已显现出对分散式风电的浓厚兴趣。随着越来越多民营资本涌入风电开发领域,具有投资规模小、建设周期短、收益稳定等特点的分散式风电对民间投资将具有很大的吸引力。

（四）多能互补

建设多能互补集成优化示范工程是构建"互联网+"智慧能源系统的重要任务之一,有利于提高能源供需协调能力,推动能源清洁生产和就近消纳,减少弃风、弃光、弃水限电,促进可再生能源消纳,是提高能源系统综合效率的重要抓手。

随着工业园区的兴起建设、新能源微网概念的普及、配电网投资模式的不断升级,为提高能源综合利用效率,发展多能互补概念下的终端一体化集成供能系统成为未来趋势。

国家能源局从 2016 年开始组织开展了多能互补集成优化示范工程审核认定工作,于 2017 年年初公布了首批多能互补集成优化示范工程共安排 23 个项目,其中,终端一体化集成供能系统 17 个、风光水火储多能互补系统 6 个。首批示范工程要求于 2017 年 6 月底前开工,在 2018 年年底前建成投产。

（五）储能

作为"十三五"的开局之年,2016 年我国密集出台了各项能源发展规划,储能以越来越高的频率出现在国家能源电力发展战略、能源技术创新、可再生能源发展、"互联网+智慧能源"等领域的政策中。我国电力市场化改革持续深入推进,配售电放开、构建灵活价格机制和辅助服务市场试点建设等为储能打开了市场化应用的空间。

截至 2016 年年底,中国投运储能项目累计装机规模为 24.3 吉瓦,同比增长 4.7%。其中电化学储能项目的累计装机规模达 243.0 兆瓦,同比增长 72%。

2016 年中国新增投运电化学储能项目的装机规模为 101.4 兆瓦,同比增长 299%。从应用分布来看,可再生能源并网仍然是 2016 年中国新增投运电化学储能项目应用规模最大的领域,占比 55%;从技术分布来看,2016 年中国新增投运的电化学储能项目几乎全部使用锂离子电池和铅蓄电池,两类技术的新增装机占比分别为 62% 和 37%。

随着储能在工商业用户侧、可再生能源电力调峰、调频辅助服务等领域的应用价值日益清晰,储能项目快速规划部署,2016 年我国新增规划、在建的电化学储能项目装机规模高达 845.6 兆瓦。可以预见,中国储能将继续保持强劲增长之势。①

## 四、我国分布式能源的发展空间

### (一) 消费需求方面

天然气分布式能源方面,根据《能源发展"十三五"规划》,我国将实施"天然气消费提升计划",以民用、发电、交通和工业等领域为着力点,鼓励提高天然气消费比重,预计"十三五"期间天然气消费年均增速 13%,2020 年达 3500 亿立方米。《能源发展"十三五"规划》提出,到 2020 年年底,天然气消费比重力争达到 10%,煤炭消费比重降低到 58% 以下。2015 年天然气消费占比 5.9%,提高天然气消费占比的目标为天然气分布式能源的发展创造了良好的发展环境。

《太阳能发展"十三五"规划》提出,到 2020 年年底,光伏发电装机达到 1.05 亿千瓦以上。2015 年全国光伏累计装机为 4318 万千瓦,增长空间 143%。

---

① 齐正平:《我国分布式能源发展现状分析与建议》,北极星电力网,2017 年 11 月 6 日,见 http://news.bjx.com.cn/html/20171106/859795-5.shtml。

《风电发展"十三五"规划》提出，到 2020 年年底，风电累计并网装机容量确保达到 2.1 亿千瓦以上，其中海上风电并网装机容量达到 500 万千瓦以上。2015 年全国风电并网装机为 1.29 亿千瓦，增长空间 63%。

（二）供应方面

从天然气源供应方面看，中国天然气资源丰富，且拥有中国—中亚、中缅、中俄等多条天然气管道进口渠道，目前，基本形成了中国国产气、进口管道气和液化天然气的多元化供应格局。

根据《天然气发展"十三五"规划》，到 2020 年中国国内天然气综合保供能力达到 3600 亿立方米以上。储量方面，到 2020 年，常规天然气累计探明地质储量将达 16 万亿立方米；页岩气累计探明地质储量超过 1.5 万亿立方米；煤层气累计探明地质储量超过 1 万亿立方米。基础设施方面，到 2020 年天然气主干及配套管道总里程达到 10.4 万公里，干线输气能力超过 4000 亿立方米/年；地下储气库累计形成工作气量 148 亿立方米。

太阳能、风电资源属于可再生能源，取之不尽、用之不竭，供应源源不断。

（三）技术方面

随着燃气轮机和燃气内燃机等天然气分布式能源关键技术的不断发展和进步，国内企业的设备国产化和制造能力的不断提升，近年来天然气分布式能源生产成本在持续降低，市场竞争力逐步提升，提高了建设天然气分布式能源项目的积极性。

随着光伏、风电市场的规模化发展、技术进步，其成本也在迅速下降。在国家能源局"光伏领跑者计划"中实施的内蒙古乌海光伏发电示范工程的最低报价为 0.45 元/千瓦时，已经接近"平价上网"。

# 第三节  能源系统:能源物联网

## 一、智慧能源根服务器关键技术

互联网的先驱开拓者为它设计了多个大脑,但是只安排了一个心脏,这就是互联网的根服务器系统,它是现代互联网的权力核心,决定了新一代互联网的规模和性质。根服务器(root-servers.net)是现代互联网的域名解析系统(DNS)最高级别的域名服务器,或者也可以说是全球互联网的总机。同样,全球能源网络实现智能化也需要构建新的能源根服务器,2010 年圭特·巴特尔(Guido Bartels)担任国际智能电网联盟和全球智能电网联合会主席之际,邀请武建东教授首次提出了全球能源根服务器架构,武教授的观点还得到了时任国际电工委员会智能电网工作组理查德主席的赞誉,报告里全面介绍了能源根服务器设立的多种架构和运行体系。这是国际能源界首次尝试建立能源网络根服务器系统,对嗣后推动互联网域名管理的民主化也起到了推动作用。

可在以下关键技术方面加大研发:构建智慧能源的全球网运转体系;设计母根服务器、根服务器、其他互联服务器的集成模式、体系结构、地址整合及分配、解决与互联网关系等。同时积极推进超级智慧能源的试验网建设工作,试验两个以上母根服务器、多个根服务器和百台以上能源服务器的集成能力,设计综合码址资源的整合路线图,构建智慧能源的骨干网的高端架构等。

## 二、智慧能源操作系统关键技术

操作系统 Operating System 简称 OS，是管理和控制计算机硬件与软件资源的计算机程序，任何其他软件都必须在操作系统的支持下才能运行。而嵌入式操作系统则涵盖范围从便携设备到大型固定设施，如数码相机、手机、平板电脑、家用电器、医疗设备、交通灯、航空电子设备和工厂控制设备等，越来越多嵌入式系统安装有实时操作系统。

智慧能源的践行同样需要创建领先的能源操作系统，构建管理和控制能源设备及能源网络硬件与软件资源的核心程序，这个领域伴随着工业互联网、物联网、人工智能的发展正在成为新的国际制高点。能源操作系统应该成为网络创新的战略突破口，否则智慧能源架构将是一个跛脚的系统。智慧能源操作系统标准或系统架构的制定需要具有通用性和互操作性，应该汲取中国在手机操作系统落后的教训，全面发展能源操作系统的全产业链技术和全配套产业，以在国际新能源革命中居于网络顶端位置。

## 三、智慧能源数据网络与通信关键技术

目前互联网采用 IPv4 协议，随着能源网络互动化提升，它已难以满足未来的巨大需求。IPv6 将现有 IP 地址长度扩大到 4 倍，即 128 位，地址总数可支持地球表面每平方米拥有 $6.5 \times 1023$ 个地址。IPv4 升级到 IPv6 后，将可轻松地为全球 2000 亿平方米的房屋、10 亿以上的表计系统、1000 亿个能源设施组件提供唯一 IP 地址，实现互联互通。认为：中国需要建立智慧能源的信息处理中枢，构建世界上第一个以 IPv6 为基础的能源网络，它对推动全球能源转型具有重要意义，并且可以非常便利地

与现有互联并实现升级。

应在以下关键技术方面加大科技创新,研发具有千万亿次通行速度,或超过每秒 1 万亿次浮点运算的大型计算机;发展基于 IPv6 的智能网络技术;建立与实体物理网络并行运转的大数据系统和双向即时交互程序;建立全国气象—能量管理—储能、报价—需求—交易超级智能网系统,实现海量能源数据管理和远程监测,处理海量数据的云计算体系,解决人流、物流及能源供需信息的高级管理;大力发展远程气象监测管理系统;发展 IPv6 核心技术,如路由转发技术、支持 IPv6 的应用技术、IPv6 过渡技术、手工配置隧道、NAT-PT(一种协议转换技术)、数据包、寻址、路由器、安全控制、测试等技术;发展 PLC、UWB、WiFi、Zigbee、蓝牙等有线、无线融合的家庭联网技术;家庭多媒体和应用数据分享互联技术;发展光电子复合数字化能源设备、新能源信息设施、数据组网;发展工业计算机、计算机工作站、大型计算机、超级算机集群技术;发展光纤复合电力电缆技术及产品、发展智慧能源的其他通信技术等。

## 四、智慧能源现代传感关键技术

先进传感器技术是建设智慧能源的非常重要的关键技术,它由各种先进传感器、软件、芯片、传感、光纤复合电缆和管理系统等组构,结合双向通信的智能表计、各个发电设施及相关系统、输电网络、燃气站及传输网络、热力站及热力网络、水务网络及其他基础设施一起搭接成智能化能源网监测管理系统,实现信息实时提取、适时判断、快速反应、智能监测、预防故障等功能。

应在以下关键技术方面加强创新,发电系统传感技术:基于涡轮机、发电机以及其他设备的在线状态监测技术、新型传感器与发电设备的集成化技术,碳排放监测和降低碳排放等技术。输、变电领域:基于无线网络的先进传感器技术与输电线路智能变电站管理,新型能源无线网络和通信技术等;配电网领域:基于数字通信技术的高级传感和计量技术、无线传感网络、光学或电子互感器、架空线路与电缆温度测量、电力设备状态在线监测、电能质量测量等技术;智能燃气网:压力传感器、温度传感器、湿度传感器、流量传感器、CO 传感器、燃气浓度传感器、气质分析仪器、先进的燃气计量表计等;智能水务网:智能生化传感器、气体传感器、智能压力传感器、流量传感器、智能水表等;智能热力网:智能热力计量表计、先进温度传感技术等。涉及 RFID、MEMs、智能芯片、智能综合表具、光纤温度传感器、新型显示、光纤和无线数据传输、路由设备和软件的综合开发。

## 五、人工智能能源关键技术

人工智能能源技术是现代学科涉及最多的创新技术体系,涉及数学、统计学、运筹学、系统工程学、管理学等众多学科,涵盖机械学习、机器人、语言识别、图像识别及自然语言处理等。人工智能在能源领域正发挥出巨大的作用,需要增强进行能源领域的人工智能应用研究,加速能源系统的智慧转型。

可以在以下关键技术方面加强创新,即:对高级仿真轻水反应堆进行核反应堆的建模与仿真,利用超级计算机制造虚拟反应堆,有助于改善现有和新的核反应堆的安全性和性能;模拟光合作用过程;利用机器人研究植物的 DNA 特性,以生产含糖量高的理想生物燃料;开拓新的人工智能技术,设计和操作新型节能建筑,包括利用先进的计算机建模高效节能建筑的整体能源系统和综合管理系统;能源机器学习系统、其他人工智能能源应用工程开发等。人工智能在能源领域应用具有广阔空间和创新机遇,我国应在关键技术方面超前部署。

# 第四节　能源创新:能源智能化

## 一、传统能源智能化重大示范工程

中国目前是全球最大的能源消费国,占全球能源消费总量的五分之一。中国的能源政策对全世界而言至关重要,中国能源战略的选择也会对世界能源格局产生重大的影响。本书建议,到 2020 年我国智慧能源可加大如下示范工程建设,以推动我国能源技术创新进入领跑型创新高度,占领国际产业制高点,增强国家竞争力。

1. 推动能源物联网创新体系建设。创造出历史上不曾有、而在物理世界被闲置、依托现有资源能够组网、并且可以发挥巨大生产力的智慧能源物联网络,把人类能力再次提升到新的水平。发展新型能源操作系统、机器学习、根服务器、神经能源芯片、超级能源计算等示范工程。

2. 积极建设移动能源网和企业智慧能源系统。利用核电池、超导能电池、飞轮电池、相关电化学电池等构建一个去中心化的高效分布式移动能源网。同时推动微型燃气轮机、燃料电池、高压直流断路器、储能系统等先进技术创新,移动能源网也需要新型能量流数据库示范工程,应推动全国 300 万个大中型企业建立多联产的高效智慧能源系统。

3. 建设能源动态定价与非结构性数据库。跨越现有的 1.0 版本的期货能源定价体系,建立大数据时代 2.0 版本的动态能源定价作业模式,力争获得能源技术定价的创新体系。

4. 推动电动车、车电网示范工程。到 2020 年,建成集中充换电站万座以上,分散充电桩 500 万以上,满足全国电动汽车充电需求。发展新型人工智能车联网、车电网以及混合现实地图体系。

5. 大力发展智慧建筑示范工程。作为能源物联网的关键组元,建筑耗能占据了全球能源消费的三分之一,一方面需要采用整合的办法把现有建筑物积极改造成能源屋,并集成如储能设施、屋顶太阳能、燃料电池、微能源网、微核电池、智能家居等设施;另一方面对于新建筑、翻新建筑等强制性推行使用智能建筑或节能标准。无论何种形式,国际上大约 200亿平方米的房屋需要发展成为创新智慧型建筑,中国发展相关示范工程极有必要。

6. 大力实施工业互联网示范工程建设。推动工业互联网示范工程可大幅提高生产效率,减少资源消耗。工业能源终端电脑化已成为创新制高点,发明工业能源电脑意义重大。

7. 推动我国燃煤电厂分批建设三联产发电系统(IGFC),有效改变我国煤炭电力高碳利用模式,2020 年前建成相关示范工程。

8. 设立能源战略创新方向和相关示范工程,煤炭深加工、如积极展开二氧化碳捕捉利用和存储、页岩气、煤层气、页岩油、深海油气、高参数节能环保燃煤发电、整体煤气化联合循环发电、燃气轮机、先进电网、先进核电、小型可移动核电、化学循环燃烧、光伏、太阳能热发电、陆上风电、海上风电、生物燃料、地热能利用、海洋能发电、天然气水合物、大容量储能、氢能与燃料电池、能源基础材料等示范项目建设。

9. 科学规划内蒙古东部、哈密、准东、晋北、晋中、晋东、神东、陕北、黄陇、宁东、鲁西、两淮、云贵、冀中、河南等 20 个亿吨级大型煤炭基地。

10. 科学规划鄂尔多斯、锡林郭勒、晋北、晋中、晋东、陕北、哈密、准东、宁东等 12 个千万千瓦级大型煤电基地。

11. 科学规划新疆、大庆、塔里木、辽河、胜利、长庆、南海、渤海、延长等 10 个千万吨级大油田。

12. 科学规划以四川盆地、鄂尔多斯盆地、塔里木盆地、华北地区、准噶尔盆地、吐哈盆地和南海等为重点的 10 个百亿立方米级以上的大型天然气生产基地。

13. 科学规划"西电东送、北电南送"的输电通道和油气输送通道。

14. 科学规划我国能源骨干网、专用网、用户网三级分层管理示范项目,推动集中式能源网与分布式能源网的智动互动体系建设。

15. 科学规划新疆、内蒙古、山西、陕西 8 个煤制油、煤制气技术创新示范工程。

16. 科学规划陕西延安、云南昭通、四川长宁—威远、重庆涪陵、湖北建南和贵州黄平等国家级页岩气示范区,力争产量达 400 亿立方米。积极有效开展生物柴油替代示范工程建设。

17. 发展大型海水淡化示范工程,分批替代中国南水北调计划。

18. 发展人工光合作用制造能源示范工程,推进工业酶技术发展,推动中国生物燃料相关示范工程。

19. 发展海洋能源示范工程,开发海洋电力网络以及海洋能源输送示范工程。

20. 开发太空电力示范工程、高空飞行风能系统以及相关无线、有线输送网络示范项目建设等。[①]

## 二、电力与能源的智能化发展

党的十九大报告指出,要加快生态文明体制改革,建设美丽中国,推进能源生产和消费革命,构建清洁低碳、安全高效的能源体系,形成人与自然和谐发展的现代化建设新格局。

新时代赋予了电力行业创新发展的新使命。如何准确把握能源技术

---

① 《智慧能源创新》,中国科学技术出版社 2016 年版,第 222—223 页。

革命战略需求,强化基础研究和关键技术研究,全面提高自主创新能力,加快推进供给侧结构性改革,实现电力与能源的绿色、低碳、开放、智能化发展,为我国经济社会发展、应对气候变化、改善环境质量等多重国家目标提供技术支撑和持续动力,成为当代热议的话题。

1. 提高可再生能源及新能源发电的比重

当前,发展新能源已成为许多国家推进能源转型的核心内容和应对气候变化的重要途径,随着相关技术突破、规模化应用和成本下降,各国都把发展新能源作为重要的国家能源战略。近年来,我国进一步明确能源发展方向,提出了以推动能源生产和消费革命、支持节能低碳产业和非化石能源发展为主要内容的国家战略,更加强调能源的持续发展对保障经济发展、促进生态文明、建设美丽中国的重要性,新能源的战略地位更加突出。

随着我国新能源快速发展,近年来"三北"地区弃风弃光问题日益严重。新能源消纳受电源、负荷、网架、政策等多种因素交互影响,机理复杂。亟须研发新能源消纳能力评估工具,科学定量分析影响新能源消纳的关键因素,指导新能源的规划和运行。建议完善政策法规与市场机制,消除省间壁垒,加快火电机组灵活改造进程,加强需求侧管理,进一步提升新能源消纳能力。

燃料—发电技术是绿色能源技术,可以直接转化为电力,相对于传统的燃料发电方式,效率更高。以燃料电池汽车为例,通过与纯电动车作对比,燃料电池汽车可以克服纯电动车充电时间长和续航里程短这两个短板,说明燃料电池在技术上的优点。近年来燃料电池发展很快,特别是随着材料技术的突破,燃料电池转化效率更加高效,而且价格低廉,市场发展前景可观。

在可再生能源领域,应重点发展更高效率、更低成本、更灵活的风能、太阳能利用技术,以及生物质能、地热能、海洋能利用技术,加强百万千瓦级水轮发电机组、大容量高水头抽水蓄能机组等重大技术攻关,在核能领域要重点发展三代、四代核电,推动高温气冷堆技术优化升级,开展小型智能堆、熔盐堆等先进核能技术研发。

### 2. 发挥煤炭能源的价值

煤炭未来仍是我国能源保障的基石,不能在没有可靠的清洁能源来源时简单抛弃化石燃料,必须通过发展清洁燃料利用技术,降低燃煤机组污染水平。应根据市场规律发展电力,逐步发挥出高参数高效电厂的节能优势。循环流化床燃烧技术是以燃烧过程气体污染物控制为主的超低排放燃煤技术,该技术将对我国热电、供热的污染排放产生重要影响。

未来将煤气化,经化学处理最终变成油,剩余部分可作为甲烷、乙醇、乙醚、甲醇等。煤炭可当成一种重要化工原料,以提高其附加值。

### 3. 提高电能在终端消费的比重

中国能源消费排全球第一、GDP 总量排全球第二,而能源使用环节是我国能源体系中最薄弱的环节。因此重点开展智能用电终端、电力储能、电动汽车、分布式能源、节能等技术研发,加强整个能源系统的优化集成,构建一体化、智能化的能源系统,提高终端用电能效,满足用户多元化需求,加快推进以电代煤、以电代油等电能终端消费,是重要的"补短板"措施。

2014 年 6 月,习近平总书记在中央财经领导小组第六次会议上发表重要讲话,提出推动能源消费革命、能源供给革命、能源技术革命、能源体制革命和全方位加强国际合作等重大战略思想,为我国能源发展改革指明了方向。以可再生能源逐步替代化石能源,实现可再生能源等清洁能源在一次能源生产和消费中占更大份额,实现能源转型,建设清洁低碳、安全高效的现代能源体系是我国新一轮能源革命的核心目标。

为满足能源消费中亟待提升清洁化与电气化水平的需要,我国多措并举,诸多成效亮点中,应时应景的莫过于北方清洁能源供暖。清洁供暖包括天然气、电能、地热、生物质能、太阳能、工业余热供暖及清洁燃煤集中供暖等多种方式。其中，"煤改电"是清洁供暖的典型措施之一，是将清洁的电能转换为热能的一种优质舒适环保的取暖方式，具有很多其他取暖方式不可比拟的优越性。

电采暖具有使用寿命长、能量转化效率高等优点，已在欧洲、北美得到了广泛接受和认可。目前，北方地区"煤改电"方式主要有蓄热式电采暖、直热式电采暖、空气源热泵、地源热泵等。蓄热式电采暖和空气源热泵为"煤改电"最为主要的方式。

规模化"煤改电"仍需社会的更多关注，比如"煤改电"配套电网及用户工程初始投资巨大，大规模"煤改电"将导致大量配套电网投资。经测算，"煤改电"工程初始投资达 3 万—5 万元/户，如果没有政府相应配套电网补贴或疏导输配电价，电网企业无法通过售电量回收配套电网投资；同时，用户难以独自承担房屋保温修缮、户内线改造及采暖设备购置安装投资，也需要政府补贴。因此，电网企业、用户、政府共同承担初始投资，才能更好地促进"煤改电"规模化发展。

4. 聚焦战略性前瞻技术

推进大规模储能、能源互联网，以及"互联网+"智慧能源为目标的新产业、新业态、新模式，以大数据分析技术、云计算技术、物联网技术、区块链技术、人工智能技术为代表的信息化、数字化与能源电力深度融合等领域的技术攻关，抢占能源电力领域技术创新制高点，已成为电力行业的当务之急。

新一代电力系统，在广泛互联方面，以电力为中心，通过创新能源转化技术，实现电网、气网、热力网、交通网多种能源体系之间的互联互通，形成一种多种综合能源供应体系。在智能互动方面，通过用户侧的电与天然气的转化，以及相关的储热技术，实现用户多种能源消费，提高多种电热冷气混合活动和转化的能力。①

---

① 《聚焦战略性前瞻技术　加快推进电力与能源的智能化发展》，见 http://www.mei.net. cn/dgdq/201712/759018.html。

# 第七章　中国能源结构转型的实施保障

## 第一节　构建和完善能源结构体系

### 一、制定完善能源结构体系的政策法规

制定与中央能源战略相衔接的地方性法规,深入了解新能源政策,结合中国能源消费特点形成较为完善的能源管理体制;深化能源管理与监管制度改革,鼓励企业加大清洁能源研发投入,并对清洁能源进入市场给予优先交易权利,对不可再生能源交易实行税收调控,通过政策引导控制不可再生能源使用;提高能源生产环保标准,倡导绿色低碳的消费方式,在供给能够满足社会需求的基础上,以经济手段和法律手段共同引导能源产业向着环境友好型迈进,逐步提高清洁能源在一次能源中所占比重。

完善能源体系,实现绿色低碳发展转型,关键在于各级政府和领导发展观和政绩观的转变。党的十八大突出生态文明建设,提出绿色、循环、

低碳发展的理念,是我国经济社会转型时期的重大战略抉择和关键举措。要改变以不断增加投资、扩充重化工业产能、扩大中低端制造业产品出口为驱动力的经济增长方式,从而促进产业结构调整,使单位 GDP 能源强度较大幅度地下降。要重视发展观的转变,切实从片面追求 GDP 增长的数量和速度转变到更注重经济增长的质量和效益,制定并实施各项节约资源、保护环境和减排 $CO_2$ 的约束性指标和政策"红线"。当前各级政府要统筹经济发展、增加就业、改善民生与资源节约、环境保护的关系,权衡 GDP 增长的收益与相应资源环境的损失。要切实把建设生态文明,实现绿色低碳转型的可持续发展战略目标置于各项经济发展目标的前位,要改变各级领导政绩观的导向和考核衡量标准,强化节能减碳和生态环境保护的目标责任制。

## 二、以能源产业调整促进能源结构体系完善

社会的能源产业技术发生变化时,经济生产的规模、水平以及生产可能性边界会发生相应的变化,从而导致社会生产的根本变化。因此,能源产业结构调整是打破陈规和建立新范式的过程,具有技术经济范式转换的性质。能源产业调整必然会伴随社会经济领域出现一系列新的特征,包括:新的劳动技能、新的关键要素、新的基础设施,形成新的部门,产生新的能源消费与生产模式。为保障能源平衡统计数据的来源和质量,应对现有能源调查体系逐步进行充实和完善。一是加强能源产品的类别和产量统计。类别和产量统计是资源核算的基础,同时也间接地影响消费总量。二是加强能源的消费统计。针对目前能源平衡统计中存在的数据估算成分过大、人为因素过多,使平衡评价质量受到影响等问题,不断改进能源平衡指标评价体系,建立新的能源平衡评价体系,与世界通行的能源平衡体系相一致是目前急需解决的症结之处。我国现行的企业能源统

计基本上是采用"工厂法"，除加工转换消费规定分列填报外，终端消费则为品种和数量，不分具体用途，这使得同品种同设备消费的能源数据分散到各部门，如车辆用油等，这些问题都涉及国家行业分类标准和统计体系。所以，平衡体系的改造不能一蹴而就，还要根据我国的实际情况逐步地加以改进。应适时地增加品种和项目，如增加或细化能源品种。从扩大和完善统计服务内容入手，建立完善的环境统计。

随着科学发展观的提出，社会主义市场经济体制改革的进一步深化，各级政府有关部门、社会公众对信息的需求量越来越大，内容越来越广。统计服务内容不仅要有经济建设方面的指标，更要有社会发展方面的指标，所以能源、环境方面的指标备受关注，而我们目前的能源平衡测算只是涉及全国和省级，还不能满足为各级、各部门领导科学发展决策的需要，在能源生产和消费上要加强能源储备和可再生能源生产的统计工作。因此，要立足于经济社会全面发展的需要，树立起为各级政府和部门及社会公众服务的新理念，加强能源、环境统计，扩大能源平衡统计范围，建立和加强各地方的能源平衡统计制度，能源环境统计也是消费统计的延伸。

完善环境统计就是要把单纯的反映能源平衡的指标体系逐步充实到既反映能源平衡，又反映能源市场、能源效率、能源环境排放等多个方面。需要采取的措施是深化能源消费统计，使能源消费统计能够反映能源消耗的方式、主要设备的能源消耗等，如各种耗能设备的能源消费，进而反映能源的利用效率，并为能源环境排放提供基础核算资料，在能源平衡表的基础上编制计算污染物排放所需的各种能源消费账户。

### 三、推动技术创新，建立科学管理办法

建立科学管理方法，降低能源损耗，建立并加强新能源体系，建立科

学的管理方法,就要以赶超战略准则、市场需求准则、科技创新准则、产业关联准则、聚集人才准则、资源环境准则、战略性新兴产业的培育准则、国际视野准则为根本准则,构建"能源—环境一体化"体系。在精细能源的绿色消费、建立健全能源绿色战略法律体系、推动完善能源绿色战略支持体系、鼓励引导能源绿色技术投资、整合协调能源绿色战略执行主体等方面多做一些切实的工作。

新型产业的发展初始阶段离不开政府和社会的支持,发达国家大都建立了具体而行之有效的新能源产业发展的政策体系,其中一些成功经验值得我国的产业政策制定部门学习和借鉴,从而推进我国能源产业结构调整的进程。主要包括四个方面:一是建立完善的法律法规体系。如美国出台能源法案和制订重大发展计划推动新能源产业发展。二是建立有效的激励机制。主要是针对新能源产业发展的投资贷款及贷款担保,低息贷款,税收减免与抵扣,财政补贴等支持性政策,从而降低新能源产品成本及相关服务价格。三是建立全面的推进机制。制定适合本区域现状的新能源发展目标和支持计划,在政府政策指导下,制定新能源可持续发展战略,引导新能源行业发展,合理规划,有序发展。四是构建新能源产业技术创新平台。新能源产业的发展最核心的就是技术研发。构建主要由重点实验室、工程技术研究中心、工程研究中心、工程实验室、博士后流动站、企业技术开发中心等构成的新能源技术研发平台,此外,积极推进产学研合作技术创新平台的建设,利用高校和科研院所的雄厚的技术和人才资源,实现重大技术突破,并且以这些平台为基地培养新能源技术高端人才。再者,支持企业积极开展以提高自主创新能力为目的技术合作,积极开展对外合作交流,引进、消化和吸收国外先进技术和引入海外优秀人才,从而逐渐提高新能源产业技术研发和创新能力。

技术创新是推动能源生产和消费革命、完善能源结构体系的重要支撑。推动能源生产和消费革命的战略目标,总体上可概括为高效、安全、清洁、低碳。实现上述目标必须推动能源技术的革命,以先进技术创新支撑能源体系的革命。全球能源变革的发展趋势将引发世界范围内经济社会发展方式的重大变革,从而影响国际经济技术竞争格局的变动。夺取先进能源技术的竞争优势和制高点,也是大国参与气候变化领域博弈的重要动因和战略目标。发达国家也旨在凭借自身在能效和新能源领域的技术优势,向发展中国家扩展市场,扩充新的经济增长点,增强其经济活力。在先进能源技术研发的诸多领域,我国和发达国家同步开展,有自己的特点和优势。当前要进一步加强先进能源技术的研发和产业化的力度,利用我国市场需求大的优势,打造能源企业先进技术的竞争优势。

深化改革,推动能源体制革命是完善能源体系的根本保障。要进一步完善促进低碳发展的财税金融等政策体系,改革和完善能源产品价格形成机制和资源、环境税费制度。加强能源市场机制改革,还原能源商品属性,建立公正公平有效竞争的市场结构和市场体系,既要破除某些领域的市场垄断,也要纠正和避免市场的无序竞争。当前,我国化石能源定价机制尚无全面反映其社会成本。比如,煤炭燃烧所造成大气和水资源污染、公众健康损害等社会损失并未在其价格中体现,国家也没有完善的税费制度对其收益进行转移支付,而燃煤消费造成环境和健康损失成本则相当于当前煤炭价格的50%以上。通过资源、环境税费制度改革和碳市场的建设,使资源环境损失的社会成本内部化,则有利于促进化石能源的节约,激励新能源和可再生能源发展,促进能源体系的完善。另一方面,通过分时、阶梯电价等价格改革,在促进节能的同时,保障低收入家庭公平获得优质能源服务,促进社会和谐发展。

## 第二节　制定智慧城市产业升级的能源发展规划

### 一、能源发展规划简介

规划是对未来发展的一种展望、谋划、安排和部署,因此,规划的作用在于:描绘未来,就是根据现在的认识,在科学分析的基础上对未来目标和发展状态进行构想;规范行为,即明确实现未来目标或达到发展状态的行为顺序和步骤;科学决策,即运用科学方法,采取民主和规范程序,对未来重大建设布局进行集体决策。

能源发展规划是在对中国能源生产、供应、消费的现状和历史资料调查研究分析的基础上,为满足国民经济和社会发展的需求,而对一段时期内能源发展所做的计划、设想和部署。能源规划需要解决的核心问题是解决当前供给与需求的矛盾,当前供给与未来需求的矛盾,也就是能源安全问题。由于能源规划的资源是一次性的,我们只能把有限的资源应用到无限的时空中去,这种规划最终会被赋予新的内涵。

能源发展规划按照地域可划分为国家能源发展规划和地区能源发展规划;按照性质可划分为煤炭、石油、天然气、电力等发展规划,最近还陆续提出了可再生能源与核能发展规划等;专项能源规划介于综合能源与能源行业发展规划之间,它既是对综合能源规划的补充,也与其他专项能源规划有着密切的联系,与能源规划密切相关的社会发展规划包括:经济社会总体规划、环境保护规划、国土规划、城市总体发展规划。可再生能源正受到越来越多的重视,已成为综合能源规划的重要组成部分。区域可再生能源规划与单一能源种类规划的区别在于:规划对象范围不同;规划的工作基础不同;对于促进相关产业发展的目的和作用也有很大不同,这也导致政策措施上的差异与农村能源规划的区别是,当前所讨论的可再生能源都是具有交易价值的商品能源,而农村能源规划涉及的沼气、薪柴等仅起到当地补充能源的作用,属于非商品化能源产品。我国能源发展规划主要从确定经济社会发展目标、相关信息收集、能源供需平衡分析、投资和其他财务预算方案编制等几方面来制定。

## 二、智慧城市产业升级能源发展规划的具体内容

智慧城市规划过程中,注重结合城市自身条件,以市场需求为导向,以城市整体利益为根本,在实现产业结构升级的同时,也实现经济的"智慧增长";培养以智慧城市产业为核心的新兴产业集群,促进企业间的创新协同,充分发挥政府的主导及管理作用,做好政策、基础设施等配套工作;在引入和发展智慧产业的同时,还要注重产业集群内结构的调整,促进传统产业和智慧产业的结合,最终实现智慧城市产业结构和能源消费的协调发展。

我国产业体系中能源碳减排效率和能源使用效率对碳排放强度下降的作用远高于产业体系升级中固定资本升级、技术水平提高的影响;碳减排效率和能源使用效率的提高主要依赖于能源结构升级;二次产业能源消费中煤炭占比对碳排放密度上升的推动作用高于能源消费占比;三次产业能源消费中煤炭占比对碳排放密度上升的作用高于能源消费占比对能源碳排放密度下降的作用;二次产业的产出占比、能源结构、能源使用技术对能源消费强度影响的程度高于三次产业。

第一,实现产业体系低碳化发展,不能仅仅依靠能源结构的变化,需要通过技术水平提升和固定资本升级促进产业体系升级而实现。

第二,降低产业体系能源碳排放密度需要降低二次和三次产业煤炭

使用量,并且由于三次产业属性限制,其能源使用中高碳能源占比相对较低,因此,提高三次产业产出占比,进而提高三次产业能源消费占比可以有效降低产业体系中能源碳排放密度。

第三,在能源消费及其结构变动约束不断趋紧的形势下,实现能源消费高效率必须转变产业体系高碳化的发展方式,通过结构升级实现能源消费减量化和能源结构的低碳化,提高产业体系能源消费的效率。

首要的方法就是优化产业结构,促进产业升级。产业结构优化既是经济发展的必然趋势,也是转变经济增长方式、推进内涵式技术创新的必由之路。我国的经济高增长很大程度上依靠的是粗放型增长,特别是高能耗的投资推动,这种增长方式既不利于经济长期可持续增长,也带来了环境污染。因此,我国应该在优化产业结构的同时,加快经济增长方式的转变,特别是积极研发新技术,包括利用低排放甚至零排放的能源使用技术,如太阳能、风能的综合利用技术,高新技术产业的生产技术、环保技术、节能技术等。改变能源结构,开展低碳技术创新。我国应该在逐渐改变能源结构的前提下,大力推进低碳产业的发展,加大扶持新能源产业,培育专业化大型环保企业,尽力抢占节能环保产业的高地。各省市应根据区域环境及现有能源基础的特点,突出优势,规划新能源产业发展重点,注重新能源的综合利用,实现产业合理布局。

同时在统计能源平衡时要充分考虑到节能减排,在进行能源结构战略调整下,我国能源需求基本公式应该是:能源需求量＝节能量+能源供给量,不要忽略也不能忽略节能减排在整个能源结构中的作用。将二氧化碳排放作为满足能源需求的约束,即对能源需求公式中的能源供给量加上二氧化碳排放约束。以往的能源战略中,减排目标主要针对二氧化硫、粉尘和氮氧化物等,没有明确包括二氧化碳,而真正能够影响能源结构的是二氧化碳排放。特定的二氧化碳约束量会有相对应的能源结构。因此,各省在制定能源战略规划时,要改变以往对于各个能源产业单独制定战略规划的做法,要从系统的角度出发,依据区域能源供需情况以及在经济、社会、环境等方面的要求,建立能源产业调整随动调配体系方案,根据方案,制定合理的能源战略规划,从而建立高效、节能、低碳的可持续的能源发展模式。

## 第三节　降低能源消费强度的政策建议

### 一、能源消费强度简介

能源消费强度又称单位 GDP 能耗,是反映能源消费水平和节能降耗状况的主要指标,在一定程度上可以代表一个国家经济活动的能源利用效率。随着经济的发展,中国能源消费量急剧增加,但能源利用效率较低。据统计资料显示,2012 年中国能源消费量相当于世界能源消费量的 20%,以现行汇率计算,单位 GDP 能耗是世界平均水平的 2.5 倍、美国的 3.3 倍、日本的 7.0 倍,同时也高于巴西、墨西哥等发展中国家。

### 二、能源消费强度影响因素分析

诸多学者从产业结构、技术进步等多个角度考察了经济因素对我国能源消费的强度影响,并得出了有价值的结论。Garbaccioet al.(1999)用投入—产出模型创建了能源消费强度指数,分析了 1978—1995 年中国能源消费的数据,发现技术革新是中国能源消费强度变化的主要因素。Perry(2011)运用异质面板回归技术分析发展中国家的城市化和工业化对能源消费强度的影响,研究发现,收入提高可以降低能源消费强度,而工业化会使能源消费强度提高。刘满平(2006)分析我国近年来产业结构调整的特点及所面临的能源供给约束,并从产业结构调整与能源供给相协调的角度出发,提出能源发展战略及产业调整政策。但是,其中产业结构调整的思路没有细化,只是泛泛而谈调整重工业轻工业比重、国有经济比重等,同时缺少对各省份产业结构差异的考虑。关于能源消费强度和 FDI 的关系,部分学者认为"FDI 的规模对能源消费强度具有负效应"(Mielnik and Goldemberg,2002;齐绍洲和云波,2009),持否定态度的学者有 Huble and keller(2009)。

结构因素、技术因素和对外贸易因素是国内外学者在研究能源消费强度问题上经常考虑的指标。大多数学者得出了能源消费强度的相同影响因素,本书在总结前人研究的基础上,结合我国的具体实际,增加了政府支出这个变量,希望在回归结果上更有说服力。

### 三、降低能源消费强度的政策建议

通过比较分析各年的能源消费强度,可以发现,中国能源消费强度呈现不断下降的趋势,2020 年中国能源消费强度将比 2005 年下降 35%。能源消费强度的变化趋势与工业化进程密切相关,调整产业结构和能源结构、提升能源利用效率,是未来中国降低能源消费强度的最有力措施。

(一) 推行地区差异化能源政策,同时注重各省份之间的相互影响

受经济发展水平、资源享赋等因素的影响,中国能源消费强度存在明显的地区差异,不同省份能源消费状况不同。因此,在制定政策时,需要结合当地的能源消费现状,针对不同地区能源消费特征,提出地区差异化能源政策。此外,各省份能源消费情况会受到相邻省份的影响。因此,在制定政策时,既应考虑本地区的能源环境,也要考虑邻近省份对本地区的影响。加强相邻省份技术和人才等方面的沟通交流,打破高能源消费区与低能源消费区之间的界限,促进区域协同发展。基于区域相关性的调

整策略是指从区域经济受相关区域影响角度出发,制定区域发展政策时要考虑到受其他相邻区域的经济影响,各省份制定的产业政策要有协同性,形成系统性的全国区域产业发展政策。例如,我国西部大开发、东北工业振兴等区域政策尤其要考虑对相邻区域的影响,邻近省份的产业政策、能源消费强度变化。对于一个空间统计上表现为离群现象的省份,比如西北地区的陕西省,制定政策时要考虑到周边省份能源消费强度的负相关性,合理地调整政策力度。

（二）优化产业结构,降低高耗能行业的比重

调整优化产业结构,特别是工业部门的内部结构。产业结构调整是能源消费强度下降的物质基础。就我国目前的发展阶段来看,第二产业所占比重较大,重工业增长明显加快。因此,要严格控制第二产业、工业和重工业的发展速度和规模,提高高耗能行业的进入门槛,努力形成"低投入、低消耗、高效率"的经济发展方式。同时,合理地调整产业结构布局,由以工业为主导的产业结构向第三产业为主导的产业结构转化也显得尤为重要。

实证结果表明,各省份工业结构的不合理会导致能源消费强度的提高。就中国目前的发展阶段来看,重工业能源消费所占比重较大。因此,需要严格控制重工业等行业的发展速度和规模,支持投资那些既能促进经济增长又可以降低能源消费量的新型行业,优化工业结构,努力形成"低消耗、高效率"的经济发展方式。同时,合理地调整工业结构布局,避免中、西部地区成为东部地区的高能耗、高污染企业的转移地,降低东、中、西部地区产业结构差异,共享基础设施,提高能源利用效率,形成各具特色的产业集群。

（三）优化能源消费结构,提高煤炭利用率,倡导使用清洁能源

"以煤为主"的能源资源禀赋决定了长期以来我国"以煤为主"的能源消费现状,但由于煤炭利用技术不成熟,使得煤炭利用率较低,造成了

能源浪费和大量的废弃排放。特别是那些资源禀赋丰裕的地区,应该充分利用本地的资源优势,发展煤炭、石油深加工行业,提高煤炭的利用效率,降低能源消费强度。此外,应加大对新能源、清洁能源等领域的科技、人力、资金等方面的投入,不断优化能源结构,采取多元化能源结构的发展战略,提高优质能源比重,努力实现能源工业的均衡发展。

长期以来,中国煤炭消费比重居高不下,但目前的煤炭利用技术仍不成熟,煤炭利用效率较低,造成了大量的能源浪费。因此,应大力发展煤炭、石油深加工行业,提高能源利用效率,降低能源消费强度。尤其对于资源享赋丰裕的地区,应充分利用当地的资源优势,促进低碳经济发展。此外,应加大对新能源和清洁能源等领域的科技、人力和资金等方面的投入,倡导使用新能源和清洁能源,采取多元化能源结构的发展战略,大幅度提高优质能源比重,不断优化能源结构,努力实现能源工业的均衡发展。

控制煤炭的消费总量,加强原煤的清洁化管理,着重提高煤炭入洗率,改善燃煤利用结构,缩减煤炭燃烧的污染物排放量;停业整顿高能耗、高污染的工业企业,降低总体煤炭消费量,逐步减少对煤炭这种高污染、低效率能源的消耗量,加大对成品油、电力、天然气等清洁能源的需求,淘汰落后产能的生产工艺,提高能源使用效率。

(四)提高科技水平,促进经济可持续发展,降低对能源的依赖度

实证分析表明技术的进步对于降低能源消费强度有着积极的作用。在经济高速发展的过程中,新工艺、新技术都可以强有效地降低能源消耗的强度。所以,技术进步可以有效提高生产效率,并且可以在经济发展水平相同的条件下降低能源消费强度。国家应鼓励科技的创新,加大科学技术研发方面的投入,从而提高能源利用效率,降低能源消费强度;同时能源方面的科学技术进步同时也会促进新能源、清洁能源的发展,降低传统能源使用规模,从而降低我国能源消费强度。

中国能源消费强度逐渐降低,但仍显著高于世界平均水平,存在较大

的提升空间。近年来伴随着改革的进一步深化，中国经济发展速度放缓。因此，为了进一步降低能源消费强度，减少能源消费量尤为重要。尤其需要利用科学发展、科技创新，有效提高能源利用效率，逐步降低经济发展对能源的依赖度，转变经济增长模式，提高经济增长质量。

加快产业结构优化升级，控制能源消费总量。以智慧城市发展推进传统产业转型升级，运用信息化、智能化的现代技术深化传统行业的技术改革，提高企业经营效率，充分发挥市场调剂机制，淘汰落后产能，降低供应链成本，提高供应链效率，推进传统产业的转型升级；推动战略性新兴产业发挥先导作用，把握世界新科技革命和经济、产业调整的形式，有助于不断满足人民日益增长的物质文化需求；合理布局能源基础性产业，保障国民经济正常运行，构建国内安全、稳定、高效、环保的现代能源新体系。

从能源供给角度考虑满足能源需求，将节能作为满足能源需求的一个组成部分。以往的能源战略，一般先确定某一期间的能源需求，而后根据能源资源生产储备状况确定能源投资和供给，这样的线性调节政策存在很大的局限性。但是现实中，能源产业的发展并不是线性的，而是应该随着经济发展和市场需求动态发展的。所以在能源产业结构调整上要在充分了解市场需求的前提下具有一定的动态性，也就是能源调整要随着外部环境的变化而进行相应的改变。

## 第四节　提升能源供给质量的政策建议

### 一、能源供给安全的简介

能源供给安全的概念诞生于 20 世纪 70 年代两次石油危机，初衷主要是为了防止石油供应中断,确保石油供应安全。随着社会经济发展对资源、环境的需要,能源安全涵盖的内容日益多元化。

## 二、提升能源供给安全质量的重要性

（一）能源供给安全是国家和区域社会经济可持续发展的重大问题

人类生产生活和社会经济发展离不开能源,能源犹如血液渗透到各国、各地区、各行各业,关系国计民生和国家安全,能源安全供给是国家和区域社会经济可持续发展重要原动力之一,需加强煤电油运供需衔接,满足居民生活和重点领域、重点单位需求,保障能源供给安全支撑经济社会发展。当前,中国各地区正处于快速工业化和城市化阶段,能源需求量大并呈快速增长的势头,保障能源供给、促进能源平稳健康发展的任务繁重。根据 BP 最新数据显示,到 2030 年,中国的能源需求量将至少比 2005 年增长一倍,其中一半来自煤炭,中国石油、天然气对外依存度将分别达到 80% 和 42%。能源需求过快持续增长给能源供给带来很大压力,供求矛盾将长期存在;能源资源空间分布不均衡、运力不足、能源资源勘探和开发水平相对较低以及能源技术落后,极大地限制了能源生产和供给能力,由此导致的能源相对短缺制约能源工业和社会经济发展;世界能源地缘政治环境复杂和石油市场不稳增加了能源安全供给的变数;化石能源供给不可持续,可再生能源技术青黄不接,中国和各地区的能源供给安全保障压力越来越大。

（二）区域能源供给安全又是国家能源安全问题的核心

人类社会发展至今所有一切用于生产和生活的能源,都在一个特指的区域内得到科学的、合理的、综合的、集成的应用,完成能源生产、供应、输配、使用和排放,保障区域能源供给安全是解决能源供给安全问题的核心。区域资源基础、占优资源、发展历史、现状、未来潜力存在较大差异,发挥本地资源优势,尽最大努力优化区域内能源供给,同时与外界建立稳定的资源供应联系对于保障区域能源供给安全极为重要。中国能源资源空间分布极不均衡,部分区域能源供给主要依赖区外调入和从国外进口,自给率极低,区域能源需求量越大、对外依存度越高,则能源安全供给风险越强,增强区域对能源安全供给风险的应对能力可以降低其脆弱性程度。近年来,国内以能源"四荒"(煤荒、油荒、电荒、气荒)为代表的区域能源安全问题十分突出,在一定程度上说明我国能源供应体系还无法满足区域经济快速发展对能源的需求,凸显了能源供应保障区域能源安全的不足与压力。

(三)区域社会经济转型和环境压力对能源供给安全提出更高要求

目前,中国各地区正处于经济结构转型阶段,对能源健康发展提出更高要求,高效、清洁、安全的能源供应是能源供给发展的重要方向。同时气候变化对中国各地区现有能源供应体系的适应性提出了新的挑战。首先,化石能源的使用量(特别是煤炭)必须下降;其次,非化石能源,特别是核电和水电提升的空间不大;而其他可再生能源的发展仍面临许多尚未解决的难题。因此,在温室气体排放约束下的能源供应能力,特别是2030年必须考虑总量减排之后,将大打折扣,区域能源供给面临越来越大的资源环境约束。随着化石能源资源的日渐枯竭及其消费所带来的环境压力不断增大,可再生能源、化石能源高效清洁供应、智能电网等成为破解当今世界能源困局和经济衰退的突破口。以新能源和可再生能源为核心的绿色低碳经济已然成为转变传统经济发展模式和生活方式的重大变革方向。

## 三、提升能源供给安全质量的政策建议

### (一)推动技术创新,开发绿色能源

开发绿色能源,推进能源替代,利用高新技术开发新能源和可再生能

源,如太阳能、小水电、生物质能及地热能等,加快核电、风电取代火电,减少煤炭的消费,减少空气污染物排放量,尽可能多地使用清洁高效的新能源替代传统能源。

（二）以环境保护为基础,进行能源供给侧改革

从能源供给侧考虑满足能源需求的传统模式,结合能源需求侧管理,通过对能源供给投入和对节能投入的选择,将满足能源需求的成本最小化。另一方面,将二氧化碳排放纳入满足能源需求的约束,据此制定能源供给战略规划。不同碳排放量对应的能源结构,其能源成本会有所不同,对经济增长、就业等的影响也会有所不同。因此,需要对不同的能源结构及其对应的能源成本进行分析,从经济社会角度考虑是否可以接受该能源结构。政府可以将节能和排放约束下可以接受的能源结构作为能源规划的基础,考虑使用什么样的政策支持能源结构的实现。

考虑国家能源领导小组办公室估算的节能量,以国家发展和改革委员会公布的《可再生能源中长期发展规划》情境为起点,2020 年一次能源结构相对应的二氧化碳排放为 90 亿吨,而无规划约束和仅完成规划 90% 的两种前景的二氧化碳排放分别为 94.7 亿吨和 91.6 亿吨。政府可以在规划的基础上考虑进一步将二氧化碳排放设定在 84 亿吨,通过调整能源结构,再减排 6 亿吨二氧化碳。当然,这样做是以牺牲经济增长为代价的,可以认为这是中国为应对气候变化的国际合作所作的贡献。

满足了国家发展和改革委员会 2020 年新能源规划后,二氧化碳进一步减排的空间并不大。在 2020 年以前限制更低的排放,可能会以牺牲经济增长和城市化进程为代价,其他方面的减排努力需要得到重视。此外,其余污染物如二氧化硫和固体废弃物都随二氧化碳排放下降而有较大幅度下降,可以带来整体环境改善。如果采用绿色 GDP 的概念,则情况会不同。因此,在满足国家发展和改革委员会规划的基础上,可以考虑进一步将二氧化碳排放约束设定在 84 亿吨范围之内,对 GDP 及就业的影响

可以接受，相应的单位 GDP 能耗降幅下降的比例也较大。值得注意的是，宏观影响结果是基于目前的经济结构而言的，如果可以向低碳方向改变目前的经济增长速度和产业结构，改变能源结构带来的成本增加和对宏观经济的影响将会温和一些。

虽然中国还有一定的二氧化碳减排空间，但空间不大，主要是因为现阶段很多重要行业对价格低廉的能源（主要是煤炭和火电）依赖度过高。在能源需求和节能量既定的情况下，随着二氧化碳排放量减少，能源成本上升，上升的幅度呈非线性递增。CGE 模型的结果也说明，能源成本增加对经济增长、就业等的影响程度也呈非线性递增。因此，对中国现阶段经济发展而言，二氧化碳排放应该是一个渐进性的自我约束。

值得注意的是，我们计算的中国 2020 年一次能源结构相对应的二氧化碳排放 90 亿吨，不涉及中国的排放额度问题，不涉及排放权问题，也不意味着中国 2020 年的实际排放就只能是 90 亿吨，而只是说，完成政府可再生能源规划相对应的能源结构的排放是 90 亿吨。进一步的排放约束试图说明，如果政府希望进一步减排，则需要调整能源结构和付出相应的能源成本。因此，我们的排放约束不是中国的排放额度，中国的排放额度和排放权需要国际上在一个公平合理的框架下确定，比如在人均排放权基础上确定排放额度。

中国的经济发展阶段、城市化进程以及煤炭的资源和价格优势，决定了中国目前重工化的产业结构和以煤为主的能源结构。从中长期来讲，中国经济将继续保持较快增长，至少 2020 年之前，经济的快速度增长和城市化进程会使得重工化仍将延续，二氧化碳排放也将持续增加。虽然城市化、工业化进程中存在能源需求的刚性问题，但是相对发达国家，中国能源效率提高空间仍较大，因此，城市化加快的进程同时也是节能减排的好时机。

（三）实施积极能源政策,提升能源供给安全质量

近年来中国能源供给安全水平不断提高,这与中国实施积极的能源政策密不可分。立足国内能源优势和发展基础,着力增强能源供给保障能力;科技创新,提高能效;多元发展,深化改革,构建有利于促进能源可持续发展的体制机制;提升能源"走出去"和"引进来"水平。近年来,中国能源消费不断增加,与此同时能源供给的安全性不降反增,上述能源举措卓有成效地促进了中国能源供给安全,同时也为中国能源发展提供了良好的机遇和环境。从长远来看,随着中国综合国力增强以及科技进步,能源供给存在较大潜力,能源供给安全具备较大进步空间。

# 参考文献

方德斌等:《低碳转型趋势下中国能源消费结构优化》,《技术经济》2016 年第7 期。

冯本超等:《以煤为主的能源消费结构面临的环境问题及其对策》,《矿业安全与环保》2004 年第 5 期。

邓志茹等:《我国能源结构问题及解决对策研究》,《现代管理科学》2009 年第6 期。

张丽峰:《我国产业结构、能源结构和碳排放关系研究》,《干旱区资源与环境》2011 年第 5 期。

林卫斌等:《理解供给侧改革:能源视角》,《价格理论与实践》2015 年第 12 期。

周江等:《中国能源消费结构与产业结构关系分析》,《求索》2011 年第 12 期。

李金铠:《产业结构对能源消费的影响及实证分析:基于面板数据模型》,《统计信息与论坛》2008 年第 10 期。

王赓、李燕等:《能源管理体系理解与实施》,中国质检出版社、中国标准出版社2016 年版。

张伟等:《产业结构升级、能源结构优化与产业体系低碳化发展》,《经济研究》2016 年第 12 期。

梁怀学等:《基于面板数据模型的我国行业能源消费特征分析》,《东北师大学报》(自然科学版)2005 年第 2 期。

付艳:《能源消费、能源结构与经济增长的灰色关联分析》,《工业技术经济》2014年第 5 期。

李影：《能源消费与经济增长的灰色关联度分析——基于能源结构约束的视角》，《技术经济》2010 年第 3 期。

张慧敏、魏强、佟连军：《吉林省产业发展与能源消费实证研究》，《地理学报》2013 年第 68 期。

薛静静等：《中国区域能源供给安全问题研究》，《中国软科学》2015 年第 1 期。

周密等：《我国能源产业与产业结构相关性探讨》，《改革与战略》2008 年第 11 期。

高虎、王仲颖等：《可再生能源科技与产业发展知识读本》，化学工业出版社 2009 年版。

曾波等：《中国产业结构变动的能源消费影响——基于灰色关联理论和面板数据计量分析》，《资源与经济》2006 年第 3 期。

徐国政：《碳约束下中国能源消费结构优化研究》，博士学位论文，中国矿业大学，2016 年。

张宪昌：《中国新能源产业发展政策研究》，博士学位论文，中共中央党校，2014 年。

范德成等：《低碳能耗结构优化模型构建及实证分析》，《哈尔滨工程大学学报》2013 年第 7 期。

李倩等：《中国能源消费强度影响因素分析》，《合作经济与科技》2015 年第 9 期。

薛静静等：《中国能源供给安全综合评价及障碍因素分析》，《地理研究》2014 年第 5 期。

吴曜圻：《新能源创新发展模式——能量范畴的产业规律研究与应用》，科学出版社 2010 年版。

中国能源中长期发展战略研究项目组：《中国能源中长期（2030、2050）发展战略研究》，科学出版社 2011 年版。

冯之浚：《中国可再生能源和新能源产业化高端论坛》，中国经济出版社 2007 年版。

史丹：《新能源产业发展与政策研究》，中国社会科学出版社 2015 年版。

王爱华、陈才：《智慧城市——构筑与信息高低上的城市智慧发展之道》，电子工业出版社 2014 年版。

国家可再生能源中心：《中国可再生能源产业发展报告·2016》，中国经济出版社 2016 年版。

国网能源研究院有限公司：《2017 国内外能源与电力发展状况分析报告》，中国电力出版社 2017 年版。

王俊娟：《低碳经济下能源产业结构优化研究》，《当代经济》2017 年第 32 期。

郭立伟、沈满洪：《新能源产业发展文献述评》，《经济问题探索》2017 年第 7 期。

张珍花、王鹏:《中国一次能源结构对能源效率的影响》,《统计与决策》2008 年第 22 期。

宋春梅:《中国能源需求预测与能源结构研究》,《学术交流》2009 年第 5 期。

林琳:《基于低碳经济视角的中国能源结构分析》,《开放导报》2010 年第 5 期。

王迪、聂锐等:《江苏省能耗结构优化及其节能与减排效应分析》,《中国人口·资源与环境》2011 年第 3 期。

李虹、董亮等:《中国可再生能源发展综合评价与结构优化研究》,《资源科学》2011 年第 3 期。

王兆生:《能源结构、经济结构与经济增长关系研究》,博士学位论文,辽宁大学,2012 年。

王韶华:《基于低碳经济的我国能源结构优化研究》,博士学位论文,哈尔滨工程大学,2013 年。

徐国政:《碳约束下中国能源消费结构优化研究》,博士学位论文,中国矿业大学(北京),2016 年。

Forrester Research:"Helping CIOs Understand Smart City Initiatives", US:Forrester Research,2010.

Harrison,C.Eckman, B. Hamilton:"Foundations for Smarter Cities", *IBM Journal of Research and Development*,2012(4).

IBM 商业价值研究院:《智慧的城市在中国》,IBM 公司官方网站,2009 年。

Andrea Caragliu, Toppets D:"The Smart City Vision:How Innovation Can Build Smart, Liveable Sustainable Cities", US:*Think Report*,2010.

Sam Allwinkle:"Creating Smarter Cities:An Overview",*Journal of Urban Technology*,2011(2).

Gerhard SCHMITT:"Spatial Modeling Issues in Future Smart Cities",*Geo-spatial Information Science*,2013(2).

Nicos Komninos:"Intelligent Cities:Towards Interactive and Global Innovation Environments",*International Journal of Innovation and Regional Development*,2006(4).

Sotiris Zygiaris:"Smart City Reference Model:An Approach to Assist Smart Planners to Conceptualize a City's Smart Innovation Ecosystem",*Journal Knowledge Economy*,2012(28).

Gregory S.:"An Architectual Framework and Enabling Wireless Technologies for Digital Cities & Intelligent Urban Enviroments",*Wireless Personal Communications*,2009(3).

Wikipedia:"The Definition of the Ubiquitous City",http://en.wikipedia.org/wiki/Ubiquitous_city.

部佳佳、马永俊:《智慧城市内涵与智慧城市建设》,《无线互联科技》2012 年第 4 期。

Andrea Caragliu 等:"Smsrt Cities in Europe",*Ideas*,2009 年第 5 期。

李勇:《国外智慧城市的理论与实践》,上海社会科学院出版社 2011 年版。

姜德峰:《2011 年中国智慧城市规划与建设高峰论》,2013 年 9 月 10 日,http://house.focus.cn/news/2011-0504/1287749.html。

王家耀、刘峻等:《让城市更智慧》,《测绘科学技术学报》2011 年第 5 期。

辜胜阻、王敏等:《智慧城市建设的理论思考与战略选择》,《中国人口资源与环境》2012 年第 5 期。

史滞:《智慧城市的原理及在我国城市发展中的功能与意义》,《中国科技论坛》2011 年第 5 期。

巫细波、杨再高:《智慧城市理念与未来城市发展》,《城市发展研究》2010 年第 11 期。

谭铁牛:《创新信息技术建设智慧城市》,2013 年 12 月 3 日,http://www.cas.cn/xw/klhd/201009/t20100927_2974661.html。

王震国:《智慧城市建设的全球共识与我国的策略》,《上海城市管理》2011 年第 5 期。

李勇:《智慧城市建设对城市信息安全的强化与冲击分析》,《图书情报工作》2012 年第 6 期。

胡安安、黄丽华等:《"4S"发展模型:构建智慧上海新模式》,《上海信息化》2011 年第 7 期。

吴胜武、肖国庆:《智慧城市——技术推动和谐》,浙江大学出版社 2010 年版。

曾鸣:《能源互联网与新能源电力系统》,《国家电网报》2015 年第 6 版。

降金玉:《智慧城市——中国特大城市的发展的必然选择》,《经济与管理研究》2011 年第 12 期。

王毅、张标标等:《智慧能源》,清华大学出版社 2012 年版。

刘建平、陈少强等:《智慧能源——我们这一万年》,中国电力出版社 2013 年版。

韩小伟:《基于智慧能源建设的智慧城市发展的研究》,博士学位论文,华北电力大学,2016 年。

朱青等:《基于灰色关联模型的中国能源结构研究》,《生态经济》2015 年第 4 期。

肖新建等:《2016 年我国能源形势分析和 2017 年形势展望》,《中国能源》2017 年第 3 期。

刘金朋:《基于资源与环境约束的中国能源供需格局发展研究》,博士学位论文,华北电力大学,2013 年。

陈盈:《江苏省能源结构优化的动态机理分析》,博士学位论文,江苏大学,

2017 年。

张英杰:《我国能源需求预测及其结构优化研究》,硕士学位论文,华北电力大学,2016 年。

责任编辑:汪 逸
封面设计:石笑梦
责任校对:张红霞

**图书在版编目(CIP)数据**

能源结构转型研究:基于智慧城市产业升级视角/顾兵 著. —北京:
人民出版社,2018.6
ISBN 978－7－01－019686－2

Ⅰ.①能…　Ⅱ.①顾…　Ⅲ.①现代化城市-城市经济-产业结构调整-
研究-中国　Ⅳ.①F299.2

中国版本图书馆 CIP 数据核字(2018)第 190277 号

**能源结构转型研究:基于智慧城市产业升级视角**

NENGYUAN JIEGOU ZHUANXING YANJIU JIYU ZHIHUI CHENGSHI CHANYE SHENGJI SHIJIAO

顾 兵 著

**人民出版社** 出版发行
(100706　北京市东城区隆福寺街 99 号)

北京汇林印务有限公司印刷　新华书店经销

2018 年 6 月第 1 版　2018 年 6 月北京第 1 次印刷
开本:710 毫米×1000 毫米 1/16　印张:15.5
字数:223 千字

ISBN 978－7－01－019686－2　定价:49.00 元

邮购地址 100706　北京市东城区隆福寺街 99 号
人民东方图书销售中心　电话 (010)65250042　65289539